PSICOLOGÍA DE LAS SOCIEDADES EN CONFLICTO

Vamik D. Volkan

PSICOLOGÍA DE LAS SOCIEDADES EN CONFLICTO

PSICOANÁLISIS, RELACIONES INTERNACIONALES Y DIPLOMACIA

Traducción de
José Miguel Sunyer Martín
Agustina Luengo

Herder

Título original: Psychoanalysis, International Relations, and Diplomacy.
A sourcebook on Large-Group Psychology

Traducción: José Miguel Sunyer Martín
Agustina Luengo, del prólogo de Howard B. Levine y de los capítulos 10 y 12.

Diseño de la cubierta: PURPLEPRINT Creative

© 2014, Karnac Books, Londres
© 2018, Herder Editorial, S. L., Barcelona

ISBN: 978-84-254-4074-8

Imprenta: Reinbook
Depósito Legal: B-5281-2018
Printed in Spain - Impreso en España

Herder
www.herdereditorial.com

Índice

PRÓLOGO: Psicoanálisis y conflicto político: ¿es relevante
el psicoanálisis? 9

   Howard B. Levine

PRÓLOGO A LA EDICIÓN ESPAÑOLA: La utilidad
de una ilusión (psicoanalítica) 21

   Jorge L. Tizón

SOBRE EL PRESENTE LIBRO 51

1. DIPLOMÁTICOS Y PSICOANALISTAS 55

2. LA IDENTIDAD DEL GRUPO GRANDE, EL PREJUICIO
   COMPARTIDO Y LAS GLORIAS Y LOS TRAUMAS DESIGNADOS 77

3. LAS IDEOLOGÍAS DE LA REIVINDICACIÓN 99

4. LAS CRUZADAS, LA CAÍDA DE CONSTANTINOPLA
   Y LA «MEGALO IDEA» 105

5. LOS GRUPOS GRANDES TRAUMATIZADOS, LOS MOVIMIENTOS
   SOCIALES Y LAS TRANSMISIONES TRANSGENERACIONALES 113

6. LA REGRESIÓN Y LA PROGRESIÓN EN EL GRUPO GRANDE 133

7. EL DUELO INACABADO Y LOS MONUMENTOS
   CONMEMORATIVOS 141

8. LAS PERSONALIDADES DE LOS LÍDERES POLÍTICOS 157

9. LA REACTIVACIÓN DE UN TRAUMA DESIGNADO 175

10. EL ENTRELAZAMIENTO DE «RECUERDOS» Y AFECTOS
    DEL PASADO CON LOS ACTUALES 195

11. La propaganda política, los kamikazes
    y el terrorismo 205

12. La diplomacia «extraoficial» y la psicología
    psicoanalítica del grupo grande 221

Bibliografía 231

Prólogo

Psicoanálisis y conflicto político: ¿es relevante el psicoanálisis?*

Howard B. Levine

El psicoanálisis ocupa una posición marginal en lo que respecta a la diplomacia internacional y al conflicto mundial. Dado que sus principales áreas de estudio incluyen las fuerzas inconscientes que modelan la motivación humana, así como sus raíces en la agresión y el deseo, en otros tiempos se dio por sentado que la familiaridad con el inconsciente y con las tendencias destructivas inherentes a la naturaleza humana podría ofrecer al analista una posición única y privilegiada que le permitiera comprender e intentar contribuir a la resolución de las crisis nacionales e internacionales.

Tras la Primera Guerra Mundial, por ejemplo, el International Institute of Intellectual Cooperation, de acuerdo con las instrucciones del Permanent Committee for Literature and the Arts of the League of Nations, le pidió a Einstein que entablara correspondencia con Freud (1933b) con el objeto de explorar si la naturaleza humana hacía que la

---

* Algunos fragmentos de este ensayo ya han sido publicados anteriormente en Levine, H. B. (2006), Large-group dynamics and world conflict: The contributions of Vamık Volkan: («Blood Lines: From Ethnic Pride to Ethnic Terrorism.» By Vamık Volkan. New York: Farrar, Straus & Giroux, 1997 y «Blind Trust: Large Groups and Their Leaders in Times of Crisis and Terror.» By Vamık Volkan. Charlottesville, VA: Pitchstone, 2004). *Journal of the American Psychoanalytic Association,* 54:273-280.

guerra resultara inevitable. Al notar que «la historia humana nos muestra una serie incesante de conflictos entre un grupo social y otro o varios, entre unidades mayores y menores, municipios, comarcas, linajes, pueblos, reinos, que casi siempre se deciden mediante la confrontación de fuerzas en la guerra» (p. 190), Freud asoció la destructividad innata de la pulsión de muerte a toda explicación de la belicosidad del hombre —es decir, la agresividad, la crueldad y la destructividad son inherentes a la *naturaleza* humana—, pero también reconoció que esa visión estaba, quizá, demasiado alejada de la experiencia inmediata para resultar útil en la práctica: «Como usted ve [en referencia a la respuesta de Freud ante la pregunta de Einstein], no se obtiene gran cosa pidiendo consejo sobre tareas prácticas urgentes al teórico alejado de la vida social» (p. 196).

Algunos años antes, frente al cataclismo devastador que comenzaba a desatarse en la Primera Guerra Mundial, que había estallado hacía seis meses, Freud (1915b) escribió un ensayo sobre «La desilusión provocada por la guerra». Allí reflexionaba sobre el hecho de que, a pesar del estrecho vínculo entre la civilización, la cultura y la moralidad —un vínculo del que uno podría esperar o suponer que daría lugar a un sentimiento de unidad y de comunidad entre los pueblos de todas las naciones—, había estallado una guerra que era, en todo caso, «más sangrienta y devastadora que cualquiera de las guerras anteriores, [...] por lo menos tan cruel, tan encarnizada y tan inmisericorde como ellas» (p. 280).

¿Cómo se explicaba eso? ¿Cómo pudo suceder que, pese a los enormes avances y contribuciones culturales de la sociedad occidental (particularmente, la germánica), se desatara una guerra semejante? Una guerra que, según las palabras de Freud:

[a]rrasa todo cuanto se interpone a su paso, con furia ciega, como si tras ella no hubiera un porvenir ni paz alguna entre los hombres. Destroza los lazos comunitarios entre los pueblos empeñados

en el combate y amenaza dejar como secuela un encono que por largo tiempo impedirá restablecerlos. (Freud, 1915b, p. 280)

Si bien la comprensión de Freud con respecto a ese fenómeno era impactante para su época —consideraba que el conflicto coexistía con los avances éticos de la cultura y la sociedad que, a menudo de forma infructuosa, trataban de mantener a raya las perdurables pulsiones primitivas a las que estaban sujetos todos—, era limitada en cuanto a los detalles y la especificidad. Por una parte, Freud señalaba que:

> las influencias culturales hacen que, en proporción cada vez mayor, las aspiraciones egoístas se muden en altruistas, sociales. (p. 284)

Por la otra, reconocía que:

> [t]oda vez que la comunidad suprime el reproche [con respecto al «ejercicio brutal de la violencia»] cesa también la sofocación de los malos apetitos, y los hombres cometen actos de crueldad, de perfidia, de traición y de rudeza que se habían creído incompatibles con su nivel cultural. (p. 282)

Este reconocimiento de la fragilidad de las restricciones de la sociedad se hacía eco de las inquietudes de «algunas voces [...] que advertían que, a causa de diferencias heredadas de antiguo, serían inevitables [...] las guerras» (p. 280) y reflejaba la dura realidad con respecto al grado de impotencia que los argumentos lógicos pueden manifestar frente a los intereses afectivos (p. 288).

Freud concluía con reluctancia:

> los pueblos obedecen más a sus pasiones que a sus intereses. [...] ¿Por qué los individuos-pueblos en rigor se menosprecian, se odian, se aborrecen, y aun en épocas de paz, y cada nación a todas las otras? Es bastante enigmático. [...] Es como si, al reunirse una

> multitud, por no decir unos millones de hombres, todas las adquisiciones éticas de los individuos se esfumasen y no restasen sino las actitudes anímicas más primitivas, arcaicas y brutales. (p. 289)

Dicho en términos contemporáneos, podríamos señalar con resignación que la voz de la razón y las sutilezas del pensamiento psicoanalítico no ejercen mucha influencia ante las fuerzas de la *realpolitik* y la naturaleza humana, intrínsecamente belicosa y destructiva.

En los años siguientes, y ante los horrores perpetrados en el siglo pasado por un grupo en contra de otro, lamentablemente debemos concluir que, a pesar del trabajo pionero de Freud, Bion y otros con respecto a la dinámica del grupo pequeño, el poder explicativo de las teorías analíticas y los datos clínicos en los que se basa la experiencia analítica han demostrado ser más relevantes para la comprensión del desarrollo emocional y del comportamiento individual y diádico que para la comprensión de la experiencia y de la conducta en los grandes grupos sociales. Los intentos de aplicar los *insights* psicoanalíticos a los grandes grupos sociales y políticos y a las interacciones entre los grupos grandes y sus líderes no se han revelado muy fructíferos. Como resultado, los conflictos étnicos, religiosos y culturales que se han convertido en hechos dominantes de la vida política del siglo XXI han dado muestras, en general, de sobrepasar los conocimientos y la experiencia de la mayoría de los psicoanalistas.

Sin embargo, a diferencia de la mayor parte de los psicoanalistas, Vamık Volkan ha contado con una amplia experiencia de primera mano en la labor con diplomáticos, administradores, estatistas y profesionales de la salud mental en el estudio y/o en el intento de resolver grandes conflictos en muchos de los lugares más problemáticos del mundo. Bajo los auspicios del Center for the Study of Mind and Human Interaction en la Facultad de Medicina de la Universidad de Virginia, centro que fundó y dirigió, Volkan ha participado en el estudio y en los intentos de resolver crisis y conflictos nacionales e internacionales; ha trabajado con políticos y líderes intelectuales en Israel, Egipto y Palestina; en la Unión Soviética, Turquía y Grecia; en Kuwait, Croacia y Bosnia; en Osetia del Sur y en la República de Georgia; en Letonia, Lituania, Estonia y Rusia; en Albania; en Waco, Texas; etcétera.

Como resultado, las ideas y las observaciones que ha compartido a lo largo de su vida profesional (por ejemplo, Volkan, 1997, 2004, 2013) forjan un vínculo vital entre la psicología y la ciencia política, en la medida en que abogan de modo persuasivo en favor de la inclusión de una dimensión psicológica, particularmente psicoanalítica, con el acento puesto en el *inconsciente*, en cualquier comprensión del conflicto étnico, nacional e internacional. Su obra ofrece a los lectores esbozos de una sofisticada teoría de la dinámica del grupo grande, psicoanalíticamente informada, los conceptos necesarios para comprender la relación y la interacción entre la identidad individual y la del grupo grande, así como numerosos ejemplos, vívidos y fascinantes, tomados de acontecimientos mundiales contemporáneos.

Si consideramos sus raíces profesionales como psicoanalista clínico, no resulta sorprendente que su experiencia lo condujera a concluir que los conflictos étnicos y nacionales de larga data

no pueden entenderse si el enfoque atañe únicamente a los factores del mundo real, como las circunstancias políticas, económicas, militares y legales. Los problemas del mundo real están sumamente «psicologizados»: están contaminados con percepciones, pensamientos, fantasías y emociones compartidos (tanto conscientes como inconscientes), pertenecientes a las glorias y a los traumas históricos, como las pérdidas, las humillaciones, las dificultades para realizar el duelo, los sentimientos de derecho a la venganza y la resistencia a aceptar las realidades cambiantes. (Volkan, 1997, p. 117)

Ha sostenido de forma convincente que sin cierta aplicación de los principios del psicoanálisis, los diplomáticos y los politólogos no pueden entender el alcance cabal de los sentidos conscientes e inconscientes —y de las pasiones asociadas a dichos sentidos— que los individuos asignan a la identidad cultural y al apego étnico. La urgencia por llegar a esta comprensión se deriva del hecho de que son precisamente esas pasiones y esos sentidos los que subyacen al fundamentalismo religioso, al terrorismo, a los bombardeos suicidas, a los conflictos étnicos y religiosos, así como a la violencia y a la limpieza étnicas; con minuciosidad, Volkan ha examinado y ha dado razón de cada uno de estos temas.

Finalmente, Volkan brinda a los lectores una teoría psicoanalítica de la dinámica del grupo grande basada en la comprensión y el estudio de los vínculos emocionales de los grandes grupos sociales, la dinámica y la interacción de los grupos grandes y sus líderes, así como la psicología y las vicisitudes de la identidad del grupo grande y su relación con la identidad individual. Son de particular interés sus descripciones sobre el modo en que la identidad —tanto en el nivel personal como en el grupal— se mantiene, se protege y se repara, sobre los efectos de la regresión en grupos grandes amenazados y sobre la forma en que los líderes políticos pueden manipular esta regresión y los rituales de cohesión del grupo grande con el objeto de generar «una atmósfera favorable a los actos de violencia nefandos y aparentemente inhumanos» (Volkan, 2004, p. 14).

El objetivo de Volkan consiste en ofrecer a los estadistas y a los políticos, así como a los psicoanalistas y a otros especialistas de la salud mental, las herramientas conceptuales con las que pensar y abordar algunos de los problemas más urgentes de nuestros tiempos. Esto incluye una comprensión de:

1. «por qué las guerras cruentas entre vecinos no solo persisten, sino que incluso proliferan» (Volkan, 1997, p. 20);
2. «cómo ciertos elementos *universales* de la naturaleza humana convergen para crear una atmósfera que da

pie a actos agresivos y violentos, como la guerra o los ataques del 11 de septiembre, y que permite sofocar los derechos y las libertades individuales [...]» (Volkan, 2004, p. 11).

Volkan ha sostenido que, a lo largo del desarrollo, la identidad individual en el nivel preedípico y la identidad del grupo grande llegan a entrelazarse de forma inextricable. Las amenazas o el daño de una pueden tener importantes consecuencias en la otra. El vínculo entre ambas permanece a menudo ajeno a la conciencia, a menos que una de ellas se encuentre bajo amenaza o que se produzca un hecho en el que la pertenencia al grupo grande evoque placer, rabia o dolor. Los individuos pueden aferrarse a su identidad de grupo grande como una forma de «parche» reparador para un *self* dañado o traumatizado; la dinámica interacción entre la identidad individual y la del grupo grande puede revelarse fundamental para la comprensión de la regresión y la violencia en los conflictos de grupos grandes, como el racismo, las guerras étnicas y religiosas, el terrorismo, el reclutamiento y el desarrollo de hombres bomba, así como la psicología del liderazgo del grupo grande.

Son de particular interés los usos positivos que se han hecho de los ritos, los sentidos históricos y las señas de identidad del grupo grande —por ejemplo, los *traumas designados* y las *glorias designadas*—, así como su función en las situaciones de trauma y estrés que provocan la regresión individual y del grupo grande.

Si los rituales que sirven para separar grupos no se encuentran enrigidecidos por la regresión del grupo grande, funcionan efectivamente para proteger y realzar la identidad del grupo grande, así como para mantener bajo control las expresiones de agresión de cada grupo. Sin embargo, cuando aumenta la tensión entre los grupos rivales, los rituales existentes de autodefinición de cada grupo se tornan menos flexibles y se desarrollan rituales nuevos: en dichos rituales podemos detectar señales del pensamiento mágico y de la realidad borrosa. El enemigo [...] [puede ser] percibido cada vez más como una conglomeración de características indeseables; en semejante estereotipación negativa, el enemigo es a menudo considerado como una clase inferior de ser humano o, en el peor de los casos, como menos que humano. (Volkan, 2004, p. 107)

Así, las regresiones del grupo grande pueden ser benignas o malignas, en función del particular contexto histórico, político y social en el que se produzcan y de la respuesta que susciten entre los miembros y los líderes del grupo.

Cuando los grupos grandes se encuentran amenazados por el conflicto, los miembros del grupo se aferran aún más obstinadamente a [...] [las experiencias de etnicidad, nacionalidad, religión y demás afiliaciones de grupo grande] en el esfuerzo de mantener y regular su idea del *self* y de la pertenencia a un grupo grande. En tales momentos, los procesos del grupo grande se vuelven dominantes y los asuntos y los rituales de su identidad se tornan más propensos a la propaganda política y a la manipulación. (Volkan, 2004, p. 262)

En circunstancias de amenaza de regresión de grupo grande o de regresión real, la naturaleza del liderazgo grupal suele revelarse decisiva en lo que respecta al resultado. En tales ocasiones,

la confianza básica de los miembros del grupo puede verse afectada, incluso pervertida, por la manipulación de los líderes políticos y sustituida por una *confianza ciega* que lleva a seguir a toda costa los dictámenes y las directivas de los líderes, en contra de consideraciones más razonables. (Volkan, 2004, pp. 13-14)

Es entonces cuando los miembros del grupo llegan a «tolerar y a compartir un sadismo y/o un masoquismo extremos en defensa de la identidad del grupo» (Volkan, 2004, p. 133).

En su aspecto más pernicioso, el liderazgo grupal, con frecuencia al servicio de apoyar las propias ambiciones políticas del líder y sus necesidades psicológicas, tanto conscientes como inconscientes, puede alentar un proceso de demonización y de deshumanización de los enemigos del grupo. Esto puede «preparar el terreno para el terrorismo, las condiciones bélicas y las guerras [...]» (Volkan, 2004, pp. 107-108).

> Alternativamente, puede llegar a lograr que los miembros del grupo estén dispuestos a destruirse «(ya sea mediante el ataque de un hombre bomba o a través de un suicidio masivo) [...] como un acto de aseveración [...] [que] separa de forma tajante la identidad del grupo presto a sacrificarse de la identidad de los "otros", percibidos como una amenaza». (Volkan, 2004, p. 133)

Esta comprensión de la génesis y de la dinámica del conflicto étnico y del terrorismo ¿nos ofrecerá una razón pequeña aunque significativa para la esperanza y contribuirá a un plan de acción conceptual? Como es el caso en el tratamiento analítico de los individuos, la posibilidad de poner remedio a las secuelas de las injurias actuales y pasadas radica, en parte, en el perdón y, en parte, en el reconocimiento y la aceptación de lo sucedido, así como en el duelo por lo perdido y lo que resulta imposible. Estos factores son los precursores necesarios para tomar medidas concretas a fin de establecer una relación más constructiva con el mundo externo. Al respecto, podemos tomar un ejemplo de la historia de Oriente Medio.

En 1977, Anwar Sadat, entonces primer ministro de Egipto, viajó a Israel y pronunció un discurso histórico ante la Knéset, discurso en el que mencionó el hecho de que, más allá de las consideraciones políticas, económicas y militares, había barreras *psicológicas* de recelo, miedo, rechazo y decepción que dividían a los árabes y a los israelíes y que eran las responsables del setenta por ciento de los problemas existentes entre ellos. Dicho discurso, que constituyó un destacado punto de partida para la carrera de Volkan en cuanto observador y participante psicopolítico de los asuntos exteriores, contiene una lección que sigue siendo de vital importancia para el psicoanálisis y para el mundo. La observación de Sadat le planteó a Volkan —y debería plantearnos a todos nosotros— el desafío de preguntarse:

> ¿Hay formas de aplicar los *insights* psicoanalíticamente informados a [las fuerzas y] los cambios políticos, legales, económicos y sociales en un país que está configurando una identidad nueva [o en evolución]? [...] ¿Cómo habría que hacer para construir instituciones capaces de absorber los *insights* psicológicos y servir como antídoto a las regresiones en el grupo grande y en la interacción de los líderes y los seguidores? (Volkan, 1997, p. 206)

La respuesta de Volkan al discurso de Sadat ha sido una vida dedicada al pensamiento y a la elaboración de estrategias pragmáticas para la intervención en los conflictos mundiales. Todos nosotros podríamos ver un rayo de esperanza en el hecho de que:

> El estudio psicoanalítico de la psicología de los grupos grandes puede contribuir enormemente a iluminar esa área inmensa y sombría [del conflicto racial, étnico, religioso y político]. Una mejor comprensión y aplicación de estas ideas podría contribuir a revelar los factores irracionales y pertinaces que conducen a la violencia, a fin de que resulte posible hacerles frente de forma más eficaz, con el objeto de llevar a nuestros peores enemigos —nuestros conflictos y ansiedades con respecto a la identidad compartida— de la oscuridad hacia la luz. (Volkan, 1997, p. 227)

Howard B. Levine, Doctor en Medicina
Profesor en el Psychoanalytic Institute of New England (PINE);
profesor y analista supervisor en el Massachusetts Institute for
Psychoanalysis (MIP), Boston, Massachusetts

Referencias bibliográficas

FREUD, S. (1915b), *De guerra y muerte. Temas de actualidad*, en *Obras completas*, trad. de J. L. Etcheverry, Buenos Aires, Amorrortu, 1992, vol. 14, pp. 273-303.

FREUD, S. (1933b), ¿Por qué la guerra?, en *Obras completas*, trad. de J. L. Etcheverry, Buenos Aires, Amorrortu, 1991, vol. 22, pp. 179-198.

VOLKAN, V. D. (1997), *Blood Lines: From Ethnic Pride to Ethnic Terrorism*, Nueva York, Farrar, Straus y Giroux.

VOLKAN, V. D. (2004), *Blind Trust: Large Groups and Their Leaders in Times of Crisis and Terror*, Charlottesville, VA, Pitchstone.

VOLKAN, V. D. (2013), *Enemies on the Couch: A Psychopolitical Journey Through War and Peace*, Durham, NC, Pitchstone.

Prólogo a la edición española

La utilidad de una ilusión (psicoanalítica)

Jorge L. Tizón

Tienen ustedes en sus manos un libro que está traducido y publicado con una clara intención política o, si lo prefieren, «psicopolítica»,[1] para que pueda producir una cierta reflexión acerca de nuestra convulsa coyuntura política, tanto española como americana, dos ámbitos geográficos (y, tal vez, un ámbito cultural) sacudidos hoy por fuertes y profundos conflictos sociales y necesitados de urgentes cambios. En ese sentido, a pesar de que el mismo Vamik me ha pedido la redacción de este prólogo, encuentro que el de la edición inglesa, escrito por Howard B. Levine, cumple perfectamente con la misión de presentar al autor y el libro. Por ello, me siento liberado para intentar una tarea algo más compleja y coyuntural: situarlo en nuestro panorama científico y social hispanoamericano y europeo.

De entrada, tendríamos que hacer dos constataciones que coinciden perfectamente con la obra aquí presentada y con el prólogo de Levine. Por un lado, hemos de reconocer que, aparentemente, el psicoanálisis solo posee hoy un valor marginal, casi «culturalista», en la resolución de los conflictos mundiales y en la diplomacia internacional. Pero decimos «aparentemente» porque, por otro lado, y en palabras del propio Volkan (1),[*] esos conflictos, sin embargo,

---

[1] En el sentido que le doy a este término, ampliando el concepto de Byung-Chul Han (6).

[*] Los números entre paréntesis hacen referencia a la bibliografía de este prólogo.

no pueden entenderse si el enfoque atañe únicamente a los factores del mundo real, como las circunstancias políticas, económicas, militares y legales. Los problemas del mundo real están sumamente «psicologizados»: están contaminados con percepciones, pensamientos, fantasías y emociones compartidos (tanto conscientes como inconscientes), pertenecientes a las glorias y a los traumas históricos, como las pérdidas, las humillaciones, las dificultades para realizar el duelo, los sentimientos de derecho a la venganza y la resistencia a aceptar las realidades cambiantes.

El propio Sigmund Freud se sintió aprisionado por la impotencia del psicoanálisis con respecto a la guerra y a los grandes conflictos sociales, como muestran, por ejemplo, sus escritos de 1915 sobre «La desilusión provocada por la guerra» (2) y los ensayos acerca del malestar en la civilización y la guerra (3,4).

Sin embargo, como nos recuerda Levine (5), Vamik D. Volkan ha tenido la oportunidad única de vincular su larga experiencia profesional con el trabajo directo, de «primera mano», en los graves conflictos sociales e internacionales. Ciertamente, su devenir vital y sus antecedentes geohistóricos podían propiciar estos desarrollos,[2] pero su experiencia profesional y clínica no había comenzado en esos ámbitos, desde luego. Sin embargo, ya tempranamente «tropezó» en su trabajo profesional con la importancia de los duelos y traumas y la evolución de los procesos de duelo para el desarrollo de la identidad, la identidad sexual, la identidad grupal y la identidad social. Recordemos que Vamik había trabajado, entre otros encuadres, en la clínica de la transexualidad, la psicosis, la psicosis infantil —de ahí su importante obra acerca del «*self*

---

2   Como turco-chipriota, que vivió la partición de Chipre, ha tenido que soportar en su propia tierra y en la de sus ancestros los resultados de esos conflictos sociales, culturales, históricos y diplomáticos.

infantil psicótico» (7)—, la identidad… Como esposo de una de las huérfanas de la más terrible guerra que nunca ha asolado a la Humanidad, la Segunda Guerra Mundial, comenzó a participar en los encuentros anuales de personas relacionadas con ese trauma hasta convertirse, como él mismo ha dicho, en un «casi perenne» colaborador de las reuniones de AWON.[3] Una vinculación que lo ha llevado casi obligatoriamente a conceder a los procesos de duelo un papel relevante en los conflictos sociales y, por tanto, en los conflictos internacionales y las relaciones sociales. Pero, como decíamos, su interés no ha sido tan solo teórico o para proporcionar explicaciones más o menos especulativas. Sin menospreciar la importancia de los problemas políticos, económicos, legales y socioculturales, su pregunta y su empeño en este ámbito ha sido siempre: «¿Cómo habría que hacer para construir instituciones capaces de absorber los *insights* psicológicos y servir como antídoto a las regresiones en el grupo grande y en la interacción de los líderes y los seguidores?» (1,5).

Una característica de todas las publicaciones de Vamik Volkan es su estrecha vinculación con la clínica psicoanalítica, de la que parte. De ahí, de esa vinculación entre práctica clínica, reflexión teórica y perspectiva social nace este libro y su amenidad. A lo largo de sus páginas, Vamik nos guiará por diferentes vericuetos —en unos casos históricos, en otros sociales, sociológicos o ideológicos—, pero desde su mirada de psicoanalista comprometido con su tiempo y con el cuidado del sufrimiento humano. De ahí la amenidad del libro y su utilidad para públicos muy diferentes de los estrictamente psicológicos y psicoanalíticos.

---

3 AWON (*American World War II Orphans Network*) es una organización americana creada para la ayuda mutua de los huérfanos de la Segunda Guerra Mundial, para construir vínculos, datos y narraciones y para facilitar las búsquedas de los huérfanos con respecto a sus padres muertos durante esa conflagración [Christman, 1998 (8)].

Psicoanálisis y política

Comenzando por el mismo Sigmund Freud, los psicoanalistas han (hemos) escrito sobre una variedad de temas relacionados con el ámbito de los conflictos sociales, la diplomacia y la política, aunque a menudo nuestras aportaciones se han dirigido fundamentalmente a la comprensión y a la reflexión, y han tenido poco uso práctico por parte de diplomáticos, políticos y agentes sociales. Pero no siempre ha sido así: baste aquí con mencionar al propio Vamik y una de sus creaciones, el Centro de Estudios de la Mente y la Interacción Humana (CSMHI) en la Universidad de Virginia, o, en el lado europeo, al Instituto de Relaciones Humanas Tavistock, que también lleva decenios desarrollando otro tipo de aplicaciones sociales y psicosociales del psicoanálisis. Freud, como hombre culturalmente inquieto que era, se interesó en profundidad por estos temas, un hecho que recuerda ampliamente Volkan. Siguiendo a Freud, algunos psicoanalistas aplicaron las perspectivas y conceptos psicoanalíticos a los temas políticos y sociales, entre ellos a la propaganda política (por ejemplo, Money-Kyrle, Kris, Glower, Fornari, etc). El impacto social y psicosocial del Holocausto y su repercusión transgeneracional y sociocultural ha sido tratado en numerosísimas ocasiones por el psicoanálisis, desde diversos puntos de vista y enfoques, tanto teóricos como prácticos. La importancia social creciente de la persuasión, la manipulación de las masas y la propaganda pronto dio pie a la aplicación de conceptos psicoanalíticos en esos campos, como en la naciente «mercadotecnia». No hay que olvidar ni soslayar el hecho de que ya Edward Bernays, sobrino de Freud, popularizó tales interacciones y, probablemente, fue el primer artífice del uso masivo de conceptos psicoanalíticos en el campo de la propaganda y el *marketing* comercial. En último extremo, tendríamos que reconocerle como un inaugurador del uso del psicoanálisis en tales disciplinas y, a veces, de las orientaciones más manipuladoras de las mismas. Hoy es indudable que los conceptos psicoanalíticos están en el argumentario de la *psicopolítica* más rabiosamente actual y de los desarrollos que llevaron a la creación, en ciertas universidades norteamericanas y británicas y en otros centros de poder, universitarios y no universitarios, de potentes equipos y *think tank*. Estos equipos y grupos, ya se sabe, dominan poderosos y múltiples métodos y sistemas, desarrollados a partir de la psicología social de diversas orientaciones, con el objeto de manejar ideologías y grupos políticos, manipular la historia y las relaciones internacionales, crear estados de opinión, etc.

Pero ya antes, esas perspectivas se habían puesto en relación con estudios antropológicos y sociales tales como los que desarrolló Erik H. Erikson (9,10) en sus trabajos acerca de la identidad y el ciclo vital en diferentes culturas. También con perspectivas más históricas y políticas, desde el prisma del duelo y el trauma catastrófico de las grandes guerras mundiales (11). Ese enfoque psicoanalítico se ha aplicado más tarde en casi todos los grandes conflictos sociales, culturales o religiosos de la humanidad. Por ejemplo, Kakar (12) ha descrito los efectos del conflicto religioso hindú-musulmán en Hyderabad (India); también en 1998, diversos psicoanalistas sudamericanos organizaron un gran encuentro en Lima (Perú) entre psicoanalistas, políticos y diplomáticos de alto rango que ha dado lugar a numerosas reflexiones posteriores.

Desde otras perspectivas, algunos hemos intentado profundizar en el uso masivo de un cierto psicoanálisis para la *psicopolítica* (6,13), es decir, en el uso de los conceptos y perspectivas psicológicas para influir en las orientaciones sociales, culturales, religiosas e ideológicas de las masas y los grupos, con cada vez mayor eficacia. Se trata de un campo en el que se trabaja no solo desde perspectivas psicosociales y psicoanalíticas, sino incluso neurocientíficas, como por ejemplo, Donald Pfaff y otros (14,15), quienes basándose en consideraciones neurocientíficas han desarrollado diversas iniciativas desde la Universidad Rockefeller (14). Por eso, tras los hechos del 11 de septiembre de 2001, la Asociación Psicoanalítica Internacional (API-IPA) formó un grupo de estudio sobre terror y terrorismo. El analista noruego Sverre Varvin dirigió ese grupo, que trabajó en el tema a lo largo de varios años (16). La API-IPA incluso llegó a establecer un comité en la ONU sobre estos temas, y Vamik D. Volkan ha dirigido y fundado el Center for the Study of Mind and Human Interaction (CSMHI) y la *International Dialogue Initiative* (IDI), de la cual es presidente emérito. Ese tipo de realizaciones y sus continuados esfuerzos en la aplicación de métodos y sistemas no para la manipulación sino para la elaboración de los conflictos sociales, han sido las que han fundamentado sus cuatro nominaciones para el Premio Nobel de la Paz.

En ese enfoque psicoanalítico de los conflictos sociales, combinando las perspectivas de la identidad individual y grupal y la perspectiva de los traumas y los duelos, es probablemente donde se asientan las más importantes reflexiones y enfoques prácticos de Vamik Volkan y, en general, del Centro de Estudios de la Mente y la Interacción Humana (CSMHI) en la Universidad de Virginia. Este centro, como oportunamente recuerda Daurella (17), reunió hasta 2005 a psicoanalistas, psiquiatras, exdiplomáticos, politólogos, historiadores y otros especialistas en ciencias sociales y del comportamiento humano. La idea era intentar aplicar algunas perspectivas y reflexiones de origen psicoanalítico a determinados conflictos étnico-nacionales, con la expectativa de facilitar diálogos grupales, de grupos en conflicto, y diálogos internacionales. La concreción de ese enfoque es lo que ha llevado a nuestro autor a conducir o participar en diálogos extraoficiales en lugares tan distintos y distantes como Egipto, Israel y Palestina, las repúblicas bálticas, la ex Unión Soviética (Rusia, Osetia del Sur y Georgia), Kuwait, Eslovaquia, Albania, Croacia y Bosnia, Turquía, Alemania y Estados Unidos (Waco, Texas), entre otros, en su empeño de que el psicoanálisis aún puede servir para aumentar y extender la coexistencia pacífica. La idea general es que, como en la psicodinámica individual y grupal, las regresiones del grupo grande pueden ser benignas o malignas en función del particular contexto histórico, político y social en el que se produzcan y de la respuesta que susciten entre los miembros del grupo y los líderes del mismo. Todos esos elementos podrían ser entendidos y modulados desde una perspectiva psicoanalítica.

Duelo y trauma grupales

La experiencia psicoanalítica y personal de Vamik, que lo ha llevado a participar, de manera continuada, durante decenios, en grupos de duelo (con familiares de los fallecidos en la Segunda Guerra Mundial, por ejemplo), lo ha conducido a otra idea que es básica en nuestra perspectiva de los duelos y los procesos de duelo y, en general, en toda la perspectiva postkleiniana del psicoanálisis (18-23): los duelos pueden tener un principio y un final, pero los procesos (psicológicos) de duelo por una pérdida o un conflicto importante no acaban nunca. Toda la vida seguirán actuando de una u otra forma en la estructura mental y relacional del individuo, con mayor o menor importancia, terebrancia y capacidad mutativa, favoreciendo la creatividad y la apertura a nuevas relaciones o dificultando las relaciones y hundiendo al sujeto en la desesperanza y el desapego más o menos marcados (24-26). Por una vía diferente, algunos habíamos llegado a una convicción similar a partir de las reflexiones teóricas y clínicas postkleinianas (18,26) gracias a la clínica con pacientes graves, a la práctica comunitaria en barrios de clases oprimidas y mediante nuestro trabajo dentro de los movimientos sociales, sobre todo españoles (25,26).

Pero, como decíamos, Volkan también ha llegado a esa misma certeza en cuanto a la centralidad del duelo en el desarrollo de la mente y las relaciones humanas. De ahí la interesante revisión que realiza en este libro (y en otros: 19,20,22) del tema del duelo. En ese sentido, la perspectiva del duelo de Volkan, fundamental para su perspectiva de los conflictos sociales e internacionales, se ha ido aproximando al punto de vista kleiniano, por ejemplo a través de Kernberg (27). Personalmente, suelo entender ese dilema entre lo terminable y lo interminable en el duelo con la idea de que el mismo (externo, psicosocial, ritual) tiene un final, mientras que los procesos psicológicos de duelo, si la pérdida ha sido personalmente importante, no. Sus efectos, benéficos y/o perturbadores, creativos o rigidificantes, nos acompañarán toda la vida. En último extremo, como los duelos suponen siempre una dinámica de modificación del mundo interno, el único final seguro del duelo es el final de la vida del sujeto, es decir, la muerte (26). Sin embargo, entre la finalización «normal» del duelo y el «duelo permanente» o «crónico» hay una zona repetidamente estudiada por Volkan en la que los objetos o los fenómenos de vinculación dan pie a comportamientos de vinculación, relaciones interpersonales reparadoras y a que nos formulemos preguntas de tipo científico (19-23). Por eso los procesos de duelo, incluso los que dan lugar a «patología psiquiátrica», pueden estar en la base de la creatividad y las capacidades de algunos individuos y grupos (24,25).

De ahí la importancia que pueden adquirir para la vida personal y microgrupal los «duelos patológicos» (con evolución psicopatológica) o, en general, los duelos no elaborados; por ejemplo, por exceso de culpa persecutoria, narcisismo o reacciones maníacas y negadoras (13,20,26). Eso es lo que permite ayudar a entender, además, por qué en el caso de que el conflicto y la pérdida sean macrosociales, poblacionales, de grupos amplios, su no elaboración puede llevar a un estancamiento y a todo tipo de rigideces no solo personales, sino sociales, aunque solo sea por la acumulación de duelos no elaborados en grupos de población. En estos casos, suelo poner un ejemplo muy próximo a nosotros, pero (aún) muy poco tenido en cuenta: el duelo psicosocial no elaborado por la revolución, la guerra y la postguerra española de 1931 a 1939, cuya elaboración quedó radicalmente obturada. Y ello a pesar de que ya tenemos numerosos datos, incluso histórico-científicos y de «sagas familiares», que podrían ayudarnos, a partir de ese enfoque, a entender la rapidez con la que la corrupción y la perversión han invadido pilares fundamentales de nuestra jovencísima democracia: se trata de manifestaciones habituales de los duelos maníacos y/o paranoides (13).

En ese sentido, cuando hablamos de los procesos de duelo macrosociales aconsejo tener en cuenta al menos seis niveles de sus repercusiones y sus complicaciones: 1) La acumulación de procesos de duelo personales en una población determinada. 2) Lo cual da lugar a procesos de duelo familiares acumulados. 3) Pero que también da lugar a duelos grupales, algunas de cuyas repercusiones han sido estudiadas desde otros paradigmas de la psicología —pienso en fenómenos psicológicos relacionados con los estudiados por Festinger, Milgram, el paradigma de la difusión de la responsabilidad en los grupos o la psicología de la persuasión—. 4) Los duelos institucionales, los duelos vividos por las instituciones. 5) Los procesos de duelo según los difunden y amplifican figuras de identificación social: líderes de opinión, periodistas, artistas, líderes populares y líderes históricos vinculados o no con el «trauma escogido». 6) Y todos esos procesos de duelo en nuestra civilización son, de una u otra forma, relanzados y modelados por los *mass media*.

Los efectos psicológicos y psicosociales en esos diferentes niveles pueden ser acumulativos o contradictorios entre ellos, pero, en todo caso, nos permiten vislumbrar al menos la radical importancia de los traumas y duelos que afectan a grupos grandes de población para el desarrollo de esas poblaciones y, en general, de nuestras sociedades; sobre todo, para la estructuración de su cultura, sus ideologías y/o su organización social. De ahí la importancia de procesos tales como la «ideología de la reivindicación o de la queja», que tan bien subraya Vamik D. Volkan. Y por eso podemos hablar con Volkan de los duelos transgeneracionales, no solo en familias y microgrupos, sino también en colectividades, grupos sociales y culturas, algo que Erikson, Bleger o Margaret Mead nos habían apuntado ya hace decenios; como Mitscherlich y Mitscherlich (11) o el propio Volkan (1, 21).

De ahí la validez de esa serie de conceptos que Volkan desgrana en este volumen y en toda su obra: importancia del mundo emocional e inconsciente en las dinámicas de los grupos grandes; duelo transgeneracional e identidad grupal basada en los traumas; traumas para esos duelos sociales, que en algunos casos son *traumas designados* o *escogidos*; ideología de la reivindicación o de la queja; «colapso temporal» alrededor del trauma; reidentificación a través del líder; importancia del narcisismo en la regresión grupal y del «narcisismo de las pequeñas diferencias»; «modelo práctico del árbol», etc. Y con la aclaración importante de que afectan tanto a los agresores como a los agredidos, algo que ya nos había señalado Eurípides en el siglo V a.n.e. cuando en *Las troyanas*, hablando de uno de los primeros imperialismos de la historia (el greco-macedonio), terminaba en el nihilismo más total, a pesar de la victoria de las tropas invasoras (28,29,30). A la desesperación final de Hécuba, la reina, a la locura autodestructiva de Casandra, al resentimiento sin tregua ni piedad de Andrómaca, a la derrota y muerte de los troyanos, a la destrucción de la mayor parte del ejército griego a manos del mar, de Poseidón, responde la frase final de este, terrible y destructiva como solo puede serlo un melancólico irritado:

> *Ahora vais a pagar.*
> *Haced la guerra, mortales imbéciles. Destrozad los campos*
>   *y las ciudades.*
> *Violad los templos, los sepulcros,*
> *y torturad a los vencidos.*
> *Haciéndolo así, reventaréis.*
> *Todos.*

En los vencedores, el resultado es el aumento del narcisismo vulnerable, la manía, la relación paranoide y el sadomasoquismo (relación perversa). En los vencidos, la depresión, la relación evitativa, la relación paranoide y el sadomasoquismo (30,13). En ambos, una rigidificación de sus posibilidades creativas

(24,25). De ahí la *ideología del trauma escogido* y la *ideología de la reivindicación o la queja,* conceptos acuñados y desarrollados por Vamik. Son sistemas cognitivo-emocionales aún más basados en idealizaciones de lo que es habitual en las «ideologías»: hacen referencia al sentimiento compartido de recuperar lo que en la realidad y en la fantasía se perdió durante el trauma colectivo y en los «traumas secundarios» relacionados con ese trauma supuestamente inicial (a veces trauma real; a menudo, «trauma designado» a partir de fantasías más o menos elaboradas). La ideología de la reivindicación o de la queja se convierte así en un elemento identitario del grupo grande, aunque puede adoptar características diversas según cada caso: el «irredentismo» italiano, el «cristoeslavismo» serbio, el «excepcionalismo americano» de los estadounidenses, los excepcionalismos de todo tipo de nacionalismos exacerbados...

De ahí el alto valor emocional e identitario de los símbolos (como las banderas y los monumentos conmemorativos que enaltecen esos momentos o hechos). A menudo, los hechos son tan solo legendarios, fantasiosos o históricamente dudosos, pero los monumentos y símbolos sueles ser más materiales. El grupo social puede aferrarse a ellos como «objetos de vinculación» para mantener su precaria identidad. En último término, no queda claro hasta qué extremo la idealización puede devenir en delirio o delusión colectiva: mejor una identidad falsa o «designada» que una identidad vulnerable. Y el tema de la identidad, como hemos dicho, es también central en estas reflexiones de Volkan.

Grupos grandes, líderes, individuos y sujetos

La larga experiencia clínica y social de Vamik Volkan lo ha llevado a describir de manera especialmente clara fenómenos fundamentalmente inconscientes que surgen en las interacciones entre el líder y el grupo, en la línea que ya había iniciado Sigmund Freud (31,3). De ahí sus lúcidas y documentadas descripciones de la relación entre los «líderes»[4] con el trauma designado y con sus seguidores. Esas relaciones pueden frustrar soluciones más adaptativas y pacíficas a los conflictos del grupo grande, necesarias para sostener y recomponer la «carpa» ideológica y cultural con la que los grupos grandes protegen sus identidades en cambio constante, con la afortunada metáfora de Volkan.

En el sentir de Vamik, los psicoanalistas han tendido a trasladar de forma simplificada, y en ocasiones desafortunada, las observaciones psicoanalíticas de grupos pequeños —tales como grupos de psicoterapia de entre seis y doce personas— a la psicodinámica de los grupos grandes formados por decenas, cientos de miles o millones de individuos. Eso llevó a desarrollar teorías (en realidad, hipótesis) sobre los impulsos agresivos como base o raíz de la guerra, sobre la percepción del estado o de la nación como madres, sobre grupos que responden al líder como lo harían ante un padre, y sobre la identificación de los miembros del grupo entre sí, reflexiones a todas luces sugerentes… pero sumamente insuficientes.

Sin embargo, Anzieu (32), Chasseguet-Smirgel (33) y Kernberg (27,34), desarrollando puntos de vista kleinianos, aportaron una perspectiva diferente de la dinámica de los grupos grandes. Por ejemplo, profundizando en cómo los grupos en posición regresiva poseen fantasías idealizadas comunes sobre la madre («la madre patria», la tierra, *demeter*); en cómo se identifican iluminadamente con esa «madre idealizada», ideal, siempre receptiva y permanentemente gratificante («pecho materno») que cura todas las heridas narcisistas y proporciona los fundamentos de su identidad. Los miembros de estos grupos en estado regresivo, según Anzieu y Chasseguet-Smirgel, elegirán líderes que apoyen estas ilusiones de gratificación inacabable, definitiva, idealizada.

---

4 En muchos casos, tal vez habría que matizar y diferenciar, «líderes» y «líderes de supuesto básico». Estos últimos, en vez de ayudar al crecimiento y desarrollo reparatorio del grupo, tienden a mantenerlo en los diversos «supuestos básicos» esquizoparanoides.

Aquí hay un énfasis creciente en los aspectos preedípicos en lugar de en los edípicos, una perspectiva que es frecuente en todas las aproximaciones que parten del programa clínico kleiniano. El resultado son hipótesis sumamente sugerentes (y aventuradas), sobre el devenir social y los conflictos sociales.

De todas formas, en buena medida, la identidad del grupo grande, y más en momentos de crisis, es una investidura narcisista, que se hipostasía en identidades étnicas, religiosas, de clase, políticas, ideológicas, culturales... Y una investidura o catectización narcisista que, además, puede ser ampliamente manipulada por intereses económicos, ideológicos, políticos, culturales, etc. Las guerras, las situaciones prebélicas, el terrorismo, los conflictos diplomáticos, las pérdidas o ganancias compartidas, normalmente asociadas a procesos de duelo o de reacción maníaca ante duelos y traumas, se sostendrán así en nombre de una identidad y una cultura míticas, idealizadas, incambiables, es decir, *esencialistas*. Es la mentalidad grupal o la ideología grupal del *esencialismo de la cultura y la identidad:* nacional, de clase, de grupo, de élite... Los procesos de manipulación de masas apoyados por sistemas técnicos psicosociales (35) y, en general, por la *psicopolítica* (6, 13⁵), pueden obtener hoy grandes y rápidos logros en ese campo. Sobre todo, gracias a la utilización de esos conocimientos científicos y de técnicas psicosociales por parte de poderosos *think tank* de los diversos poderes, en particular, «de inteligencia» y mediáticos.

La hipótesis que sigue manteniendo Volkan, en este ámbito muy en línea con Erikson (9, 10), es que una investidura narcisista en el grupo grande ayuda al sentimiento de pertenencia y de continuidad intergeneracional entre sus miembros (por tanto, a la identidad grupal) y, al tiempo, sostiene la autoestima individualizada de cada uno de ellos. Un «exagerado narcisismo

---

5 Acerca del concepto de psicopolítica, mantengo una serie de diferencias con el pensador coreano-germano Byung-Chul Han (6), explicadas parcialmente en *Psicopatología del poder* (13).

del grupo grande» denota un proceso en el que las personas de dicho grupo acabarán sintiendo y defendiendo, incluso ferozmente, la superioridad de casi todos los elementos que previamente han cargado en su «identidad grupal»: desde el idioma a la gastronomía, desde los modelos de trabajo hasta los del ocio, desde las canciones de cuna hasta los logros o supuestos logros artísticos, artesanales, tecnológicos...

Esta defensa de la identidad vulnerable, basada en el narcisismo grupal y en la consecuente creación de identidades esencialistas, inmutables y sagradas, choca en algún momento contra otros aspectos de la mentalidad grupal, contra otras partes o miembros del grupo o contra otros grupos o entidades sociales próximas. Si lo amenazado es la identidad grupal narcisista, basada en la negación y disociación en vez de en la elaboración de duelos y traumas reales (y en su sustitución por «traumas designados»), la reacción grupal puede ser desmedida, feroz, literalmente asesina... Pero ¿es lícito llegar a esa situación de agresión intraespecífica en nombre de «principios» tan etéreos e idealizados? Donald Pfaff, desde una perspectiva neurocientífica (14), se preguntaría ¿cómo esas convicciones pueden llevar a individuos y grupos a moverse contra los principios básicos de lo que él ha llamado «el cerebro altruista»? Si los seres humanos están programados fundamentalmente para la colaboración, la solidaridad, el altruismo incluso... ¿cuál es la fuerza de procesos psicosociales y psicológicos como los descritos por Volkan como para lograr sobreimponerse a tales preprogramaciones neurológicas e incluso genéticas? ¿Cuáles son los procesos grupales, psicosociales, que llevan a sentir al otro ser humano como «otra especie», como «otra especie en competición por mi hábitat» y, por fin, como «otra especie que hay que separar, alejar o exterminar»? Un buen tema para que el lector pueda reflexionar leyendo estas líneas de Volkan y comparando sus reflexiones con las de pensadores como Einstein, Freud, Pfaff y tantos otros.

La ventaja para Vamik (y para el lector) es que él ha podido trabajar y reflexionar sobre esos temas en primera mano», asistiendo a grupos de líderes y miembros de grupos humanos en conflicto en varios lugares del globo, observando sus reuniones, discusiones, diatribas… Soportando incluso las inevitables sesiones y re-sesiones dedicadas a la propaganda de lo que ya Freud llamó el «narcisismo de las pequeñas diferencias».

Hace años que mantengo que esas perspectivas de Vamik podrían complementarse con nuestras perspectivas «europeas» sobre la dinámica de los grupos grandes, que mencionábamos anteriormente. Ya hace años, en un trabajo sobre grupos terapéuticos y preventivos (36) mantuvimos que, desde el punto de vista psicoanalítico, tal vez sea Bion (38), junto con Foulkes, el autor que más ha influido en un replanteamiento de los conceptos psicoanalíticos sobre los grupos asistenciales. El elemento clave de la perspectiva bioniana de los grupos es el concepto de *grupos de supuesto básico* y *grupos de trabajo* (36-38). En la perspectiva bioniana, los «supuestos básicos» equivaldrían a constructos inconscientes que dominan la vida grupal en un determinado momento del proceso grupal, que dominan la «mentalidad grupal». Para Bion, siguiendo en ello la perspectiva kleiniana, los supuestos básicos estarían configurados por emociones y cogniciones intensas de tipo primitivo (en relación con «estados somato-psicóticos» de la mente) que se expresan en las fantasías inconscientes básicas grupales, generalmente omnipotentes y mágicas. El término de *grupo de supuesto básico* hace referencia a una forma de funcionamiento grupal dominado por este tipo primitivo de fantasías inconscientes, emociones y cogniciones propias de la posición esquizo-paranoide y de las defensas contra las ansiedades confusionales. A ese tipo de grupo suele llegarse por procesos regresivos, muy frecuentes en todo tipo de grupos humanos. En el caso de los grupos grandes, se hace patente la necesidad de un líder, al que el grupo puede utilizar al tiempo que se deja utilizar por el mismo con el objetivo (inconsciente) de aumentar la regresión… o para salir del pozo regresivo.

Bion describió tres tipos de supuestos básicos grupales: el supuesto básico de dependencia (sbD), el de ataque-fuga (sbF) y el de apareamiento (sbA). El grupo que funciona según el *supuesto básico de dependencia* se conduce como si existiera un objeto externo o interno (el líder) cuya función es proveer seguridad al grupo, como si existiera un objeto o deidad protectora de ese «grupo inmaduro». El que funciona según el *supuesto básico de ataque-fuga* actúa y siente como si existiera un enemigo al que es necesario atacar o del que es necesario huir. El grupo dominado por el *supuesto básico de apareamiento* o de «*esperanza mesiánica*» vive dominado por la cognición-fantasía de que un hecho futuro (o un ser no-nacido) resolverá los problemas del grupo, a menudo a base de la unión fecundadora de dos miembros o características del propio grupo.

En la perspectiva de Bion (38), esos supuestos básicos son estados emocionales tendentes a evitar la frustración que conlleva el *aprendizaje por experiencia*, aprendizaje grupal e individual que implica siempre dolor, esfuerzo y frustración, es decir, afrontamiento y elaboración de las pérdidas, duelos y traumas; penar por el «paraíso perdido» y desengaño de la idealización y la elación de los «paraísos alternativos». Si el grupo se deja dominar por esas representaciones y emociones primitivas e inconscientes, funcionará como un *grupo de supuesto básico,* como un todo inmaduro y oscilante que tendrá grandes dificultades para desarrollar tareas adultas, creativas, de desarrollo. Frente a este tipo de grupo, el aumento de la cohesión grupal, la experiencia de trabajo en común, la mayor tolerancia grupal a las diferencias y a la frustración, la pérdida y el duelo, las aportaciones del terapeuta o coordinador, etc., ayudan al desarrollo de la mentalidad grupal a la cual Bion llama *grupo de trabajo.* Es la mentalidad grupal que implica tolerancia a la frustración, contacto con la realidad, elaboración de las emociones... En definitiva, la «posición» o «estructura relacional» a la que llamamos (39-41) «posición reparatoria», intentando evitar los frecuentes malentendidos a los que puede dar lugar el término kleiniano de «posición depresiva» (18).

En el pensamiento de Bion —y también de los autores del Instituto Tavistock de Relaciones Humanas (37)—, todo grupo funciona oscilando con mayor o menor frecuencia e intensidad entre las dos «posiciones» o «estructuras relacionales» básicas: esquizoparanoide y reparatoria. En sus productos y organizaciones fantasmáticas ello se puede observar en el conflicto permanente entre los supuestos básicos subyacentes y las posibilidades de funcionar como grupo de trabajo, como grupo social cohesionado o, incluso, como sociedad cohesionada. Las situaciones de *cambio catastrófico,* las grandes crisis sociales, que sumen al grupo de nuevo en «posiciones esquizoparanoides» y «confusionales primitivas», tienden a revitalizar la importancia de los «supuestos básicos» —formas regresivas o primitivas de enfrentarse a las dificultades y avatares relacionales—. Pero si la confusión y los miedos iniciales se superan, se dan las precondiciones para el cambio y el crecimiento grupal. Una estructura se transforma en otra a través de momentos de desorganización, dolor y frustración, visión que nos vuelve a recordar la perspectiva psicoanalítica básica de las «fases» de desarrollo a las que se llega mediante la superación o elaboración de «crisis» —y, por lo tanto, de ansiedades ante la posibilidad de catástrofe (9,10).

A nuestro entender, las posibilidades técnicas, teóricas y epistemológicas de este tipo de planteamientos de la dinámica de los grupos y de los grupos asistenciales y preventivos distan mucho de haber sido suficientemente desarrolladas o aprovechadas hoy en día, incluso por los terapeutas de orientación similar a la de Bion. Por ejemplo, están por investigar aún cuales son las mejores vías para alcanzar esa situación de «grupo de trabajo» y si esta se alcanza con mayor seguridad siempre por vías directamente calcadas del psicoanálisis individual, o si se precisan adaptaciones y correcciones técnicas para la práctica grupal. De hecho, los profesionales y teóricos del Tavistock Institute han venido decantándose progresivamente por la combinación de métodos psicoanalíticos y de la psicología social en sus talleres de supervisión y ayuda a la dinámica de las instituciones que los consultan.[6]

Volkan describe cómo los individuos con un *self* traumatizado pueden «acoplarse» a la identidad del grupo grande como si fuera una especie de «parche» reparativo de ese *self* traumatizado. La interacción entre la identidad individual y del grupo grande puede resultar central para comprender la regresión y la violencia en los conflictos de los grandes grupos: determinados papeles (racismo, dedicación étnica o religiosa, terrorismo y actividades proselitistas sectarias) pueden recibir una sanción por parte del grupo grande, pues contribuyen a «parchear» la averiada identidad del sujeto... y del grupo. Cuando los grupos grandes resultan amenazados por graves conflictos (crisis socioeconómicas, desastres, guerras, revoluciones...) una buena parte de los miembros del grupo, probablemente la mayoría, se adhieren aún más desesperadamente a esos «hipervalores» (étnicos, nacionales, religiosos, culturales, ideológicos...) en un esfuerzo por mantener y regular un sentido de sí-mismos y la identidad en tanto que perteneciente a un grupo mayor, más sólido, más grande, más trascendente. Es el momento en el cual resultan más susceptibles a la propaganda y manipulación política, a las «ideologías en blanco y negro» (esquizoparanoides), como algunos líderes de supuesto básico saben intuir y aprovechar.

Las verdades y confianzas básicas del grupo y de sus componentes pueden ser más fácilmente manipuladas o pervertidas mediante la «re-identificación» a través de ese tipo de líderes. Y además, reemplazadas con su ayuda por «verdades ciegas», que son seguidas por la masa (el grupo de supuesto básico re-identificado alrededor del líder o de las fantasías de supuesto

---

6 Otras actividades del TIHR, que lo vinculan con grupos de poder elitista e incluso con el Grupo Bilderberg, no son aún suficientemente conocidas y documentadas, por lo que preferimos no hablar de ellas aquí. Algo que también ocurre con determinados centros o equipos para el estudio de las relaciones humanas, como el de la Fundación Rockefeller o incluso con el propio IDI *(International Dialogue Initiative).*

básico), incluso en contra de todo tipo de consideraciones morales, ideológicas o económicas (19). Solo así puede entenderse cómo trabajadores franceses y alemanes se han enfrentado salvajemente en dos guerras mundiales. Solo cuando en la primera el número de fusilamientos por «deserción» y «traición» fue anormalmente elevado, insostenible, pudo fraguarse… la revolución de octubre en Rusia (e intentos revolucionarios en todos los países involucrados). Pero aun entonces, y, sobre todo, en los procesos anteriores, las capacidades perversas de algunos líderes, su capacidad para crear, difundir o sostener organizaciones relacionales perversas o paranoides (41), de «ataque-fuga», pueden jugar amplios y variados roles. De ahí la importancia que en este ámbito algunos concedemos a las estructuras u organizaciones perversas, tanto individuales como grupales (13).[7] De ahí que propugnemos el estudio de sus mecanismos, para poder frenar sus enormes capacidades manipuladoras, hoy aumentadas exponencialmente por la *psicopolítica,* por la posibilidad de usar masivamente los conocimientos científicos y técnicos de la psicología social, el psicoanálisis, las técnicas de propaganda y la mercadotecnia, etc.

Al igual que en el paradigma de Milgram, ni siquiera los hombres y mujeres más preclaros se salvan de esa re-identificación perversa o paranoide en los casos de traumas y duelos no elaborados. Y menos los hombres que las mujeres. Como recuerda Daurella (17), incluso el propio Freud, en vísperas de la cruel e inútil masacre de la Primera Guerra Mundial, podía escribir a un colega: «Por primera vez en treinta años me siento austríaco […] La moral es excelente en todas partes […] estaría a favor de la guerra con todo mi corazón si no supiera que Inglaterra está en el otro bando». Solo un año después, en *Consideraciones de actualidad sobre la guerra y la muerte* (2) maldice

---

7   Entendidas como los modelos o estructuras relacionales tendentes a lograr poder, placer, equilibrio o sedación mediante el apoderamiento simbólico o real del cuerpo o la mente de los otros, sin tener que contar con su aquiescencia (13,41).

amargamente su error: «La guerra, en la que no queríamos creer, estalló y trajo consigo una terrible decepción. [...] Ha roto todos los lazos de solidaridad entre los pueblos combatientes y amenaza con dejar tras de sí un rencor que hará imposible, durante mucho tiempo, su reanudación».Y efectivamente, tras la primera guerra vendría la segunda, y los horrores serían corregidos y aumentados. Como suelo recordar a menudo, más de 100 millones de muertos entre ambas guerras, y las dos dirigidas por los pueblos más «cultos» y ricos de la humanidad. Como muy bien decía una de las personas que se atrevieron a levantar la voz contra la segunda y sus secuelas, aún hoy permanentes:

La guerra que vendrá
no es la primera. Hubo
otras guerras.
Al final de la última
hubo vencedores y vencidos.
Entre los vencidos, el pueblo llano
pasaba hambre. Entre los vencedores
el pueblo llano la pasaba también.

Bertolt Brecht *(Catón de guerra alemán)*

Una hipótesis para entender esa disolución parcial de las fronteras del *self* en un *otro* protector que nos acoge en su seno grandioso (el seno de la patria, la nación, la religión, la ideología...), es la de la *simbiosis con fronteras fluidas* que suele darse durante un tiempo entre el bebé y su madre, entre el bebé y el cuidador, en la *urdimbre afectiva*. Es la misma reacción que puede darse entre adultos sometidos a determinadas circunstancias regresivas, como sucede tras masivas catástrofes compartidas, incluso después de la finalización de la situación de crisis y al inicio de la vida como refugiados o «inmigrantes con papeles», por ejemplo (22). De igual manera, mecanismos sumamente primitivos de identificación y simbiosis, tales como la proyección masiva, la identificación proyectiva y la des-identificación por proyección son procesos cognitivo-emocionales individuales que pueden ayudarnos a entender cómo los grupos grandes, en situaciones normales, pero, sobre todo, cuando tienen que hacer frente a hostigamientos a su identidad, tienden a poner en marcha mecanismos a menudo tan extremos y paradójicos. Por eso literalmente «se embuten» en preconcepciones extrañas, incluso estrambóticas (pseudohistóricas, ideológicas, culturales, religiosas…), sobre su propia superioridad y razones. Se convierten en «grupos de supuesto básico» que van oscilando entre el «supuesto básico de ataque o fuga» y el de «apareamiento y esperanza mesiánica», pero siempre con gran tendencia a mantener el «supuesto básico de dependencia» con respecto a algún líder carismático más o menos perverso. Sobre todo, como muy bien resume Volkan, se esforzarán en mantener a ultranza dos principios psicodinámicos básicos (43):

1. La existencia y perdurabilidad, a toda costa, de las fronteras psicológicas entre los dos o más grupos grandes en conflicto,
2. para diferenciar, por encima de todo, la identidad del propio grupo grande con respecto a la identidad del «enemigo».

Dos principios heurísticos sobre los que habría que investigar mucho más y desde diversas disciplinas: psicoanálisis, psicología social, sociología, antropología, neurociencias…

El «supuesto básico de dependencia» está bien claro, por ejemplo, en las reacciones de diversas poblaciones (no solo la alemana) con respecto a líderes de catadura más que dudosa antes, durante y después de la Segunda Guerra Mundial; también, en la población de varios países tardocapitalistas durante y tras la crisis comenzada en 2008. Eso puede llevar a brutalidades e ilegalidades incluso más flagrantes que la reclusión masiva de japoneses-americanos durante 1942, recordada por Volkan

(43,44): todos eran traidores en potencia. Más recientemente, está dando lugar a numerosas medidas racistas, antidemocráticas y chauvinistas puestas en marcha en los USA y varios países europeos en la segunda década de nuestro siglo XXI, pero apoyadas por grupos de población cada vez más amplios.

Se trata de muestras de la regresión masiva del pensamiento que se da en esas situaciones de crisis colectiva y cuya máxima expresión aparece con las guerras. En todas las guerras. Y cuanto más clamor de «guerra justa» se avente, más peligro existe de una real regresión masiva en los comportamientos grupales, máxime cuando el «caldo de cultivo» xenófobo, racista y militarista suele haber sido «trabajado» durante años. Poco se recuerda hoy, por ejemplo, que en *Mi lucha,* Adolf Hitler había llegado a plagiar párrafos y páginas de un prohombre norteamericano: Henry Ford. Tras la pantalla del dictador alemán, poco se ha elaborado hoy la memoria histórica de esos desmanes racistas, totalitarios y militaristas de Henry Ford y sus colaboradores, así como de otros muchos «líderes de supuesto básico» europeos y mundiales durante esa época (45).

En Europa y Norteamérica, en estos momentos del tardocapitalismo, la globalización está haciendo demasiado evidente la insoportable injusticia de un sistema social basado no en la producción y distribución de bienes, sino en mecanismos especulativo-financieros. Como muy bien resume Neri Daurella (17), las clases medias y trabajadoras se hallan en una situación casi de «ansiedades catastróficas», pues domina la convicción de que ni la política, ni la economía, ni los políticos y administradores van a ser capaces de oponerse a las élites o castas depredadoras que copan casi todos los mecanismos (y resquicios) del sistema. Hasta el extremo de que lo que podrían pensarse como indeseables «efectos secundarios» del sistema, se han convertido en elementos clave para su mantenimiento: paraísos fiscales, precariedad laboral, recortes democráticos y en servicios básicos para la vida de los ciudadanos, corrupciones estructurales, desigualdad rampante, etc.

Uno de los casos más llamativos de esa Europa es el de España. La burbuja maníaca de autosatisfacción basada en la negación-disociación del duelo no elaborado por la guerra y posguerra (in)civiles, facilitó todo tipo de «burbujas»: de la construcción, sanitaria, de particularismos territoriales, moral... El resultado ha sido la profunda y rápida corrupción de nuestra democracia y nuestra cohesión social, y el tener que soportar durante decenios realidades de paro que duplican las de la Unión Europea, más de un cuarenta por ciento de paro y precariedad laboral juvenil, emigración masiva de nuestros jóvenes, corrupción masiva de partidos e instituciones clave del entramado social, inundación de las redes sociales (informatizadas y «carnales») por *fake news* y «posverdades», es decir, de falsedades que se difunden sabiendo su falsedad. En definitiva, una acusada desvertebración social con profunda (y motivada) desconfianza en los políticos, las distintas administraciones y los medios de comunicación (¿comunicación?) de masas.

La persistente aparición de la política

De ahí un cierto «pesimismo ilustrado» de Volkan (43):

> Habiendo visto en las últimas tres décadas lo que el hombre es capaz de hacer a sus semejantes en diversas partes del mundo, no puedo sino adherirme al pesimismo de Freud. Los grupos grandes de seres humanos no son capaces de refrenar por completo su tendencia a cometer actos de violencia, destrucciones masivas y atrocidades. Por lo tanto, es mejor para nosotros, en cuanto psicoanalistas o psicoterapeutas, considerar una aproximación a las relaciones internacionales más práctica.

De ahí también las interesantes reflexiones de Vamik Volkan sobre la *realpolitik* y las conclusiones prácticas de las mismas, que a algunos les pueden parecer «practicistas», más que pragmáticas. Sin embargo, se trata de una de las aportaciones más importantes de este libro y, en general, de la obra de Vamik. En sus propias palabras,

> en el momento actual, la amplia presencia del terrorismo, la globalización moderna y el gran incremento de las migraciones, llevan a que en la mayoría de los manuales para tratar la salud mental de los refugiados, elaborados por organizaciones como la OMS o el ACNUR (Alto Comisionado de las Naciones Unidas para los Refugiados), se mencionen métodos de intervención en crisis, técnicas de relajación, modos de abordar los problemas de alcohol y drogas, así como los comportamientos profesionales en relación con las víctimas de violación. Empero, los problemas psicológicos, personales y transgeneracionales, no son abordados en esos manuales.

En consecuencia, a partir de su experiencia en trabajos de esta índole en Chipre, Kuwait, la antigua Yugoslavia y la República de Georgia, Volkan y el CSMHI proponen que una de las tareas fundamentales en las sociedades traumatizadas por hechos sangrientos consiste en formar y «empoderar» a los trabajadores de la salud mental locales. Pero aportar ese apoyo intelectual no es suficiente. Los expertos foráneos deben prestar atención ya de entrada a las necesidades psicológicas de los trabajadores de la salud mental oriundos. Forman parte del grupo traumatizado, y cuando un grupo grande traumatizado no puede revertir sus sentimientos de desvalimiento y humillación (y la *ideología de la reivindicación*) no puede completar otros recorridos psicológicos y psicosociales. Esa impotencia elaborativa cae como una losa sobre las generaciones futuras: de ahí la importancia del trabajo elaborativo psicológico y psicosocial.

Otras consecuencias prácticas son aún más amplias y ambiciosas:

> Mis colegas interdisciplinarios del Center for the Study of Mind and Human Interaction (CSMHI) y yo desarrollamos un proceso

de varios años para aplicar nuestros descubrimientos sobre los grupos grandes y las relaciones internacionales —ya explorados en el presente volumen— a algunas partes del mundo que se encuentran en conflicto. Lo llamamos el «Modelo arbóreo» o «modelo del árbol», para reflejar la lentitud del árbol en lo concerniente a su crecimiento y a su ramificación. El método cuenta con tres fases o componentes básicos: (1) el diagnóstico psicopolítico de una situación; (2) los diálogos psicopolíticos entre los delegados influyentes de los grupos grandes en oposición; y (3) las instituciones y las acciones colaborativas surgidas del proceso de diálogo.

Se trata de un modelo de mediación para los grupos grandes en conflicto, una de las aportaciones más originales de Vamik y el CSMHI. Pero para llegar a él tuvieron que soportar (y hay que soportar) innumerables reuniones en las que los líderes, representantes o participantes defienden insistentemente los extremos narcisistas de su investidura grupal y sus ideas preconcebidas acerca del «trauma designado» y las «justas reivindicaciones». Aquí, el equipo de facilitadores tiene que poseer amplias capacidades de contención, mucho mayores aún que en la psicoterapia de grupo y familiar, para soportar cómo, una y otra vez, los intervinientes se centran en hechos o fantasías sobre el pasado en vez de afrontar hechos del presente o fantasías sobre el futuro.[8] El grupo de facilitadores debe mantener una contención especialmente cuidadosa ante problemas tales como la participación de las ONG en los problemas internacionales, tema discutido donde los haya, o para no intentar resolver problemas o conflictos con elementos religiosos apelando precisamente a la religión o al «perdón».

---

8 En nuestro trabajo de años con grupos de funcionarios y técnicos del sistema de Justicia y de Prisiones catalán, la contención de los coordinadores del grupo ante tanta «compulsión a la repetición» era un tema afectivo y técnico especialmente difícil.

El proceso psicológico y religioso del «perdón», como muy bien indica Volkan, necesita de la elaboración previa de duelos por cada parte y de procesos de duelo en la interacción. Se trata de procesos cognitivo-emocionales nada fáciles y que, a menudo, se banalizan y simplifican aventuradamente. Y se banalizan no solo en las relaciones internacionales, sino en los procesos de mediación de justicia y justicia juvenil (46,47), en los procedimientos de tratamiento y rehabilitación social de agresores, violadores y perpetradores de delitos similares, y en otros ámbitos de las técnicas grupales psicosociales.

En definitiva, el lector y el estudioso tienen en sus manos un resumen vivencial y descriptivo de una serie de vías mediante las cuales el psicoanálisis puede seguirse utilizando para proporcionar hipótesis, e incluso métodos de trabajo, en situaciones sociales y de conflicto social. Durante decenios, la confusión de hipótesis con hechos, la traslación directa de hipótesis desde la práctica clínica a la psicología social y la sociología, así como un cierto desprecio del valor de la proposición de hipótesis para entender situaciones sociales complejas, han dificultado la visión de, por un lado, la modestia y, por otro, la utilidad real de esas aportaciones psicoanalíticas. Modelos teóricos instintivistas y poco relacionales han complicado o retrasado el que podamos valorar esas aplicaciones. Pero Vamik Volkan nos muestra con sus obras cómo hay otras posibilidades; cómo, en un mundo tan rebosante de guerras, conflictos macro-sociales, migraciones tanto voluntarias como forzosas, genocidios, masacres, guerras civiles y guerras aparentemente «religiosas» o «étnicas», también se necesitan avances técnico-psicológicos para fundamentar un nuevo tipo de diplomacia. El lector europeo puede sorprenderse ante el encuadre ideológico y social en el cual Volkan realiza sus reflexiones: se trata de un encuadre muy norteamericano, desde luego, con sus sesgos y aparentes «ingenuidades» y «optimismos», tan difíciles de tolerar desde la «vieja Europa». Pero eso le proporciona también su viveza y comunicabilidad, y nos permite aproximarnos a sus formas de pensar y sentir, aunque nuestros conflictos y las formas de enfocarlos puedan no ser las mismas, ni a nivel ideológico ni a nivel cultural.

Desearíamos que ese encuadre ideológico y cultural no dificulte que podamos aproximarnos a la idea fundamental de Volkan (y de muchos de nosotros) en este ámbito: los problemas son tan graves, tan antiguos y tan profundos que, ¿por qué minusvalorar este tipo de aportaciones y reflexiones tachándolas de entrada de «especulativas» e «hipotéticas»? A Vamik y a su equipo les han conducido a aplicaciones bien prácticas, que a muchos nos gustaría que fueran más ampliamente conocidas.

La gravedad y complejidad de los problemas sociales y las nuevas capacidades reparativas de la humanidad deben ayudarnos a considerar seriamente cada propuesta para disminuir la agresión intraespecífica. Debemos permanecer inquisitivamente atentos a cualquier propuesta que permita ampliar las capacidades de solidaridad y reparatividad de esta abigarrada y atribulada humanidad embarcada en el «navío especial llamado Tierra».

Jorge L. Tizón

Referencias bibliográficas

1. Volkan, V. D. (1997). *Blood Lines: From Ethnic Pride to Ethnic Terrorism*, Nueva York, Farrar, Straus y Giroux.
2. Freud, S. (1915). *Consideraciones de actualidad sobre la guerra y la muerte*. En *Obras Completas*. Madrid: Biblioteca Nueva.
3. Freud, S. (1930). *El malestar en la cultura*. En *Obras Completas*. Madrid: Biblioteca Nueva.
4. Freud, S. (1932). *El por qué de la guerra*. En *Obras Completas*. Madrid: Biblioteca Nueva.
5. Levine, H. (2014). Psicoanálisis y conflicto político: ¿es relevante el psicoanálisis? Prólogo a la edición inglesa del libro de Volkan, V.D. (2014). *Psychoanalysis, International Relations and Diplomacy: A Sourcebook on Large-Group Psychology*. Londres: Karnac.

6. Han, B-Ch. (2014). *Psicopolítica.* Barcelona: Herder.
7. Volkan, V. D. (1995). *The Infantile Psychotic Self: Understanding and Treating Schizophrenics and Other Difficult Patients.* Northvale: Jason Aronson.
8. Christman, C.L. (ed.) (1998). *Lost in the Victory: Reflections of American War Orphans of World War II.* Denton: University of North Texas Press.
9. Erikson, E.H. (1963). *Infancia y Sociedad.* Buenos Aires: Paidós.
10. Erikson, E.H. (1968, 1974). *Identidad, juventud y crisis.* Buenos Aires: Paidós.
11. Mitscherlich, A. y Mitscherlich, M. (1973). *Fundamentos del comportamiento colectivo. La incapacidad de sentir duelo.* Madrid: Alianza.
12. Kakar, S. (1996). *The Colors of Violence: Cultural Identities, Religion, and Conflict.* Chicago: University of Chicago Press.
13. Tizón, J.L. (2015). *Psicopatología del poder: Un ensayo sobre la perversión y la corrupción.* Barcelona: Herder.
14. Pfaff, D.W. (2015). *The altruistic Brain: How we are naturally good.* Nueva York: Oxford University Press [Trad. cast.: *El cerebro altruista. Por qué somos naturalmente buenos.* Barcelona: Herder (2017)].
15. Davidson, R.J. (2003). Affective neuroscience and psychophysiology: toward a synthesis. *Psychophysiology 40*(5),655-665.
16. Varvin, S. y Volkan, V.D. (eds.) (2003). *Violence or Dialogue: Psychoanalytic Insights on Terror and Terrorism.* Londres: International Psychoanalytical Association.
17. Daurella, N. (2014). Identidad individual/identidad de grupo grande. ¿Qué podemos aportar los psicoanalistas en tiempos de turbulencia y confusión? *Clínica e Investigación Relacional* 8,2:374-381.
18. Klein, M. (1940). El duelo y su relación con los estados maníaco-depresivos. En *Obras Completas* de M. Klein, vol. 2 (279-303). Barcelona: Paidós.

19. Volkan, V.D. (2004). *Blind Trust: Large Groups and Their Leaders in Times of Crisis and Terror*, Charlottesville, Pitchstone.

20. Volkan, V.D. (2007). Le trauma massif: l'idéologie politique du droit et de la violence. *Revue Française de Psychoanalyse* 4:1041-1059.

21. Volkan, V.D. (2013). *Enemies on the Couch: A Psychopolitical Journey Through War and Peace*. Durham: Pitchstone.

22. Volkan, V.D. (2017). *Immigrants and Refugees: Trauma, Perennial Mourning, and Border Psychology*. Londres: Karnac.

23. Volkan, V.D. (2015). *Would-Be Wife Killer: A Clinical Study of Primitive Mental Functions, Actualized Unconscious Fantasies, Satellite States, and Developmental Steps*. Londres: Karnac.

24. Jackson, M. y Magagna, J. (2016). *Creatividad y estados psicóticos en personas excepcionales*. Barcelona: Herder.

25. Tizón, J.L. (2016). *Creatividad. ¿Entre el sufrimiento y el genio?* Prólogo al libro de M. Jackson y J. Magagna, *Creatividad y estados psicóticos en personas excepcionales*. Barcelona: Herder.

26. Tizón, J.L. (2004, 2013). *Pérdida, pena, duelo: vivencias, investigación y asistencia*. Barcelona: Herder.

27. Kernberg, O.F. (2010). Some observations on the process of mourning. *International Journal of Psychoanalysis* 91:601-619.

28. Eurípides (1999). *Las troyanas*. Barcelona: Losada.

29. Sartre, J.P. (1999). Prólogo a Eurípides: *Las troyanas*. Barcelona: Losada.

30. Tizón, J.L. (2007). Tragedia y duelo: El componente elaborativo de la tragedia griega clásica. En M. Clavo y X. Riu (eds.). *Teatre grec: perspectives contemporànies*. Lleida: Pagés.

31. Freud, S. (1939). Moisés y la religión monoteísta. En *Obras Completas*. Madrid: Biblioteca Nueva.

32. Anzieu, D. (1975). *El grupo y el inconsciente: lo imaginario*. Madrid: Biblioteca Nueva.

33. Chasseguet-Smirgel, J. (1984). *El ideal del yo: ensayo psicoanalítico sobre la enfermedad de idealidad*. Buenos Aires: Amorrortu.

34. Kernberg, O.F. (1980). *Internal World and External Reality: Object Relations Theory Applied*. Nueva York: Jason Aronson.

35. Chomsky, N. (2014). *Diez estrategias de manipulación mediática*. Documento accesible en múltiples páginas web. Por ejemplo, en www.revistacomunicar.com/pdf/noam-chomsky-la-manipulacion.pdf, visitada el 11 de enero de 2018.

36. Tizón, J.L. y Recasens, J.M. (1994). Experiencias grupales en Atención Primaria de Salud. En A. Ávila y A. García de la Hoz (comps.). *Aportaciones de la Psicoterapia de Grupo a la atención pública en Salud Mental*. Madrid: Quipú.

37. Menzies, I.E.P. y Jacques, E. (1969). *Los sistemas sociales como defensa contra la ansiedad*. Buenos Aires: Hormé.

38. Bion, W.R. (1959): *Experiencias en grupos*. Buenos Aires: Hormé.

39. Tizón, J.L. (2007). *Psicoanálisis, procesos de duelo y psicosis*. Barcelona: Herder.

40. Tizón, J.L. (1982-1998). *Apuntes para una Psicología Basada en la Relación*. Barcelona: Hogar del libro.

41. Tizón, J.L. (2018). *Apuntes para una psicopatología basada en la relación. Variaciones psicopatológicas*. Barcelona: Herder.

42. Brecht, B. (1969). Catón de guerra alemán. En *Poemas y canciones*. Madrid: Alianza.

43. Volkan, V.D. (2018). *Psicología de las sociedades en conflicto: psicoanálisis, relaciones internacionales y diplomacia*. Barcelona: Herder.

44. Loewenberg, P. (1995). *Fantasy and Reality in History*. Nueva York: Oxford University Press.

45. Kellerhoff, S.V. (2016). *«Mi lucha»: La historia del libro que marcó el siglo xx*. Madrid: Crítica.

46. Feduchi, L.; Tió, J. y Mauri, Ll. (2008). Identitat i violència en l'adolescència. *Revista Catalana de Psicoanàlisi* 25(2):37-53.

47. Tió, J.; Mauri, J. y Raventós, P. (2014). *Adolescencia y transgresión. La experiencia del Equipo de Atención en Salud Mental al Menor (EAM)*. Barcelona: Octaedro.

Sobre el presente libro

En 1977, Anwar el-Sadat, por aquel entonces presidente de Egipto, sorprendió al mundo político con su visita a Israel. Ante la Knést israelí, habló de un *muro psicológico* entre árabes e israelíes y señaló que las barreras psicológicas constituyen el setenta por ciento de todos los problemas existentes entre ambos grupos. Con el beneplácito de los gobiernos de Egipto, Israel y Estados Unidos, el Committee on Psychiatry and Foreign Affairs de la American Psychiatric Association indagó en las declaraciones de Sadat al reunir a figuras influyentes de origen israelí, egipcio y, posteriormente, palestino para llevar adelante una serie de negociaciones extraoficiales, desarrolladas entre 1979 y 1986. Mi participación en ese comité, en cuanto psiquiatra y psicoanalista, dio comienzo a mi interés por ir más allá del consultorio para adentrarme en las relaciones internacionales.

Poco después de que el proyecto de la American Psychiatric Association llegara a su fin, fundé el Center for the Study of Mind and Human Interaction (CSMHI) al abrigo de la Facultad de Medicina de la Universidad de Virginia, en Charlottesville (Virginia). A lo largo de mis años en el CSMHI, dirigí su equipo interdisciplinario (que incluía a psicoanalistas, psicoterapeutas, politólogos, ex diplomáticos e historiadores), el cual, durante varios años, condujo diálogos diplomáticos extraoficiales entre estadounidenses y soviéticos, rusos y estonios, croatas y musulmanes bosnios, georgianos y surosetios, turcos y griegos. Además, estudiamos las sociedades de posguerra o posrevolucionarias, como Albania tras el gobierno del dictador Enver Hoxha y Kuwait después de la invasión iraquí. También trabajé con gente traumatizada en campos de refugiados, donde a los individuos se les recordaba constantemente su identidad de grupo grande. En la literatura psicoanalítica, el término «grupo grande» se refiere con frecuencia a un conjunto de treinta a ciento cincuenta individuos, reunidos para hacer frente a un asunto determinado. Empleo el término «grupo grande» para referirme a miles, cientos de miles o millones de personas, la mayoría de los cuales jamás se conocerán o se verán, si bien comparten un sentimiento de igualdad: una identidad de grupo grande.

Tuve el honor de formar parte de la International Negotiation Network del ex presidente Jimmy Carter durante casi dos décadas, a partir de los años de 1980. Pasé cierto tiempo con otros líderes políticos o religiosos, como el ex líder soviético Mikhail Gorbachev, el ya fallecido Yasser Arafat, el presidente estonio Arnold Rüütel, el presidente turco Abdullah Gül y el arzobispo Desmond Tutu, y observé de cerca determinados aspectos de la psicología líder-seguidor.

Me jubilé de la Universidad de Virginia en 2002; en 2008 me uní a otros psicoanalistas (lord John Alderdice, Reino Unido; Edward Shapiro, Estados Unidos, y Gerard Fromm, Estados Unidos) y psiquiatras psicoanalíticos o terapeutas de grupo (Abdülkadir Çevik, Turquía; Frank Ochberg, Estados Unidos; Robi Friedman, Israel; Regine Scholz, Alemania, y Coline Covington, Reino Unido), quienes nos encontrábamos cada seis meses con políticos, tanto retirados como en activo, así como con politólogos, abogados y sociólogos de regiones diferentes, con el objeto de examinar los asuntos mundiales desde una perspectiva psicopolítica. En la actualidad, este trabajo continúa con la participación de representantes de Alemania, Irán, Israel, Líbano, Rusia, Turquía, Reino Unido, Estados Unidos y la Ribera Occidental (véase: www.internationaldialogueinitiative.com). En pocas palabras, durante más de treinta años he examinado muchos «muros» psicológicos en numerosos contextos internacionales y he enmarcado mis descubrimientos tanto desde el punto de vista teórico como desde el práctico.

Cuando los grupos grandes (es decir, grupos tribales, étnicos, nacionales, religiosos y político-ideológicos) se encuentran en conflicto, los asuntos psicológicos contaminan la mayor parte de sus preocupaciones políticas, económicas, legales o militares. Las personas encargadas de hacer frente a esos conflictos en un nivel oficial establecen estrategias a corto y largo plazo y movilizan recursos con el fin de implementarlas. De esa manera, desarrollan supuestos que respaldan las ventajas psicológicas para su propio grupo, en detrimento del Otro. Mi enfoque se centra en otro tipo de psicología: en la naturaleza humana en grupos grandes. Me referiré a asuntos mayormente inconscientes que surgen en las interacciones entre el líder y sus seguidores y que frustran las soluciones adaptativas y pacíficas a los conflictos del grupo grande.

En 2013 publiqué las memorias de mis más de treinta años de trabajo en las relaciones internacionales, *Enemies on the Couch: A Psychopolitical Journey Through War and Peace* (2013). Allí le pido al lector que se una a mí en el viaje, que observe detenidamente los diversos acontecimientos históricos de las últimas tres décadas, que se encuentre con las personas que conocí, procedentes de distintas partes del mundo, y que se pregunte por los procesos psicológicos compartidos en los grupos grandes. Se trata de un libro sobre la historia del mundo a partir de 1979, observada desde un ángulo psicoanalítico. Tras la lectura de ese libro, algunos educadores psicoanalíticos y amigos de los círculos diplomáticos me instaron a preparar otra obra que pudiera usarse como una introducción directa a la psicología política psicoanalítica, con especial énfasis en la relación entre el psicoanálisis y la diplomacia.

El presente libro, *Psicología de las sociedades en conflicto*, ha sido escrito para los psicoanalistas y demás profesionales de la salud mental, así como para quienes toman parte en la tarea de mitigar las tensiones y los conflictos internacionales. Se basa en datos que, en su mayoría, ya presenté en mis ensayos y libros publicados anteriormente, así como en las conferencias que impartí a nivel internacional durante la última década. La formación psicoanalítica no incluye la política ni las relaciones internacionales. No obstante, y empezando por el propio Sigmund Freud, varios psicoanalistas han mostrado interés en el comportamiento humano de los grupos grandes, en las relaciones entre el líder político y el seguidor, en las ideologías políticas y en la religión. Especialmente después del Holocausto, muchos psicoanalistas comenzaron a examinar la influencia del trauma masivo generado por el Otro y su transmisión transgeneracional. Este volumen describe descubrimientos nuevos en la psicología del grupo grande y explora la colaboración entre el psicoanálisis y la diplomacia. Ofrezco información detallada sobre los acontecimientos históricos y los individuos implicados en ellos con el objeto de ilustrar los procesos del grupo grande y sus consecuencias, de manera semejante a la del psicoanalista que presenta los materiales necesarios del caso para mostrar las manifestaciones de la psicología individual de un paciente. Mi objetivo aquí consiste en proporcionar un libro de consulta sobre la psicología del grupo grande.

Vamık Volkan, Charlottesville, VA

1. Diplomáticos y psicoanalistas

Desde Sigmund Freud, los psicoanalistas han deseado aventurarse a ir más allá del diván y a aportar su habilidad sobre los aspectos interrelacionados del comportamiento humano y el mundo exterior. Pero dada la penetrante influencia de la *realpolitik* sobre el gobierno y el estudio de las relaciones internacionales, así como algunas dificultades inherentes al campo del psicoanálisis, no ha de sorprender que esta disciplina y la ciencia política permanezcan todavía como familiares lejanos.

El concepto de *realpolitik* fue introducido por primera vez por Ludwig von Rochau en su *Grundsätze der Realpolitik* (1853). Rochau aconsejaba a los políticos valorar con cuidado qué quería *realmente* la oposición, no lo que *decía* desear; también les recomendaba que estuvieran preparados para ejercer la fuerza cuando fuese necesario. Finalmente, el término acabó haciendo referencia a la valoración racional y al cálculo realista de las opciones disponibles del propio grupo y de las del grupo enemigo. En Estados Unidos, y especialmente tras la Segunda Guerra Mundial, esta última interpretación de la *realpolitik*, renombrada «modelo del actor racional», acabó siendo predominante en los análisis políticos. Este modelo, en sus variadas formas, supone que las personas toman decisiones tras iniciar un cálculo racional de costes y beneficios, y que los líderes, los gobiernos y las naciones son los «actores» racionales. (Con respecto a los diversos estudios de este modelo, sus modificaciones y críticas, véase Etzioni, 1967; George, 1969; Allison,

1971; Janis y Mann, 1977; Barner-Barry y Rosenwein, 1985; Jervis, Lebow y Stein, 1985; Achen y Snidal, 1989.)

Las denominadas teorías de la «disuasión», características del periodo de la Guerra Fría, dependieron de esta forma de aproximación; muchos estudiosos políticos creen que las decisiones tomadas de acuerdo con el modelo del actor racional evitaron que tanto los soviéticos como los estadounidenses usaran su arsenal nuclear. Y probablemente haya sido así; sin embargo, las políticas basadas en la disuasión también fallaron y diversas investigaciones realizadas desde un amplio abanico de disciplinas demostraron que, aun estando basadas en el modelo de los supuestos racionales, las decisiones no fueron siempre predecibles. Por ejemplo, el presidente egipcio Anwar el-Sadat sorprendió tanto a la inteligencia militar israelí como a la estadounidense al lanzar un ataque masivo a través del canal de Suez durante el Yom Kippur (6 de octubre de 1973). Basándose en cálculos racionales de disuasión, los analistas políticos no creyeron que una ofensiva por parte de Egipto pudiera lanzarse antes de 1975; así pues, los movimientos de tropas egipcias desarrollados en septiembre de 1973, según los informes, se entendieron como meros ejercicios militares. Y cuando se hicieron evidentes los fallos de diversos modelos del actor racional, algunos politólogos, e incluso algunos responsables en la toma de decisiones y algunos diplomáticos, a partir de finales de la década de 1970 y principios de la de 1980, empezaron a utilizar conceptos de la psicología cognitiva para explicar lo «defectuoso» de la toma de decisiones. Pero no utilizaron el psicoanálisis para encontrar *insights*.

La aplicación de la psicología cognitiva amplió el alcance del análisis político y de las relaciones internacionales. Sin embargo, las limitaciones de este enfoque, fundamentalmente centrado en consideraciones de tipo consciente, también se volvieron evidentes. Ya en 1977, Janis y Mann, a quienes se consideraba a la vanguardia en lo que respectaba a la aplicación de conceptos cognitivos en la toma de decisiones, eran conscientes de la rele-

vancia de las motivaciones inconscientes. Sugirieron el establecimiento de un vínculo entre disciplinas cuando se dieron cuenta
de lo siguiente: «Si se procediera al estudio de las motivaciones
inconscientes que afectan a la toma de decisiones, sería necesario
tener en cuenta otro tipo de investigaciones, incluido el estudio
psicoanalítico de casos» (p. 98). Uno de los casos psicoanalíticos
que Janis y Mann estudiaron fue el de Dora, realizado por Freud
(1905e [1901]); Dora era una muchacha de dieciocho años cuyo
«conflicto en la toma de decisiones» —usando la terminología de
Janis y Mann— concernía al hecho de tener o no una relación
ilícita con el Sr. K., que estaba casado y era amigo de su familia.
Tras tomar la decisión de no tenerla, Dora se lo reprochó durante
un largo periodo y permaneció en un «conflicto tras la decisión».
A través de la revisión de los hallazgos de Freud sobre las razones
inconscientes por las que Dora no podía «trabajar y resolver de
una forma normal el conflicto tras la decisión tomada» (Janis
y Mann, 1977, p. 100), Janis y Mann se dieron cuenta de que,
de hecho, los *insights* psicoanalíticos eran necesarios para una
completa comprensión de la toma de decisiones.

Si bien la psicología cognitiva y el psicoanálisis consideran la
influencia que los hechos históricos previos tienen en la toma de
decisiones, la teoría psicoanalítica se caracteriza por tomar más
factores en consideración que los motivados conscientemente y
sus asociaciones análogas. El psicoanálisis examina las alteraciones
defensivas de experiencias tempranas, las diversas capas de significados personales atribuidos a los hechos, las condensaciones
de motivaciones inconscientes, las distorsiones transferenciales y
la organización de la personalidad en la toma de decisiones. El
principio de función múltiple y el de las resoluciones sobredi-
mensionadas, descritas en detalle por primera vez por Waelder
en 1930, tienen que ser considerados en la evaluación de los
procesos de cada toma de decisiones, así como en los procesos
diplomáticos y políticos.

Aunque los políticos y los diplomáticos comenzaron a ampliar
sus horizontes para poder entender mejor la toma de decisio-

nes «equivocadas», y los politólogos exploraron con cautela la relevancia de la psicología, los mismos psicoanalistas no respondieron de forma rápida a esta oportunidad de contribuir con sus aportaciones. Más aún, hubo dos diplomáticos que, de forma indirecta, invitaron a los psicoanalistas a aportar sus conocimientos acerca de la psicodinámica interna para aplicarlos a los asuntos internacionales. En 1974, tras la división de la isla de Chipre (mi tierra) en dos sectores (el griego y el turco), el primer ministro turco Bülent Ecevit, en un discurso público, subrayó el rol de la psicología en el largo conflicto entre Turquía y Grecia. En respuesta a esta pertinente observación, comencé a estudiar el problema de Chipre y, posteriormente, junto con el historiador Norman Itzkowitz, estudié mil años de relaciones turcochipriotas desde la perspectiva psicoanalítica (Volkan, 1976; Volkan y Itzkowitz, 1984, 1993-1994).

Pocos años después, como ya he señalado, el presidente egipcio Anwar el-Sadat animó indirectamente a los psicoanalistas a involucrarse en el estudio de las relaciones internacionales. Su discurso en la Knéset dio pie a que el comité de la American Psychological Association (APA) prestase su apoyo a un proyecto de seis años de duración (1979-1986) para conducir una serie de diálogos extraoficiales en los que se reunió a influyentes grupos egipcios, israelíes y palestinos. El equipo estadounidense, en calidad de facilitadores neutrales de tales encuentros, estuvo formado por psicoanalistas —entre los que yo mismo me encontraba—, psiquiatras, psicólogos y exdiplomáticos. El grupo israelí y el árabe también contaban con psiquiatras y psicólogos, aunque fundamentalmente estaban formados por ciudadanos influyentes —embajadores, un antiguo oficial militar de alto rango y periodistas, entre otros—, que acudieron a los encuentros extraoficialmente.

Tres años después, inspirado por mi vinculación con los proyectos internacionales e interdisciplinares y animado también por los escritos de Mitscherlich (1971), que instó a los psicoanalistas a salir de sus consultas clínicas y a formar parte de un trabajo interdisciplinar sobre aspectos sociales y políticos, fundé el Center for the Study of Mind and Human Interaction (CSMHI) en la Universidad de Virginia. El claustro del centro incluyó a psicoanalistas, psiquiatras, exdiplomáticos, politólogos, historiadores y otros especialistas de las ciencias sociales y del comportamiento humano. Condujimos diálogos extraoficiales con psicólogos soviéticos y diplomáticos durante dos años antes del derrumbe de la Unión Soviética y, posteriormente, trabajé en diversos emplazamientos, como los de las repúblicas bálticas, Georgia, Kuwait, Albania, Eslovaquia, Turquía, Croacia, Alemania y Estados Unidos, entre otros lugares. Que yo sepa, este centro, que cerró tres años después de mi jubilación en el 2002, fue la única organización que se especializó en la aplicación directa de conceptos psicoanalíticos a los conflictos étnico-nacionales, a los ajustes posbélicos y a facilitar diálogos entre grupos grandes para potenciar la democracia y la coexistencia pacífica (Volkan, 1988, 1997, 2004, 2006a, 2013).

Ciertamente hubo otros —nuestros contemporáneos y quienes nos precedieron— que de forma significativa contribuyeron a un trabajo interdisciplinar y al examen de la historia, de los aspectos políticos, de los movimientos y de las relaciones sociales desde una perspectiva psicoanalítica. Ya en la década de 1930, el politólogo Harold Lasswell, a raíz de sus viajes a Europa y del estudio de las teorías psicoanalíticas, se convirtió en la voz que introdujo los factores psicodinámicos y el papel de las cuestiones inconscientes en la ciencia política y en la política (Lasswell, 1932, 1936, 1948, 1963). Asimismo, siguiendo a Freud, algunos psicoanalistas aplicaron los descubrimientos psicoanalíticos a los temas políticos y sociales, entre ellos, la propaganda política (véase, por ejemplo, Money-Kyrle, 1941; Kris, 1943-1944; Glower, 1947; Fornari, 1966). Especialmente, en la década de 1960, con los trabajos de psicoanalistas como Niederland (1961, 1968) y Kristal (1968), muchos psicoanalistas empezaron a estudiar el impacto del Holocausto en los supervivientes y, después, en las generaciones posteriores. Algunas de estas investigaciones incluyeron estudios psicológicos sobre la participación social de los criminales y las respuestas sociales al trauma masivo (Mitscherlich y Mitscherlich, 1967). Muchos son como para incluir aquí sus correspondientes referencias bibliográficas. Sin embargo, en nuestro libro *The Third Reich in the Unconscious* (Volkan, Ast y Greer, 2002), los tres coautores incluimos muchas de estas referencias (véase también: Grubrich-Simitis, 1979; Kogan, 1995; Kestenberg y Brenner, 1996; Laub y Podell, 1997; Brenner, 2001, 2004).

Hubo otros psicoanalistas que también realizaron contribuciones a las cuestiones politicas y sociales: Moses (1982) examinó el conflicto árabe-israelí desde el punto de vista psicoanalítico. Šebek (1992, 1994) estudió las respuestas sociales de quienes vivieron bajo el comunismo en Europa. Loewenberg (1995) retrocedió en la historia hasta la República de Weimar y puso énfasis en el sentimiento de humillación generado y en el derrumbe económico como los principales factores que facilitaron la creación de unas características compartidas de la personalidad de los jóvenes alemanes y su adhesión a la ideología nazi. Kakar (1996) describió los efectos del conflicto religioso hindú-musulmán en Hyderabad (India). Apprey (1993, 1998) se centró en la influencia intergeneracional del trauma en los afroamericanos y su cultura, mientras que Adams (1996) nos advirtió que no ignoráramos la raza y el color en el psicoanálisis. Hollander (1997) exploró los sucesos en América del Sur. Además, Afaf Mahfouz de Bethesda (Maryland) y Vivian Pender de Nueva York (Nueva York) desempeñaron un papel clave en la promoción de lazos entre los psicoanalistas y la Organización de las Naciones Unidas (ONU). Del mismo modo, en 1998, psicoanalistas sudamericanos organizaron un gran encuentro en Lima (Perú) que tuvo mucho éxito y que reunió a psicoanalistas, políticos y diplomáticos de alto rango. Hay numerosos ejemplos similares a estos.

Tras los hechos del 11 de septiembre de 2001, los psicoanalistas se implicaron mucho en el estudio del trauma generado por la mano del Otro. La International Psychoanalytical Association (IPA) formó un grupo de estudio sobre el terror y el terrorismo. El analista noruego Sverre Varvin dirigió ese estudio, que se prolongó durante varios años (Varvin y Volkan, 2003). La IPA incluso estableció un comité en la ONU. El tema del cuadragésimo cuarto encuentro anual de la IPA que tuvo lugar en Río de Janeiro, en el verano de 2005, fue el «trauma», incluidos los que provenían de sucesos históricos. Hollander (2010) examinó los aspectos psicopolíticos en Estados Unidos tras los hechos del 11 de septiembre de 2001. Mientras tanto, Elliot, Bishop y Stokes (2004) y Lord Alderdice (2007, 2010) escribieron sobre la situación en el norte de Irlanda del Norte; Roland (2011) describió detalladamente la continua influencia de la partición de la población en la relación entre la India y el Pakistán. Erlich (2010, 2013) examinó los conceptos de enemigo, sociedades maltrechas, prejuicio y paranoia en el contexto de los grupos grandes, así como en la mente de los terroristas. Böhm y Kaplan (2011) exploraron el concepto de venganza; Fromm (2012) revisó las transmisiones intergeneracionales. En el año 2011, durante su conferencia plenaria en el encuentro de invierno de la American Psychological Association en Nueva York, la presidenta saliente Prudence Gourguechon urgió a los miembros de la asociación a manifestar su opinión respecto de las áreas que ya estaban en el punto de mira de todos. Señaló que si los psicoanalistas no explicaban la causalidad de los acontecimientos alarmantes ni aportaban información profesional sobre la conducta humana, acabarían prevaleciendo las aportaciones de otras personas con menos conocimientos.

Sin embargo, la colaboración entre psicoanalistas y políticos o diplomáticos fue y sigue siendo limitada. Son palpables las dificultades para definir las áreas específicas en las que pueda darse la colaboración entre ambas disciplinas de forma útil y satisfactoria para todos. Una de ellas proviene de la tradición psicoanalítica y de los intentos previos de aplicar el psicoanálisis a otras áreas. Comenzando por Sigmund Freud, los psicoanalistas han escrito sobre una variedad de temas relacionados con los campos de la diplomacia y la política, pero sus aportaciones han sido muy teóricas y de poco uso práctico para diplomáticos y políticos. Los psicoanalistas han estudiado la psicología grupal, la de los líderes políticos y sus relaciones con sus seguidores, la propaganda política, la violencia de masas y la guerra. Han desarrollado teorías sobre los impulsos agresivos como base o raíz de la guerra, sobre la percepción del estado o de la nación como madre, sobre grupos que responden al líder como lo harían ante un padre y sobre la identificación de los miembros del grupo entre sí. Con frecuencia y de forma desafortunada, trasladaron las observaciones psicoanalíticas de grupos peque-ños —tales como grupos de psicoterapia formados entre seis y doce personas— y de organizaciones con cientos de miembros a la psicodinámica de los grupos grandes formados por dece-nas, cientos de miles o millones de individuos. Pocos teóricos tuvieron en cuenta las diferencias que aparecen en proce-sos que se dan en un grupo grande estable y las que ocurren cuando aparece la regresión en grupos grandes o cuando un grupo grande está preocupado o no por el grupo vecino. Es de sobra conocida la teoría de Freud (1921c) sobre la psicología de grupo, que refleja un tema edípico. Pero también debemos tener en cuenta que Freud, como nos recuerda Waelder (1971), *solo* hablaba de grupos en estado regresivo y que su propuesta teórica no aporta una completa explicación de la psicología de los grupos grandes. Con todo, la teoría grupal de Freud no debe ser abandonada completamente. La conducta que des-cribe puede constatarse hoy en día en los grupos en situación regresiva: los miembros del grupo subliman su agresión contra el líder de una forma que es parecida al proceso por el que los sentimientos negativos contra el padre edípico se convierten en lealtad. A su vez, los miembros del grupo idealizan al líder, se identifican entre sí y se congregan en torno a él.

Algunos sucesos internacionales ilustran las ideas de Freud de forma concreta. En 1998, se incrementó la tensión entre

Estados Unidos e Iraq a raíz de las inspecciones de numerosos «palacios» presidenciales de Saddam Hussein en los que supuestamente se fabricaban armas ilegales. En respuesta a ese incremento de la tensión y a una posible acción militar por parte de Estados Unidos, algunos iraquíes reaccionaron creando un «escudo humano» en torno a los palacios de Sadam y otros lugares importantes. Estas personas estuvieron, *literalmente*, congregándose en torno al líder. Aunque la persuasión autócrata y la propaganda jugaron un papel importante en su respuesta, muchos analistas políticos respetables creyeron que la mayoría de esos iraquíes actuaron de forma voluntaria. En 2013, vimos cómo ocurría lo mismo en una Corea del Norte aislada y en posición regresiva.

Debido a ciertas ideas defectuosas de Freud sobre la psicología grupal, en las décadas de 1970 y de 1980 algunos psicoanalistas cambiaron su visión sobre los grupos grandes: de la que enfatizaba al líder como una representación de un padre idealizado a otra en la que se representa mentalmente al grupo grande como a una madre idealizada y nutriente. Por ejemplo, Anzieu (1971, 1975), Chasseguet-Smirgel (1984) y Kernberg (1980, 1989) escribieron sobre los grupos en posición regresiva y las fantasías compartidas de sus miembros en las que un grupo grande representa a una madre idealizada y permanentemente gratificante («pecho materno») que cura todas las heridas narcisistas. Los miembros de estos grupos en estado regresivo, siguiendo a Anzieu y a Chasseguet-Smirgel, elegirán líderes que apoyen estas ilusiones de gratificación; y el grupo grande puede tornarse violento e intentar destruir la realidad externa que es percibida como una interferencia con respecto a esta ilusión. Por lo tanto, en lo que atañe a esta cuestión, parece que algunos psicoanalistas ponen un énfasis creciente en los aspectos preedípicos en lugar de en los edípicos. Kernberg afirmó que la descripción de Freud sobre los vínculos libidinales entre los miembros de un grupo refleja, de hecho, una defensa contra las condiciones preedípicas.

Las formulaciones anteriores representan básicamente las percepciones individuales de un grupo grande y de los líderes políticos y, por lo tanto, se corresponden con constructos teóricos que los politólogos o los diplomáticos encuentran difíciles de utilizar en su propio examen de los hechos diarios o en los incidentes internacionales importantes. Estas formulaciones no reflejan *la psicología del grupo grande en sí misma*. ¿Qué significa esto? Que hay ecos de la psicología individual en la psicología de un grupo grande que es compartida por miles, cientos de miles o millones de personas, pero reconocemos que un grupo grande no es igual a una persona individual y autónoma. No obstante, las multitudes en un grupo grande comparten un viaje psicológico, como es el caso de un duelo complicado tras enormes pérdidas comunes provocadas por la mano del Otro, o cuando utilizan el mismo mecanismo psicológico, como el de la «externalización» de imágenes no deseadas, que convierte al Otro en un blanco compartido. Estas experiencias acaban convirtiéndose en prolongados procesos sociales, culturales, políticos o ideológicos que son *específicos* del grupo grande que está en estudio. Considerar la psicología del grupo grande en sí misma significa hacer formulaciones de las experiencias psicológicas y motivaciones compartidas, tanto conscientes como inconscientes, que inician procesos específicos de tipo social, cultural, político o ideológico, procesos que influyen en los aspectos internos y externos de ese grupo grande. Reconocemos este mismo proceso de evaluación en las prácticas clínicas de los psicoanalistas, cuando realizan formulaciones sobre los mundos internos de sus pacientes para poder resumir sus diagnósticos y tratamientos.

En la psicología de los grupos grandes he percibido que compartir procesos sociales, culturales, políticos o ideológicos está, ante todo, al servicio de la protección de la investidura narcisista en lo que comúnmente se denomina identidad del grupo grande, como la identidad étnica o religiosa, y su integridad. Las relaciones entre el líder y sus seguidores solo son un elemento más en este esfuerzo. Las guerras, las situaciones bélicas, el terrorismo, los esfuerzos diplomáticos, las pérdidas compartidas y las ganancias asociadas a procesos de duelo compartido o de euforia se sostienen en nombre de la identidad del grupo grande, un concepto *abstracto*. Esto es cierto, aunque la fuente psicológica está normalmente escondida tras consideraciones racionales del mundo real, ya sean económicas, legales o políticas.

Observamos varios tipos de investidura narcisista en la identidad del grupo grande. Cierto grado de saludable investidura narcisista en el grupo grande proporciona una sensación de pertenencia y de continuidad intergeneracional entre sus miembros y, a su vez, sostiene la autoestima individualizada de cada uno de ellos. Un «exagerado narcisismo del grupo grande» denota un proceso en el que las personas de dicho grupo acaban preocupándose por la superioridad de casi todo aquello que está conectado con la identidad de su grupo grande, en un abanico de aspectos que va desde las canciones de cuna y la alimentación hasta el establecimiento de costumbres culturales, logros artísticos, descubrimientos científicos, triunfos históricos del pasado y la posesión de armas más poderosas que las de sus vecinos, aun cuando estas percepciones y creencias puedan no ser reales. Una forma particularmente perniciosa de «narcisismo maligno del grupo grande» se puede observar cuando los miembros de un grupo grande comparten la creencia, verbalizada o no, de que la «inferioridad de los otros» está contaminando su superioridad grupal, lo que puede provocar que se crean con el derecho de utilizar el sadismo colectivo para oprimir o matar a los otros «inferiores». Lo que sucedió en la Alemania nazi ilustra bien este concepto. Incluso hay grupos grandes que exhiben «narcisismo masoquista del grupo grande». Por ejemplo, con frecuencia, mostrar un sentimiento de victimización durante décadas, o incluso siglos, tras un trauma masivo a manos del Otro suele estar al servicio de un sentimiento de superioridad moral, mostrada abierta u ocultamente.

Mis esfuerzos por desarrollar una psicología propia del grupo grande y el estudio del rol crucial que tiene la identidad del grupo grande en su psicología comenzaron con mi participación en pequeños encuentros conjuntos con representantes árabes e israelíes. Me di cuenta de que además de hablar de sus identidades individuales, de sus expectativas y ansiedades, y más allá de las dinámicas del grupo pequeño ya descritas por Bion (1961), estos participantes, provenientes de grupos antagonistas, acababan convirtiéndose en portavoces de los grupos grandes a los que pertenecían. En la conversación, cada individuo, con independencia de la propia organización de su personalidad, de su profesión, de su posición social o de su orientación política, sentía como algo personal que su grupo de pertenencia fuese atacado y consideraba que debía defender los aspectos narcisistas investidos en su grupo grande. Como estas personas se mostraban determinadas a proteger la identidad de su propio grupo grande, comencé a pensar que el concepto de identidad de grupo grande debía ser estudiado detenidamente. Llegué a la conclusión de que los aspectos cruciales de una psicología de los grupos grandes deberían ayudarnos a entender cómo se desarrolla la identidad de un grupo grande, cómo debe ser protegida, especialmente cuando está bajo presión, cómo los grupos grandes tolerarán el sadismo o el masoquismo o se sienten con el derecho de hacer sufrir a otros, o incluso a sí mismos, para mantener su identidad. En el próximo capítulo examinaré en profundidad la identidad del grupo grande; pero, ahora, volvamos a los tiempos de Freud.

En 1932, en una carta a Albert Einstein, Freud (1933b) se mostró pesimista con respecto a la naturaleza humana y al papel que el psicoanálisis podía desempeñar para detener las guerras o situaciones bélicas. A pesar de que Arlow (1973) fue capaz de encontrar un cauto optimismo en los posteriores escritos de Freud sobre el tema, su pesimismo quedó reflejado en muchos de sus seguidores y esto también puede haber influido en las limitadas contribuciones de los psicoanalistas a la diplomacia.

Habiendo visto en las últimas tres décadas lo que el hombre es capaz de hacer a sus semejantes en diversas partes del mundo, no puedo sino adherirme al pesimismo de Freud. Los grupos grandes de seres humanos no son capaces de refrenar por completo su tendencia a cometer actos de violencia, destrucciones masivas y atrocidades. Por lo tanto, es mejor para nosotros, en cuanto psicoanalistas o psicoterapeutas, considerar una aproximación más práctica a las relaciones internacionales. En ciertos casos podemos ser capaces de contribuir a prevenir las expresiones de agresividad colectiva. Podemos ser capaces de proporcionar *insights* para ayudar a los grupos grandes y a sus líderes a hacerse cargo de los hechos traumáticos de forma que la enemistad o el antagonismo entre los grupos grandes no acabe desembocando en una espiral de violencia sin fin. Y quizá podamos animar a comprender mejor las decisiones que han de tomar y a ser más flexibles cuando las actitudes políticas y las normas se hacen estrechas y rígidas.

Pero, en tanto consideramos cómo podemos contribuir a ello e influir en las relaciones internacionales, hay un aspecto más en el propio legado de Freud que debemos tener presente. Erlich (2013) ilustró claramente los esfuerzos de Freud para integrar su identidad judía con otras identidades presentes en Viena. Parece evidente que asimiló, quizá sin darse mucha cuenta, cierto grado de etnocentrismo europeo y la tendencia a estereotipar y a denigrar otras culturas. En su correspondencia con Einstein, Freud realizó ciertas afirmaciones racistas sobre turcos y mongoles e incluso, de forma jocosa, se refirió a sus pacientes como «negros» (Tate, 1996). No fueron ataques necesariamente violentos ni odiosos y, en general, el racismo estaba especialmente presente y, en cierto modo, aceptado en la Europa de las postrimerías del siglo XIX y de principios del XX. Es posible que Freud se identificase con el agresor como una forma de protegerse ante el incremento del antisemitismo. Pero, de todas formas, estos hechos nos sirven para recordarnos que nuestro análisis personal, nuestro propio análisis y nuestro amplio estudio y formación sobre la naturaleza humana no nos liberan fácilmente de nuestras investiduras sobre ciertas normas culturales o actitudes de nuestro grupo grande, ni tampoco del racismo. Para que nuestros análisis psicoanalíticos de los procesos del grupo grande sean más efectivos y para aplicar de forma apropiada ciertos *insights* sobre aspectos internacionales o interétnicos, los candidatos a psicoanalistas deben estudiar la psicología del grupo grande en el contexto de los institutos psicoanalíticos; cuando las oportunidades son adecuadas, los ya psicoanalistas debemos implicarnos en un trabajo interdisciplinario, ganar experiencia de primera mano en varias culturas y ocuparnos, tanto como sea posible, de resolver nuestros prejuicios. Es más, hace tiempo concluí que, de la misma forma que no puedo tratar a un miembro de mi familia o a un amigo, tampoco puedo participar en un proyecto diplomático extraoficial del que mi grupo original forme parte.

Hasta aquí he resumido algunas de las consideraciones teóricas y de las tradiciones de la época de Freud que han impedido a los psicoanalistas contribuir significativamente a la comprensión de las relaciones humanas en el contexto de los grupos grandes más allá del diván. No obstante, también deben ser mencionadas otras diferencias entre el psicoanálisis y la diplomacia que han presentado dificultades.

Las características de los dos campos, tal y como típicamente se practican, crean obstáculos que dificultan que los psicoanalistas y los diplomáticos trabajen juntos. En su trabajo clínico, un psicoanalista o psicoterapeuta acaba inmerso en un largo proceso que busca ayudar al paciente a resolver los conflictos, ser más realista en su vida diaria y llegar a ser más flexible y poder disfrutar sin experimentar una ansiedad excesiva, una depresión o tener sentimientos de culpa. El objetivo del psicoanalista es encontrar la mejor solución a los problemas del paciente. Normalmente, un psicoanalista o un psicoterapeuta necesitan ganarse la vida con su profesión y es de esperar que obtengan una satisfacción personal al ayudar a los demás, pero, en cualquier caso, su propio interés no es la motivación principal.

Por otro lado, buena parte de la diplomacia, con las posibles excepciones de aquellos aspectos que buscan solo el estímulo de la comprensión intercultural, se ocupa de explicar los «intereses nacionales» u otro tipo de interés del grupo grande en una situación dada, así como de negociar para proteger o ampliar dichos intereses. Aunque otros puedan beneficiarse de políticas que han sido desarrolladas a través de la diplomacia, todo ello es, en esencia, interesado. En algunos casos, estimular, mantener o ignorar un conflicto —en lugar de buscar su resolución— puede ser una cuestión de interés nacional o de cualquier otro tipo de interés del grupo grande.

Algunos psicoanalistas han quedado estupefactos cuando, al trabajar con diplomáticos, estos les han pedido consejos o soluciones concisas, rápidas y sencillas. Este tipo de demandas van en contra de la formación del psicoanalista y de su manera de pensar, ya que en la práctica clínica el profesional se centra en las múltiples motivaciones internas y externas, así como en su entrelazamiento, y busca favorecer un proceso abierto. Por otro lado, muchos psicoanalistas no consiguen ponerse en la piel de los diplomáticos y carecen de un conocimiento directo de la formación que estos han recibido, de sus modos de hacer y de sus tradiciones. El proceso de formación psicoanalítica tampoco los ha preparado para trabajar como consultores en esfuerzos diplomáticos. Es más, los psicoanalistas precisarán alcanzar un conocimiento profundo de los asuntos en cuestión y de la historia de los grupos implicados, así como ser capaces de tolerar y disfrutar de la colaboración interdisciplinar.

Cuando se encuentran diplomáticos de grupos opuestos, hay rituales establecidos de antemano. La diplomacia está basada en patrones obsesivos que tratan de mantener a raya la ansiedad para que no interfiera en consideraciones intelectualizadas. Los inevitables prejuicios y las distorsiones transferenciales son absorbidos, irremediablemente, por estos procesos obsesivos, especialmente cuando el grupo grande al que pertenece el diplomático está bajo presión, amenaza o en posición regresiva. Efectivamente, en las negociaciones oficiales bajo condiciones de estrés, cada elemento de la identidad del grupo grande se ve aumentado y domina las motivaciones. Ello lleva a un incremento de los rituales en los que los «juegos» y la búsqueda de soluciones creativas se diluyen en las resistencias al lento proceso de cambio. E incluso aquellos diplomáticos que desean negociar de forma creativa o que tienen «órdenes» de sus gobiernos de alcanzar acuerdos pueden adoptar rituales obsesivos. Las pautas de los diplomáticos y sus objetivos deben ser claramente entendidos por los psicoanalistas si lo que se desea es que la colaboración con ellos sea fructífera.

Estas difíciles dinámicas están motivadas, además, por otras razones. Vasquez (1986) escribió que «la cuestión filosófica más persistente» que ha interferido en la diplomacia oficial ha sido «la que plantea si la política exterior de un estado debe estar basada en las normas y principios de una conducta moral» (p. 1). La diplomacia oficial habla de *fiat justitia, pereat mundus* («que se haga justicia aunque perezca el mundo») y busca provocar a sus votantes con la invocación de imágenes de gloria y honor, en tanto que ello devalúa al grupo grande opositor o anima a tomar las armas contra el enemigo. Los aspectos étnicos, nacionalistas, religiosos, económicos y sociales se usan con frecuencia para enardecer las «verdades» de la posición propia y los aspectos «inmorales» de los puntos de vista de la oposición y de sus actividades. Las cruzadas de los cristianos y las guerras santas de los musulmanes fueron emprendidas como un propósito sublime del que formaba parte el Altísimo. Cuando Estados Unidos invadió Panamá en 1989, con el resultado de la captura de uno de los señores de la droga a expensas de innumerables víctimas inocentes, dicha actuación recibió el nombre de *Operation Just Cause* («operación causa justa»), haciéndose eco de las palabras de Tomás de Aquino. La definición concreta de la moralidad puede llegar a ser no solo ambigua sino corrupta cuando se ve amenazada por una pérdida de poder, de autoestima y de autodeterminación, aspectos que frecuentemente están conectados con la identidad del grupo grande.

Brenner (1983) creía que la moralidad, formada en la época edípica, comienza como una cuestión de sentimientos, pensamientos y conductas que buscan evitar el castigo. Los conflictos del niño en la época edípica conllevan temores a perder a las personas que quiere y/o su cariño, así como a ser castigado. Por lo tanto, el niño se hace un ser «moral» a partir de lo que le dictan sus fantasías para disminuir su ansiedad y sentimientos depresivos. Los niños pueden identificarse con sus percepciones de un padre intimidador, o bien no competir con él para evitar un castigo seguro. Y, dado que los inicios de la moralidad están vinculados a la ansiedad o a sentimientos depresivos, cuanta más ansiedad o mayores sentimientos depresivos haya tenido el chaval, más estricto es el superyó que desarrolla: el resultado es un imperativo sentido de la moralidad que es igual a la imperativa necesidad de evitar el castigo. A medida que los niños van creciendo, desarrollan mecanismos de control de la ansiedad más sofisticados y códigos morales que no están relacionados con los temores al castigo. Además, tienen en cuenta el código moral de cualquier grupo al que, grande o pequeño, llegan a deberle lealtad; recíprocamente, el código del grupo puede guardar correspondencia con sus necesidades psicológicas o ser rechazado. Bajo esta premisa, no sorprende que no se pueda depender del sentido moral en situaciones en las que aparecen tendencias regresivas.

En tiempos de presión, las naciones, las comunidades étnicas o los grupos grandes pueden padecer una regresión masiva, de manera que la ansiedad vivida colectivamente de forma inconsciente acaba quedando condensada en el temor al Otro. En consecuencia, las formaciones de acuerdos en los que se basan los códigos morales compartidos por el grupo grande se ven alteradas y aparecen nuevas «moralidades» que buscan hacerse cargo de sus antagonistas, quienes, normalmente, en este punto aparecen como estereotipos. En 1942, la «moralidad» del gobierno de Estados Unidos permitió la reclusión de los japoneses americanos porque, como señaló Loewenberg (1995), hubo una regresión masiva. La decisión del gobierno fue irracional e ilegal: «No se fundamentó en la realidad porque no se demostró ni un solo caso de espionaje por parte de ningún japonés americano. Fue irracional porque no se encarceló a nadie en las relativamente numerosas poblaciones japonesas de segunda y tercera generación (*nisei* y *sansei*) de las desprotegidas islas de Hawái» (Loewenberg, 1995, p. 167).

Cuando se produce una regresión en un grupo grande en situación de conflicto, los negociadores oficiales están más dispuestos a aferrarse a los componentes de su identidad de grupo grande, a utilizar más externalizaciones de las imágenes internalizadas del *self* o de los objetos y proyecciones de pensamientos y afectos inaceptables, y a protegerse aún más tercamente a sí mismos ante el retorno de sus propias externalizaciones y proyecciones *(efecto bumerán)*. Estos mecanismos defensivos los conducen a tener una menor empatía con los problemas del grupo grande opositor y a crear resistencias a los cambios de actitud; dificultan además la buena predisposición a hacer concesiones. Lo que en el vocabulario psicoanalítico denominamos «regresión terapéutica» o «regresión al servicio del yo» (Kris, 1952), algo necesario para un resultado clínicamente óptimo, normalmente no existe en las negociaciones diplomáticas oficiales.

La regresión terapéutica de un individuo en el diván del psicoanalista está al servicio de controlar la regresión existente y caótica del paciente y de reemplazarla por una regresión circunscrita, controlada y reversible que constituye el primer escalón de una progresión posterior. En las interacciones diplomáticas no existe ningún concepto ni técnica paralela para ir desarrollando este proceso de cambio. En general, los lados opuestos no alcanzan acuerdos a través de la regresión terapéutica seguida de una progresión, sino mediante el uso de la negación, la disociación y la represión de aspectos de los conflictos existentes, aislándose de las emociones que corresponden al conflicto y racionalizando la aceptación de los términos de la negociación. Si las partes en conflicto piden ayuda a un tercero, a un equipo «neutral» de otro país, los representantes de esta tercera parte pueden interferir en los efectos malignos del caos regresivo existente entre los representantes de los grupos opuestos. Las distorsiones transferenciales ocurren con frecuencia en las interacciones oficiales diplomáticas entre los miembros de los grupos grandes opuestos y, aunque los psicoanalistas nos hemos capacitado para hacerles frente, los diplomáticos suelen aceptar tales distorsiones por medio de las racionalizaciones.

Cuando se alcanzan y se firman acuerdos entre grupos grandes opuestos, aquellos conflictos y emociones exacerbados por los procesos regresivos durante las crisis no desaparecen totalmente ni son completamente reconducidos, sino que quedan en las zonas oscuras. Estos conflictos y emociones pueden aflorar más adelante y crear nuevas crisis. El imperio de la ley y la prueba de realidad, como puede ser no tener los recursos suficientes como para permanecer en guerra, fuerzan a las partes en conflicto a ajustarse gradualmente a los acuerdos y a permanecer en paz. Sin embargo, los documentos legales no cambian sustancialmente las relaciones entre enemigos, ya que en ellas están implicadas las percepciones internas y las experiencias psíquicas. Por lo tanto, las situaciones bélicas, e incluso las mismas guerras, pueden mantenerse como una inminente aunque reprimida amenaza. No obstante, los términos de paz que se hayan negociado diplomáticamente no siempre quedan necesariamente condenados al fracaso. Nuevos acontecimientos, como el hecho de que surja una amistad entre los líderes de los grupos enemigos, que se produzcan cambios internos o una revolución en uno de los grupos grandes, pueden llevar, en el plano psicológico, a una modificación de las percepciones, las emociones y las expectativas acerca del Otro.

Estos son algunos ejemplos de cómo aparecen varios fenómenos en el trabajo diario tanto de los psicoanalistas como de los diplomáticos, fenómenos de los que no tienen la misma percepción y que, por lo tanto, les generan reacciones diferentes. No obstante, y a pesar de tales dificultades, todavía hay margen para la cooperación. En ocasiones, los diplomáticos que facilitan las negociaciones entre grupos grandes acaban frustrados cuando diferencias sin importancia (Freud, 1918a, 1930a) terminan por convertirse en obstáculos significativos para el proceso de negociación; los psicoanalistas pueden ayudar a diseñar estrategias que permitan que las identidades individuales y las del grupo grande se mantengan, así como a evitar la ansiedad que se puede vivir cuando se percibe una excesiva «similitud» entre grupos opuestos. El psicoanálisis puede aconsejar a la diplomacia sobre la importancia de las fronteras psicológicas —la «unidad» entre grupos étnicos, por ejemplo, se consigue mejor cuando se mantiene algún tipo de frontera psicológica—. Los psicoanalistas pueden hacer de asesores cuando las reacciones transferenciales y contratransferenciales entre partes opuestas se enrarecen o toman un cariz asfixiante.

En áreas en las que hay conflictos crónicos entre dos grupos grandes, un tercer grupo de facilitadores puede sentirse frustrado cuando los líderes o diplomáticos de esos grupos grandes opuestos mantienen conversaciones acerca de hechos pasados en vez de concentrarse en los problemas actuales. En el momento de conducir un diálogo oficial, los facilitadores desean que los representantes de los grupos en conflicto se concentren en los temas reales y realicen avances hacia objetivos concretos; pero, a menudo, estos representantes insisten en enumerar detalladamente los agravios históricos de sus grupos (en otro apartado de este libro me referiré a ellos como los «traumas designados»). Una perspectiva psicoanalítica puede ser útil en tales situaciones en tanto que desde la formación teórica y la práctica psicoanalítica se enseña que no hay progreso posible en los temas actuales si no se han comprendido y explorado los temas pasados. Por consiguiente, un psicoanalista puede ayudar a quienes están dialogando a entender la necesidad de hablar sobre los traumas designados y ayudarles a ampliar el tiempo cuando pasado y presente se entrecruzan y confunden. Pero lo más importante es que los psicoanalistas pueden unirse a antiguos diplomáticos, a historiadores y a otros especialistas en un determinado número de proyectos adecuados que suelen denominarse «diplomacia extraoficial» o «diplomacia de segunda vía» (Davidson y Montville, 1981-1982).

En el momento actual la amplia presencia del terrorismo, la globalización moderna, el gran incremento de las migraciones, tanto voluntarias como forzosas, los increíbles avances de la tecnología y otros factores relacionados nos obligan a hacer frente y a experimentar nuevos tipos de civilización donde la vieja forma de diplomacia bajo la influencia de la *realpolitik* ya no resulta efectiva ni en numerosas áreas de las relaciones internacionales ni en los conflictos. En un intento de estabilizar, mantener o reparar las identidades de los grupos grandes vemos todavía prejuicios hostiles o malignos compartidos y otros obstáculos psicológicos que entorpecen el camino hacia la paz mundial. Por lo tanto, entender más aún la psicología del grupo grande en sí misma se ha convertido en una necesidad.

2. La identidad del grupo grande, el prejuicio compartido y las glorias y los traumas designados

La pertenencia a un grupo grande es un fenómeno natural de la vida humana. A los grupos grandes se los llama tribus, clanes, entidades étnicas, nacionalistas, raciales o religiosas, o creyentes o seguidores de una ideología política desde la infancia. Ser miembro de un grupo grande es un antídoto frente a la soledad proporciona autoestima a las personas y en muchas ocasiones les aporta placer y alegría. Ahora bien, este capítulo se refiere a uno de sus subproductos menos deseables: el hecho de compartir prejuicios contra los miembros de otro grupo grande.

El hecho de compartir un prejuicio, que puede ser benigno, hostil o maligno, es conocido en la ciencia política, en la historia y en la literatura a través de diversos nombres. Cuando el subyacente prejuicio compartido queda al descubierto, se establecen distinciones entre nosotros y los demás, y entonces se utilizan diversos términos como *racismo, neorracismo, apartheid, etnocentrismo, odio racial, fascismo, antisemitismo, islamofobia, antioccidentalización, anti trabajadores extranjeros, xenofobia, excepcionalismos nacionales o religiosos,* que solo ponen el acento en las diferencias entre varios hechos históricos y ciertas razones de su larga existencia. Estas distinciones son necesarias para clarificar situaciones como las que existen hoy en día. Por ejemplo, el racismo tradicional es una discriminación basada en tesis pseudocientíficas por las que se señala que hay una desigualdad específica entre razas que queda reflejada en una personalidad, en una capacidad intelectual y en una cultura supuestamente «deficientes», de aquellas razas tildadas de «inferiores». El neorracismo pone el acento en una base más amplia y antropológica, como puede ser la referencia a una estructura familiar, o a un sistema de valores sociales, o a elementos como la religión o el idioma, que son utilizados como justificación para mantener separados a los grupos grandes.

Para entender el prejuicio compartido por cientos, miles o millones de personas necesitamos, en primer lugar, explorar qué es o qué entendemos por *identidad de un grupo grande*. Las identidades de grupos grandes quedan articuladas en términos cotidianos y comunes como: «somos vascos, catalanes, españoles, franceses», «somos católicos», «somos capitalistas» y/o «sois judíos ortodoxos», «sois árabes», «sois musulmanes», «sois comunistas».

En los próximos párrafos describiré cómo se desarrolla la identidad en el individuo y cómo queda vinculado a la identidad de su grupo grande. Posteriormente exploraré cómo la identidad compartida del grupo grande y el prejuicio acaban entrelazados.

Freud y los primeros psicoanalistas se refirieron al término «identidad» en pocas ocasiones. Fue Erikson (1956, 1959) quien le dio al término un valor psicoanalítico, describiéndolo como una experiencia subjetiva de un persistente sentimiento de seguir siendo uno mismo. En la vida diaria es normal que una persona adulta se refiera a su estatus social o profesional. Una persona puede percibirse simultáneamente como padre, médico o carpintero, hermano o hijo, o alguien que disfruta de determinados deportes o actividades recreativas. Estas son facetas que se encuentran en la superficie de la definición de la identidad, pero que no reflejan completamente la sensación personal de una continuidad corporal y emocional de la propia experiencia: el pasado, el presente y el futuro quedan integrados en una suave continuidad de recuerdos, experiencias, sentimientos y de la vivencia de existencia en un individuo (Akhtar, 1999). Hay, incluso, un poderoso vínculo entre su identidad personal y la del grupo grande al que pertenece desde su infancia.

La «identidad» precisa diferenciarse de otros conceptos cercanos como el de «carácter» o «personalidad», que normalmente son utilizados como intercambiables. En realidad, estos últimos términos describen las impresiones de otros con respecto a las expresiones emocionales, los modos de hablar, las acciones típicas y las formas habituales de pensar y de actuar del individuo. Si observamos a alguien que de forma habitual es limpio, ordenado, avaro, que utiliza una excesiva intelectualización, muestra una gran ambivalencia y ejerce un gran control sobre sus emociones, diremos que esta persona tiene un carácter obsesivo. Si observamos a alguien que es declaradamente suspicaz y cauteloso y cuyo comportamiento o lenguaje corporal sugieren que constantemente está escudriñando el entorno en busca de algún peligro posible, diremos que es alguien con una personalidad paranoide. A diferencia de términos como «carácter» o «personalidad», el concepto de «identidad» hace referencia al modelo o manera interna de funcionar del individuo, a la forma en la que él o ella se percibe y no a la manera en que lo/a describe un ajeno.

Gracias a las observaciones realizadas sobre niños durante las últimas décadas, sabemos que la mente infantil es mucho más activa de lo que pensábamos hasta entonces. El juego, entre las experiencias apropiadas a la edad y la maduración del sistema nervioso central en el desarrollo de lo que los psicoanalistas denominamos «funciones del yo», así como la habilidad para formar imágenes de nuestras relaciones con los demás («relaciones objetales»), ha sido estudiado científicamente, especialmente desde los años setenta (véase, por ejemplo, Stern, 1985; Emde, 1991; Lehtonen, 2003; Bloom, 2010). Sin embargo, al observar el comportamiento de bebés y de niños a lo largo de varios períodos psicológicos, no vemos especiales diferencias. Una tarea crucial para los niños pequeños es llegar a verse separados de sus cuidadores desde un punto de vista psicológico. A medida que sus mentes van desarrollándose y van madurando psicológicamente, van alejando a sus madres y cuidadores para, tal y como diría Mahler (Mahler y Furer, 1968), «individualizarse y separarse». Stern (1985) nos recuerda que un niño es alimentado entre cuatro y seis veces al día. Cada experiencia de alimentación produce diferentes grados de placer. A medida que el niño se desarrolla, en cierto modo puede ir organizando sus experiencias en dos categorías mentales, «buenas» o «malas». Las experiencias de querer al otro y frustrarle, así como la de ser querido o ser frustrado por ese otro, hacen que las personas implicadas queden también divididas en buenas o malas hasta que las funciones integradoras alcancen su objetivo. El niño pequeño adquiere y aprende de la experiencia que la madre (o la persona que lo cuida) que lo frustra y la que lo complace son la misma persona y que, en consecuencia, también cuando él se percibe frustrado o complacido sigue siendo un mismo individuo. Por lo tanto, la experiencia subjetiva del niño de diferenciarse del otro y la de ser una persona integral forman parte de la íntima vivencia de la identidad personal. Si el niño no puede alcanzar plenamente esta diferenciación e integración por razones biológicas y del entorno, la identidad individual, incluso la que presenta en su etapa adulta, permanece débil, pusilánime, dividida e incluso fragmentada.

Un bebé o un niño pequeño son, utilizando el término de Erikson (1966), *generalistas* en lo que atañe a afiliaciones tribales, nacionales, étnicas, políticas o religiosas. Kris (1975) señaló, incluso, que mantenerse apartado del grupo grande no es un aspecto innato de la naturaleza humana. Sin embargo, sabemos que hay un potencial psicobiológico para la sensación de ser *nosotros* y una preferencia hacia nuestras propias formas (Emde, 1991). Bloom (2010) nos recuerda que un bebé de tres meses ya siente una especial atracción hacia las caras de las personas de raza similar a la suya y que a los niños les gusta vestirse de la misma forma que lo hacen los adultos de su grupo. Sin embargo, ya que el entorno en el que un bebé y un niño se desarrollan queda restringido a los padres, hermanos, parientes y otros cuidadores, la vivencia del «nosotros» no incluye la dimensión intelectual de etnicidad, nacionalidad u otro tipo de elementos de la identidad del grupo grande. Con todo, las ideas de Erikson y Kris siguen siendo correctas.

El concepto de *identificación* es bastante conocido por el papel que tiene en la manera en la que el niño desarrolla no solo su identidad personal sino la de su grupo grande. Los niños se identifican con aspectos reales, fantaseados, deseados o incluso alarmantes o preocupantes de las personas que les resultan importantes de su alrededor. Las características de la maternidad, la paternidad, la hermandad, la manera de guiar y las formas de encarar los problemas e incluso algunos aspectos concretos o abstractos de marcas de identidad (Kris [1975] las denomina «símbolos comunes de identificación» [p. 468]), así como las características físicas, el lenguaje, las canciones de cuna e infantiles, las comidas, los bailes, las creencias religiosas, los mitos, las banderas, los entornos geográficos, los héroes, los mártires y las imágenes de sucesos históricos son tomados por los chavales como aspectos que les pertenecen y los utilizan para expandir sus mundos internos en relación con sus propios grupos pequeños y, al hacerse mayores, con sus grupos grandes. La experiencia subjetiva y el profundo conocimiento intelectual de pertenecer a la identidad de un grupo grande acaban quedando cristalizados posteriormente en la infancia. Tales sentimientos compartidos incluyen también a aquellos que son miembros de un grupo de ideología política, ideología que suscribían sus padres y las personas importantes durante la infancia. Acabar siendo seguidor de una ideología política cuando se es adulto engloba otras motivaciones psicológicas.

Las condiciones existentes en el entorno dirigen a los niños a investirse de un tipo u otro de pertenencia a un grupo grande. Un chaval nacido en, por ejemplo, Hyderabad (India) pondrá el acento en aspectos religiosos o culturales en tanto que desarrolla su identidad de grupo grande, puesto que allí los adultos definen su identidad de grupo grande de acuerdo con la afiliación religiosa, musulmana o hindú (Kakar, 1996).

Cuestiones como la atribución de aspectos de uno en la etnicidad, en la religión, en la nacionalidad, en la raza o en una ideología en lugar de en otras no son tan esenciales como sí lo es entender los procesos psicodinámicos que vinculan la identidad individual a la del grupo grande y cómo los grandes grupos los usan en sus interacciones. Algunos niños tienen padres que pertenecen a dos grupos étnicos o religiosos diferentes. Si se da un conflicto internacional entre esos dos grupos, esos jóvenes, o incluso esos adultos, tienen graves problemas psicológicos. En la República de Georgia, tras el desplome de la Unión Soviética, la guerra entre georgianos y surosetios generó gran confusión y problemas psicológicos a las personas que tenían un linaje mixto. Lo mismo les sucedió en Transilvania a los niños nacidos de matrimonios mixtos entre rumanos y húngaros cuando las hostilidades entre esos dos grupos se activaron (Volkan, 2006a, 2013).

Durante la transición adolescente hay una revisión psicobiológica que cada uno asume en sí mismo. Los jóvenes pierden los aspectos investidos en las imágenes de personas que fueron importantes en su infancia, modificando, a veces fortaleciendo, y hasta haciendo caso omiso de sus identificaciones con ellas. Más aún, añaden otras identificaciones que en este momento les son suministradas mediante sus experiencias con sus grupos de iguales o grupos muy alejados a sus propios ambientes familiares o del barrio (Blos, 1979). A través de estas actividades internas, hay una revisión de aquellos sentimientos relacionados con la interna y persistente seguridad de seguir siendo los mismos que cuando eran jóvenes. La formación de una sólida identidad finaliza durante este período y por medio del grupo grande. Pertenecer a un grupo grande, una vez que se ha pasado por la transición adolescente, permanece toda la vida (Volkan, 1988, 1997, 2013). Las identificaciones del grupo grande en determinados símbolos o señas de identidad pueden ser modificadas tras períodos de guerra o cuando estos grupos son conducidos por líderes carismáticos. Cuando sucede esto los miembros del grupo grande también cambian sus identificaciones en nuevos objetos o señas de identidad. Por ejemplo, cuando se derrumbó el Imperio otomano y nació la nueva Turquía, los hombres dejaron de ponerse el fez para llevar sombreros europeos.

En ocasiones, el sentido de pertenencia individual se oculta: podemos observar que lo hacen las personas que se ven forzadas a emigrar y también las que emigran voluntariamente, las que siguen siendo inconformistas o aquellas que por razones de influencia ideológica o política rechazan intelectualmente pertenecer a un grupo grande determinado. Lo que he observado es que, tras la transición adolescente, una persona no puede cambiar las investiduras sobre los aspectos íntimos de su identidad de grupo grande, tan solo puede ocultarlos. Solo muy raramente y tras una prolongada, drástica y complicada historia de sucesos, un grupo de personas del grupo grande puede evolucionar hacia un nuevo y muy diferente tipo de identidad. Por ejemplo, ciertos eslavos del sur acabaron sintiéndose musulmanes bosnianos durante el gobierno del Imperio otomano, que duró varios siglos (Itzkowitz, 1972; Pinson, 1994).

Quiero explicar ahora dos conceptos que están íntimamente relacionados con la identificación y que son utilizados para conectar la identidad individual con la del grupo grande, contribuyendo a que el niño deje de ser *generalista* y sea un miembro de dicho grupo. Llamo «depósito» al primer concepto. En la identificación, los niños son los más interesados en captar y coleccionar todas las imágenes y tareas del entorno en el que viven y hacerlas suyas. En la actividad de depositar, es el adulto que está en el entorno del niño quien tiene el mayor interés psicológico en poner algo —una imagen asociada a una tarea psicológica— dentro de la mente infantil en desarrollo. Este proceso encaja muy bien con la descripción de Klein (1946) de «identificación proyectiva». Sin embargo, dado que estoy describiendo la creación de un tipo de «ADN psicológico» en el niño, la base para la formación de su identidad, prefiero utilizar el término «depósito» y diferenciar este concepto del utilizado en la vida cotidiana de la identificación proyectiva. Creo que el término «transposición», de Kestenberg (1982), y el de «telescopaje de generaciones», aportado por Faimberg (2005), hacen referencia al hecho de depositar imágenes de traumas; sin embargo, estos autores no describen claramente cómo tiene lugar este proceso.

Para tratar de explicar lo que significa «depósito» tenemos que dirigir nuestra atención hacia el fenómeno llamado *sustitución de un niño* (por ejemplo, véase Cain y Cain, 1964; Ainslie y Solyom, 1986; Volkan y Ast, 1997). Cuando en algunas ocasiones muere el primer hijo y la madre tiene un segundo, la mayoría de las veces, sin ser consciente de ello, trata al segundo como si siguiese siendo el hijo que perdió. En ocasiones este segundo hijo lleva el nombre del primero o se le coloca en la cuna o en la cama del niño fallecido, y se le anima a jugar con los juguetes de su hermano y a repetir acciones que realizaba el que murió. El hijo actual no ha compartido nada con el anterior, pero es la madre (o la persona que lo cuida) quien encomienda tareas al nuevo hijo para, así, mantener «vivo» al fallecido. Los hijos sustitutos se ajustan a esta situación psicológica de muy diversas maneras, según diversos factores genéticos y ambientales.

Los adultos que han sufrido un trauma severo pueden depositar sus imágenes del *self* traumatizadas en las imágenes que se están desarrollando en las identidades de los niños. En el marco clínico he estudiado muy de cerca la vida de una persona que, cuando era niño, fue el «reservorio» de imágenes muy traumatizadas de su figura paterna, un superviviente de la Marcha de la muerte de Batán en 1941 y de los campos japoneses de prisioneros en Filipinas. Esta persona creció y se convirtió en un sádico asesino de animales, porque lo que se depositó en él fue que debía ser «cazador» en lugar de «presa», dado que esta última era la figura que mostraba su padre (Volkan, 2014). En la literatura psicoanalítica hay numerosos ejemplos de cómo muchos supervivientes del Holocausto pasaron imágenes y responsabilidades a sus hijos y cómo ellos reaccionaron a esta impronta psicológica en un amplio abanico de respuestas que van desde la creativa hasta la problemática (por ejemplo, Laub y Auerhahn, 1993; Kogan, 1995; Volkan, Ast y Greer, 2002; Brenner, 1999, 2004). Al ser los depositarios de las imágenes, así como los encargados de realizar las tareas que se les encomienda para hacer frente a estas imágenes, los niños quedan psicológicamente vinculados a la historia de esas familias y a las historias de sus grupos grandes, en especial a las traumáticas.

Desde la *psicología de los grupos grandes*, la acción de «depositar» hace referencia a los procesos compartidos por cientos de miles o millones de personas, procesos que se inician en la infancia y acaban siendo como un «ADN psicológico» compartido que termina por crear la sensación de pertenencia. Tras la experiencia de una catástrofe colectiva que ha sido infligida por un grupo enemigo, los individuos afectados por ello se quedan con imágenes del *self* traumatizadas similares (si bien no idénticas), causadas por ese suceso masivo compartido; dichas personas se encuentran ante la necesidad de hacer frente a la difícil tarea de contener y redefinir de manera inofensiva las siguientes características psicológicas:

1. Sentirse víctimas y deshumanizados.
2. Sentimiento de humillación, debido a la necesidad de ser ayudado.
3. Sentimiento de culpabilidad por haber sobrevivido: permanecer vivo mientras que otros miembros de la familia, hermanos y demás personas han muerto.
4. Dificultades de mostrarse asertivo sin enfrentarse a la humillación.
5. Un incremento de las externalizaciones o proyecciones.
6. Una exageración de los «malos» prejuicios.
7. Necesidad de hacerse con objetos libidinales y tratar de internalizarlos.

8. Un incremento de las investiduras narcisistas en la identidad del grupo grande.
9. Envidia hacia quien victimiza y una identificación (defensiva) con el opresor.
10. Una vivencia de duelo inacabado debido a la importancia de las pérdidas.

Miles, cientos de miles o millones de personas depositan estas imágenes en los niños, señalándoles que la tarea o la responsabilidad que tienen es algo así como «debes recuperar mi autoestima por mí» o «endereza mi proceso de duelo», «sé asertivo y véngate» o «no olvides nunca y mantente alerta». Esta transmisión transgeneracional de «tareas» a largo plazo perpetúa el ciclo del trauma social a manos del Otro.

Aunque cada niño de la segunda generación tiene su propia identidad individualizada, todos tienen un trauma mental parecido, vínculos semejantes con las imágenes del trauma masivo y una tarea inconsciente similar, a la que tienen que hacer frente. Si la siguiente generación no puede cumplir de forma efectiva su tarea compartida —y esto es lo que, en general, sucede—, pasan sus tareas a la tercera generación, y así sucesivamente. Estas condiciones crean una poderosa red invisible entre un sinnúmero de personas. Procesos similares pueden aparecer en los descendientes de los agresores. Entre estos existe una mayor preocupación por las consecuencias de los compartidos sentimientos de *culpa* que por los, también compartidos, sentimientos de impotencia. Ambos grupos presentan una gran dificultad o incapacidad de realizar el duelo (Mitscherlich y Mitscherlich, 1967; Volkan, 1997, 2006a, 2013).

A medida que pasan las décadas, las imágenes mentales de los hechos históricos de nuestros ancestros, con referencias a héroes y mártires, continúan vinculando a las personas del grupo grande. Para las nuevas generaciones, el significado de las tareas anteriores pasa por lo que los psicoanalistas denominamos *cambio de función* (Waelder, 1930); ahora la imagen mental del suceso se usa para unir a los miembros del grupo grande. Denomino *trauma designado* —puesto que es elegido para convertirse en el elemento más significativo de la identidad del grupo grande— al trauma masivo de los antepasados cuando toma este curso (Volkan, 1988, 1997, 2004, 2006a, 2013).

No todas las tragedias masivas pasadas generadas por el Otro tienen por qué evolucionar como traumas designados. Podemos ver la mitificación de víctimas convertidas en héroes o escuchar conmovedoras historias asociadas con el trauma y que han quedado popularizadas en las canciones y la poesía; podemos ver asimismo a líderes políticos de los últimos tiempos, preocupados por los traumas pasados y los hechos relacionados con ellos, convirtiendo hechos históricos en traumas designados. En abril de 2010, el presidente polaco Lech Kaczyński, su mujer, Maria Kaczyńska, y muchos altos mandos militares y líderes civiles de Polonia murieron en un accidente aéreo cuando viajaban para asistir a la ceremonia del aniversario de la masacre de nacionales polacos cometida por los rusos en el bosque de Katyn, un hecho que ocurrió entre abril y mayo de 1940. Creo que este accidente aéreo tendrá un papel importante y convertirá la masacre de Katyn en un trauma designado.

Los traumas designados son específicos de cada grupo grande. Por ejemplo, los rusos recuerdan la invasión tártara de siglos atrás. Los serbios mantienen viva la imagen de la batalla de Kosovo de 1389 y los griegos, la de la caída de Constantinopla (Estambul) en 1453, a manos de los turcos; los checos conmemoran la batalla de Bilá Hora en 1620, que les llevó a ser sometidos por el Imperio de los Habsburgo durante 300 años; los turcos conmemoran la derrota de los otomanos del 12 de septiembre de 1683 a las puertas de Viena; los escoceses, la de la batalla de Culloden en 1746, el fallido intento del príncipe Carlos Eduardo Estuardo, que pretendía la corona británica, y los indios dakota, en Estados Unidos, la de la batalla de Woundeed Knee, acaecida en 1890, batalla que supuso su casi total aniquilación. Los tártaros de Crimea se definen a sí mismos como el colectivo que sufrió su deportación de Crimea en 1944. Y todos los judíos del mundo, incluso aquellos que no fueron personalmente afectados por el Holocausto, en cierto modo, definen su identidad de grupo grande mediante una referencia directa o indirecta a ello. Este hecho todavía es demasiado reciente como para ser considerado un trauma designado verdaderamente establecido, pero se ha convertido en un marcador étnico, por más que los judíos ortodoxos se refieran todavía a la destrucción del Templo por Nabucodonosor II de Babilonia en el 586 a.C. como el trauma designado. Algunos traumas designados son difíciles de detectar porque no están claramente conectados con un hecho histórico reconocible. Por ejemplo, el trauma designado de los estonios no es un acontecimiento histórico concreto, sino el hecho de que durante cientos de años, siempre o casi siempre, han vivido bajo una constante dominación (de suecos, alemanes y rusos).

Cuando las personas experimentan una regresión, «vuelven» y repiten sus experiencias infantiles, contaminadas por fantasías inconscientes y defensas mentales, así como por la forma de encarar los conflictos en la infancia. Las cosas que repiten son específicamente suyas. Cuando un grupo grande sufre una regresión, también «vuelve», reactiva e inflama los traumas y las glorias designados. Las glorias designadas hacen referencia a las representaciones mentales de un hecho histórico y a las personas heroicas vinculadas a ese hecho, sumamente mitificadas a lo largo del tiempo. Las glorias designadas se traspasan a las generaciones siguientes a través de las transmisiones transgeneracionales realizadas mediante las interacciones de los niños con sus padres, con sus maestros, etc., así como con la participación en ceremonias rituales que recuerdan los éxitos pasados. Las glorias designadas vinculan a los niños del grupo grande entre sí y con el propio grupo, y experimentan un incremento de su autoestima al sentirse asociados a tales glorias.

Si bien los procesos implicados en la reactivación de glorias designadas no son complicados, la reactivación de los traumas designados para sostener la identidad del grupo grande y su cohesión es mucho más compleja. Los traumas designados son mucho más complicados; son potentes amplificadores del grupo grande. Con frecuencia las glorias y los traumas designados están entrelazados.

Al segundo concepto utilizado para conectar la identidad individual con la del grupo grande lo denomino *objetivos adecuados de externalización*. Puedo explicar este concepto a partir de la ampliación de la idea que desde el psicoanálisis se conoce como *ansiedad ante lo extraño*: los niños constatan que no todas las caras de la gente que los rodea corresponden a sus cuidadores (Spitz, 1965). La ansiedad ante lo extraño, un fenómeno normal en el desarrollo del ser humano, crea al Otro en la mente del niño y se convierte en la fuente del futuro prejuicio «normal». Cuando los bebés se hacen niños, comienzan a darse cuenta de que no todo en su entorno pertenece a su propio grupo grande como tal. Los adultos del entorno de los niños les proporcionan lo que llamo *objetivos compartidos*, frecuentemente cosas inanimadas, cuya utilización les «muestra» a través de la *experiencia* qué pertenece a su grupo grande y qué no.

Para ilustrar lo que estoy describiendo vayamos a la isla de Chipre, en la que griegos y turcos han vivido unos junto a otros durante siglos hasta que fue dividida de hecho en dos entidades políticas en 1974. Allí los granjeros griegos, a menudo, crían cerdos. A los niños turcos, tal y como les sucede invariablemente a los griegos, les gustan los animales de granja. Pero imaginemos que a uno de esos niños turcos le gusta un lechón y que lo quiere tocar. Su madre u otra persona importante de su entorno le amonestarán severamente por jugar con ese animal. Para los turcos musulmanes, el cerdo es «sucio». Consecuentemente, para los niños turcos el lechón será percibido como una ampliación cultural de los griegos: no pertenece a lo que corresponde al grupo grande turco. Puesto que los turcos musulmanes no comen cerdo, lo que ha sido concretamente externalizado en la imagen del cerdo no debe ser reinternalizado. Ahora el chaval turco ha encontrado un receptáculo en el que externalizar *permanentemente* sus partes «indeseadas».

Permítaseme explicar qué quiero decir con «partes indeseadas». Los bebés, como los niños pequeños, tienen experiencias agradables y frustrantes a través de sus relaciones con sus madres y otros cuidadores, incluidas las experiencias de ser alimentados con cosas «buenas» o «malas», como he señalado antes. Se han realizado abundantes investigaciones sobre el tiempo que necesitan los niños pequeños para integrar las partes «agradables» y «desagradables» y que corresponden a aspectos «amorosos» y «frustrantes» de la madre y otras personas. Algunos aspectos «indeseados» de uno mismo y de sus cuidadores permanecen en sus mentes.

Cuando los niños pequeños turcos se dan cuenta de que el lechón es un buen blanco para la externalización de «partes indeseadas», no entienden bien lo que significa lo griego. Los pensamientos, las percepciones y las emociones sofisticadas, así como las imágenes de la historia acerca del Otro, evolucionan mucho más tarde, sin la conciencia individual de que *el primer símbolo* del Otro estuvo al servicio de ayudarle a evitar las tensiones de afectos, al tener que mantener partes indeseadas dentro de sí. Cuando el niño encuentra un blanco útil para sus «partes indeseadas», el precursor del Otro comienza a establecerse en su mente de forma *experimental*. El Otro se convierte en un blanco para el prejuicio en varios grados y de forma acorde con muchas circunstancias externas.

El historiador Norman Itzkowitz (en una comunicación personal con el autor) describió cómo a algunos hijos de judíos polacos de origen campesino afincados en Estados Unidos, y, por lo tanto, lejos de los peligros del viejo mundo antisemita, se les enseñó a escupir tres veces cuando pasaban por delante de una iglesia católica. Esto puede ser reducido a una simple superstición, pero también corresponde a la noción de ver a la Iglesia católica como posible blanco u objetivo para la externalización. En una atmósfera de relativa seguridad es más fácil olvidarse de los «malos» objetivos de externalización, aunque sus recuerdos persistan. Exceptuando a aquellos que fueron comprados como esclavos, las personas de otros países con diferentes religiones y otros sistemas de creencias fueron a Estados Unidos para ser ciudadanos americanos y tienen una identidad del grupo grande americano idealizada. Por ello, el blanco útil para la externalización a la que Itzkowitz se refiere puede no ser tan estable como lo es el blanco utilizado por los niños turcos en Chipre.

También las «buenas» imágenes no integradas encuentran blancos adecuados para una permanente externalización que, a medida que los niños crecen, representan un «nosotros» gracias a las experiencias vividas y acaban convirtiéndose en marcas significativas de la identidad del grupo grande. Algunos amplificadores culturales, como la lengua, las canciones infantiles, la alimentación, los bailes, los símbolos religiosos o ciertos lugares geográficos específicos, acaban siendo «buenos» objetivos para una externalización permanente. Por ejemplo, los niños finlandeses utilizan la sauna como «buen» reservorio. Solo cuando estos niños crezcan tendrán pensamientos y sentimientos sofisticados acerca de ser finlandeses.

Algunos sucesos históricos pueden incrementar la investidura de un grupo grande en sus objetivos de externalización adecuados. En Escocia, el *kilt*, traje típico campesino, se remonta al siglo XIII, pero fue un suceso del siglo XVIII el que transformó la falda de tartán en un «buen» depósito para el sentimiento escocés. Cuando Inglaterra derrotó a Carlos Eduardo Estuardo, llamado Bonnie Prince Charlie, en Culloden, en 1746, el rey inglés prohibió el uso de la falda en Escocia bajo la Ley de Proscripción. La ley fue derogada treinta y seis años más tarde, y la falda escocesa fue adoptada como uniforme militar escocés. Cuando Jorge IV hizo una visita oficial a Escocia en 1882, se fortaleció el uso del *kilt* escocés, que sirvió para reforzar el sentimiento escocés del «nosotros» frente a la visita del representante de la poderosa Inglaterra. Muchas familias escocesas incluso tienen su propio diseño de tartán, que a veces utilizan en su ropa personal. Los esfuerzos por suprimir el uso de la falda escocesa no han tenido éxito, y el vestido sigue actuando como un reservorio étnico que significa «lo escocés».

Conceptos tales como identificación, depositar y objetivos adecuados explican las necesidades humanas de tener enemigos y aliados en el sentido político y social (Volkan, 1988). Estas necesidades provienen del período de desarrollo infantil y son el resultado final de los inevitables esfuerzos que uno realiza para alcanzar un *self* cohesionado y para formar una representación integrada de los demás. Como adultos no somos conscientes de que el origen del concepto de etnicidad, nacionalidad u otros nombres de grupos grandes, así como el del concepto de enemigo, se encuentran en los objetos compartidos, tanto animados como inanimados o que no pertenecen a lo humano, que absorben aspectos de todos los niños pequeños del mismo grupo grande y quedan investidos de emociones. En el plano del grupo grande, la gente necesita enemigos para impedir que la agresión se produzca dentro de su propio grupo grande (Boyer, 1986), para mantener una identidad del grupo grande favorable y para establecer la paz en su propio grupo grande. Tener prejuicios contra o hacia otro grupo grande es parte «normal» de los fenómenos humanos. Los prejuicios ayudan a diferenciar el nosotros de los Otros de forma lúdica y adaptativa, si bien, bajo condiciones de presión, puede acabar siendo maligna.

Ahora podemos preguntarnos un poco más acerca del prejuicio compartido contra el Otro. Los grandes mamíferos manifiestan agresión mediante gestos y sonidos cuando compiten por alimento, territorio o compañeros de apareamiento; sin embargo, suelen cazar y matar a aquellas criaturas que no pertenecen a su especie. Los chimpancés de un grupo determinado manifiestan una agresión letal ante chimpancés de otro grupo (Goodall, 1986; Mitani, Watts y Masler, 2010). Los seres humanos van más allá que los chimpancés, pues asesinan a los miembros de su propia especie. A lo largo de nuestra historia, los humanos han exhibido prejuicios *malignos* con respecto a otros seres humanos, los han cazado y los han matado en nombre de la identidad del grupo grande. Con el fin de dar sentido a este hecho, Erikson (1966) aportó la idea de que los seres humanos han evolucionado, mediante algún tipo de proceso y de condicionantes adaptativos, en *pseudoespecies,* como pueden ser tribus o clanes que se comportan como si perteneciesen a especies distintas. Propuso la hipótesis de que los primitivos buscaron una forma de protección frente a su insoportable desnudez, adoptando armaduras de animales inferiores y vistiéndose con sus pieles, plumas o garras. Sobre la base de estas prendas de vestir, cada tribu, cada clan o cada grupo desarrolló un sentido de identidad compartida, así como la convicción de que ello era lo que albergaba realmente *la única identidad humana.*

Podemos añadir otra idea, también especulativa, que puede explicar mejor lo que sucedió en el curso de la evolución humana y cómo los grandes grupos humanos pueden acabar matando a otro mediante la creencia de que pertenecen a especies diferentes. Durante siglos, tribus o clanes vecinos tuvieron que interaccionar entre sí por razones de fronteras naturales. Grupos vecinos tuvieron que competir por el territorio, la comida, el sexo y los bienes materiales para su supervivencia. Finalmente, este primitivo nivel de competición tuvo que asumir mayores implicaciones psicológicas. Los aspectos físicos básicos, más allá de conservar su condición de necesidades genuinas, absorbieron significados mentales como el narcisismo, la competencia, el prestigio, el honor, el poder, la envidia, la venganza, la humillación, la sumisión, el dolor y el duelo, y pasaron de ser símbolos de supervivencia a convertirse en símbolos de los grupos grandes, amplificadores culturales, tradiciones, religiones o recuerdos históricos que fueron quedando embebidos en la autoestima del grupo grande y en su identidad.

Estos postulados se apoyan en referencias al Otro en muchos documentos antiguos e idiomas. Los antiguos chinos se miran a sí mismos como *pueblo* y ven a los otros como *kuei,* «espíritus cazadores». Los indios apaches se consideran a sí mismos como *indeh,* la gente, mientras que a los otros los consideran *indah,* el enemigo (Boyer, 1986). Los munduruku, en la selva brasileña, dividen su mundo entre *munduruku,* que son el pueblo, y los no *munduruku,* que son *pariwat* (enemigos), exceptuando a ciertos vecinos que perciben como amigos (Murphy, 1957). Algunos antropólogos creen que este tipo de patrón no puede ser aplicable a todas las culturas, pero muestra que el sentido del Otro y el tener prejuicios compartidos son comunes a todos (Stein, 1990).

Desde el momento en que la versión escrita de la historia está disponible, percibimos constantemente las interacciones de las «pseudoespecies» y cómo un grupo ve al otro malignamente, como menos que humano. El trato que los cristianos europeos daban a los judíos durante la Edad Media, el de los blancos estadounidenses a los afroamericanos en Estados Unidos, el comportamiento de los nazis, el *apartheid* en Sudáfrica y, más recientemente, lo sucedido en la antigua Yugoslavia, en Ruanda y un sinfín de acontecimientos en la historia de la humanidad, son ejemplos de cómo un grupo grande deshumaniza a otro. Los estudios en psicología evolutiva también se refieren a la creación del Otro y a la deshumanización como elementos de la naturaleza humana (Smith, 2011).

Para ilustrar las consecuencias benignas y las hostiles o malignas del prejuicio compartido, acudo a la metáfora de la carpa de los grupos grandes. Pensemos en términos de cómo, siendo niños, nos ponemos dos capas principales, como si fuesen dos tejidos. La primera, que sería una capa individual, se adapta a cada uno de nosotros, se nos ciñe cómodamente, tal como se adapta nuestra ropa. Esta capa representaría la propia identidad personal subyacente que nos proporciona la sensación persistente de similitud con nosotros mismos. La segunda es como la lona de una carpa —no se nos ciñe al cuerpo—, es amplia y permite que un gran número de personas queden cobijadas por ella de forma que a todas les dé la sensación de compartir algo con los demás, una sensación de igualdad o similitud con los que se cobijan bajo ella. Podemos visualizar las señas de identidad del grupo grande —como específicas imágenes culturales e históricas— como los diferentes y coloridos diseños cosidos a la lona de la carpa metafórica que cobija al grupo grande. Algunas características comunes, como ciertas identificaciones con aspectos del entorno común de la infancia, son utilizadas en la construcción de esas dos capas, la individual y la colectiva, por lo que, psicológicamente hablando, la identidad individual y la colectiva del grupo grande están conectadas.

Bajo la enorme carpa del grupo grande hay subgrupos e identidades de subgrupos, como pueden ser las profesionales o las políticas. Si bien es el poste lo que sostiene la carpa —el líder político que mantiene la carpa en pie—, la carpa protege psicológicamente tanto al líder como a los miembros del grupo grande. Los disidentes no cambian los sentimientos esenciales compartidos en el seno de un grupo grande, a menos que alcancen un número lo suficientemente elevado de seguidores como para convertirse en una fuerza política, en un importante subgrupo. Desde el punto de vista de la psicología individual, una persona puede percibir que quien sostiene la carpa es como la figura paterna y la propia carpa como una madre nutriente. Desde la psicología del grupo grande, la carpa representa la identidad de este grupo, que es compartida por cientos, miles o millones de personas.

Imaginemos ahora dos carpas enormes colocadas una al lado de la otra. Para cada uno, la carpa proporciona el *límite psicológico* de cada grupo grande. La naturaleza del prejuicio compartido entre los dos grupos grandes puede ser vista como si los miembros que están bajo una de las carpas disparasen contra la carpa que determina al otro gran grupo. Estos disparos pueden ser de barro, que puede lavarse, de material de desecho, que queda enganchado y es difícil de limpiar, o incluso de balas, que matan, es decir: el prejuicio compartido abarca desde aspectos benignos hasta hostiles o malignos.

La psicología de las relaciones internacionales es la psicología de las relaciones entre vecinos. Todavía podemos ver que los conflictos más feroces se desencadenan entre vecinos que están físicamente próximos —por ejemplo, entre armenios y azerbaiyanos, entre tamiles y cingaleses, y entre los católicos y los protestantes de Irlanda del Norte—. En estos días, en estos momentos en los que la civilización ha evolucionado y todas las partes del mundo están conectadas mediante sofisticados sistemas de telecomunicación y otros medios tecnológicos, todos los grupos grandes son potencialmente vecinos.

En tiempos de paz, la gente presta atención a sus familias, parientes y vecinos; a la escuela, las organizaciones profesionales y sociales, los clubs deportivos, los partidos políticos locales o nacionales y a otros tipos de subgrupos y, sobre todo últimamente, a las páginas de su *facebook*. En nuestra vida cotidiana no somos muy conscientes de nuestra identidad de grupo grande, de la lona de nuestra carpa metafórica, de la misma forma que no somos conscientes de nuestra respiración. Si tenemos una neumonía o nos encontramos en un edificio en llamas, comenzamos a ser conscientes de nuestra respiración. Del mismo modo, si la lona de la carpa comienza a dar bandazos o si algunas de sus partes comienzan a desmembrarse por algo que hacen los otros, las miles, cientos de miles o millones de personas que están bajo esa carpa empiezan a preocuparse por ella y se muestran dispuestas a hacer algo para repararla, mantenerla y protegerla; cuando lo hacen, con frecuencia están dispuestas a tolerar grados extremos de sadismo o masoquismo si consideran que eso que hacen les ayudará a mantener y proteger la identidad de su grupo grande.

Cuanto más se agite la lona de la tienda o se vea destrozada a manos del Otro, tanto más el grupo grande que permanece bajo la carpa se ve obligado a mantener su propia identidad como tal. Por ejemplo, reactivarán los recuerdos de traumas designados. A su vez, eso creará la vivencia del *colapso temporal:* ansiedades compartidas, expectativas, fantasías y defensas asociadas con el pasado magnifican la imagen de los conflictos actuales. Los grupos grandes acaban predispuestos psicológicamente para experimentar prejuicios más hostiles o malignos, actos sádicos o masoquistas, y para perpetuar monstruosas crueldades contra los «otros».

Cuando los representantes de grupos grandes en conflicto se reúnen para mantener diálogos diplomáticos extraoficiales, si una de las partes se siente humillada reactiva sus traumas designados (por lo general contaminados por las glorias designadas). Por ejemplo, durante un encuentro diplomático extraoficial en el que se discutía sobre aspectos internacionales de tipo corriente, los rusos comenzaron a centrar su atención en la invasión tártara, su trauma designado. Hoy en día, los religiosos fundamentalistas musulmanes han reactivado las pasadas glorias y numerosos traumas designados —como la pérdida del califato en 1923, cuando nació la moderna Turquía— que conducen a un colapso del tiempo. Dicho colapso temporal también reactiva las ideologías de la reivindicación que se tiene sobre algo, las cuales acompañan estos traumas designados. En el capítulo siguiente, examinaré estas ideologías.

3. Las ideologías de la reivindicación

Se considera que el término «ideología» (ciencia de las ideas) fue acuñado por el noble francés Antoine Louis Claude Destutt (1754-1836), conde de Tracy (o brevemente, Destutt de Tracy), en su *Dissertation sur quelques questions d'idéologie* [Disertación sobre algunas cuestiones de ideología] (1799) y en una serie de trabajos titulados *Projet d'éléments d'idéologie* [Elementos de ideología], que fueron publicados entre 1801 y 1815, y otros trabajos relacionados. Este término de Destutt de Tracy se convirtió en moneda de cambio para los retóricos (los ideólogos) de la Revolución francesa y fue leído y estudiado por líderes políticos como Thomas Jefferson, uno de los padres fundadores de Estados Unidos y el principal autor de la Declaración de la Independencia, que, más adelante, influenciaría el pensamiento político, económico, social y psicológico (Chinard, 1979; Scruton, 1982; Klein, 1985).

Posteriormente, el término «ideología», tal y como ha sido utilizado por los políticos, se ha desarrollado en diversas direcciones. Obviamente, las ideologías políticas están formuladas y presentadas por individuos o grupos de individuos, pero ello requiere de la existencia de un grupo grande receptivo que las acepte y se nutra de ellas. En ciertos momentos, una ideología política aparecía como una doctrina sistemática y global que justificaba la intrusión en la sociedad y en las vidas personales de sus individuos en términos generales. En otros, aparecía para causar un cierto efecto en los procesos de los grandes grupos y, por supuesto, en las vidas de sus individuos, en zonas delimitadas de determinadas áreas geográficas. Por ejemplo, se suponía que el marxismo era una teoría universalmente aplicable, mientras que el kemalismo y el gaullismo se referían a las ideologías turcas y francesas, respectivamente.

Como indican los anteriores ejemplos, las ideologías políticas reciben a veces el nombre de las personas con las que se las asocia. En algunas ocasiones, aquellas personas interesadas en la ciencia política han recuperado figuras históricas para explicar ciertas ideologías del pasado o incluso del presente. Por ejemplo, el calvinismo, en cuanto ideología política, se basó en el sistema teológico de Juan Calvino (1509-1564). También muchas ideologías políticas tienen orígenes que emergen, directa o indirectamente, de creencias religiosas sobre la moralidad humana y los derechos de las personas en tanto que las vinculan al poder divino (Thompson, 1980; Vasquez, 1986). Pero esto no sucede siempre así. El marxismo, por ejemplo, no es una ideología contaminada por el elemento religioso. De hecho, para el marxismo, el término «ideología» tiene una connotación negativa, dado que se percibe a sí mismo como un reflejo de la naturaleza humana. Por consiguiente, para los seguidores del marxismo, «la ideología solo es necesaria bajo determinadas condiciones sociales (especialmente en el feudalismo y el capitalismo) y [...], con la venida del comunismo, el velo de la ideología se rasgará: la sociedad y la humanidad serán finalmente percibidas tal como son en realidad» (Scrutton, 1982, p. 213). Sin embargo, para el resto del mundo, para los no seguidores del marxismo, esta es una ideología política.

Obviamente, hay numerosos «ismos» en la ciencia política que no hacen referencia a un nombre individual, sino que describen movimientos ideológicos universales o regionales y que acaban siendo las fuerzas directrices de ciertos programas y acciones políticas. Además del feudalismo, del capitalismo y del comunismo, que han sido mencionados anteriormente, hay otro tipo de ejemplos, como el monarquismo, el centralismo, el universalismo, el aislacionismo, el helenismo, el sionismo, el panislamismo, el panturanismo (*Turan* significa la tierra del pueblo turco), el nazismo y, por supuesto, los más comunes, el conservadurismo y el liberalismo.

Hay psicoanalistas que han escrito psicobiografías de ciertos líderes sociales y políticos, como Adolf Hitler, quien desarrolló su propia ideología y práctica política bajo la influencia de ciertas ideologías. Habitualmente, estos escritores psicoanalistas ponen el énfasis en la comprensión de las motivaciones internas de estos líderes en el desarrollo o en la práctica de ideologías específicas. Por ejemplo, en el detallado estudio psicobiográfico de la vida de Kemal Atatürk (1800-1938), el fundador de la Turquía moderna, obra que escribí en colaboración con el historiador Norman Itzkowitz (Volkan e Itzkowitz, 1984), nos centramos, principalmente, en el mundo interno del líder. Describimos cómo el líder turco desplazó sus primitivas imágenes de su afligida madre (la mujer había perdido a cuatro hijos y a su marido) sobre el duelo de su país (tras las pérdidas de la guerra de los Balcanes y de la Primera Guerra Mundial) en un esfuerzo por reparar el duelo nacional. El kemalismo, en cuanto ideología política regional, fue uno de los principales aspectos del intento de resolver el duelo madre-nación de Atatürk. Y aunque hicimos referencia al trauma masivo compartido por los turcos durante las guerras, a la pérdida de su imperio y a los sentimientos de impotencia y de humillación, no examinamos de forma detallada los procesos propios del grupo grande al crearse la atmósfera que llevó a la mayoría del pueblo a aceptar el kemalismo y la drástica revolución política y cultural de la Turquía moderna. Nuestra concentración en los procesos del grupo grande que experimentaban un trauma masivo compartido se dio más adelante, cuando examinamos la milenaria relación entre turcos y griegos (Volkan e Itzkowitz, 1994). En este último estudio comenzamos a observar, de forma más clara, cómo la imagen compartida del trauma de los antepasados generada por los Otros (los enemigos) podía acabar convirtiéndose en un factor central en el desarrollo de las ideologías políticas que sostienen los programas sádicos y/o masoquistas, o las acciones en nombre de una compartida y exagerada idea del derecho. Junto con el historiador y psicoanalista Peter Loewenberg (1991, 1995), estudié este fenómeno y acuñamos el término «ideología de la reivindicación».

Loewenberg apuntó al enlace crucial entre el trauma compartido y los procesos históricos dominados por sádicas actividades colectivas cuando escribió sobre la Reforma protestante. Señala que «[ello] fue un trauma de enormes proporciones [...] cuyas consecuencias duran siglos hasta encontrar un nuevo equilibrio seguro. Una respuesta de la religión, la cultura y la política europeas ante estos traumas fue una nueva devoción, la flagelación, la práctica generalizada de la tortura y epidemias de posesión demoníaca, que se apoderaron por primera vez de los grupos a finales del siglo XV» (p. 515).

Loewenberg describió el desarrollo del proceso del grupo grande y, en cierto sentido, el de la ideología de ese grupo grande que permitió que el obispo de Wurzburgo matara a novecientas personas y el de Bamberg a más de seiscientas. Mientras tanto, en Saboya, ochocientas fueron quemadas en un festival. Nos recordó que en este contexto, el de 1514, trescientas personas fueron ejecutadas en la pequeña diócesis de Como.

Obviamente, a lo largo de la historia ha habido muchas matanzas masivas. Al examinar el concepto de la ideología de la reivindicación, mi interés se centra en estas tragedias que tienen un vínculo directo con la representación mental compartida del trauma de los antepasados. El concepto de *trauma designado* ilumina el enlace entre el trauma de grandes proporciones a manos del Otro y los trágicos sucesos que tienen lugar cientos de años después. Es por esto que propongo la hipótesis de que la reactivación de un trauma designado prepara a la sociedad para reactivar también la ideología de la reivindicación.

En un marco clínico, siguiendo a Levin (1970), podemos observar tres tipos de actitudes en relación con la reivindicación de derechos por parte de nuestros pacientes; a saber: a) actitudes de reivindicación normal, b) actitudes de reivindicación restringida o limitada y c) actitudes de reivindicación exagerada. Kriegman (1988), refiriéndose a las reivindicaciones exageradas, escribió que «una persona puede creer que tiene privilegios especiales que reivindicar porque durante su infancia o niñez fue víctima inocente de determinados hechos» (p. 7). De forma similar, los grupos grandes desarrollan reivindicaciones exageradas porque sus componentes sienten que sus antepasados sufrieron a consecuencia de las acciones generadas por el Otro.

Las *ideologías* de la reivindicación hacen referencia al sentimiento compartido de tener el derecho a recuperar lo que en la realidad y en la fantasía se perdió durante el trauma colectivo que evolucionó como trauma designado y durante otros traumas compartidos relacionados con él. O hacen referencia al nacimiento mitológico mitificado de su grupo grande, un proceso que las generaciones posteriores idealizan. Estas niegan las dificultades y las pérdidas ocurridas durante el trauma e imaginan su grupo grande como si estuviera formado por personas pertenecientes a una especie superior, cuyos derechos reivindican. Permanecer vinculados a una ideología de la reivindicación de derechos refleja, sobre todo, una complicación en el duelo de ese grupo grande, tanto un intento de negar las pérdidas como el deseo de recuperarlas, una reorganización narcisista acompañada por un prejuicio negativo hacia el Otro. Dado que una ideología de la reivindicación en concreto se convierte en una marca específica del grupo grande, este, paradójicamente, puede experimentar ansiedad si aparece la posibilidad de un proceso histórico que le lleve a finalizar ese inacabable proceso de duelo del grupo grande.

Cada ideología de la reivindicación es específica de un grupo grande y se la reconoce con un nombre concreto. Lo que los italianos llaman «irredentismo» (vinculado a la idea de una *Italia irredenta*) o lo que los griegos llaman *«Megalo Idea»* (Gran Idea) son ejemplos de ideologías de la reivindicación. El irredentismo acabó siendo un término político tras la reivindicación por parte del movimiento nacionalista italiano de anexionarse unas tierras que recibían el nombre de *Italia irredenta* y que eran áreas habitadas por una mayoría étnica italiana, pero bajo la jurisdicción austríaca tras 1866. La *Megalo Idea* hacía referencia a una ideología de la reivindicación política específica por la que se pedía la reunificación de todos los griegos del antiguo Imperio bizantino. La *Megalo Idea* tuvo un papel significativo en la política griega, así como en la vida social y religiosa, puesto que la Iglesia ortodoxa griega fue decisiva para mantenerla viva y activa. El «panturanismo» de los turcos (la unión de todos los turcos desde Anatolia hasta Asia central), el «cristoeslavismo» de los serbios (Sells, 2002) y lo que los religiosos islamistas extremistas llaman, hoy en día, «el regreso del Imperio islámico» son otros ejemplos de las ideologías de la reivindicación. La misma ideología actual de los estadounidenses, a la que llaman «excepcionalismo americano», se exacerbó tras los hechos del 11 de septiembre de 2001 (Hollander, 2010).

En el siguiente capítulo aportaré detallados ejemplos de cómo evolucionó un trauma designado asociado a una ideología de la reivindicación y cómo influyó en los procesos sociales y políticos.

4. Las cruzadas, la caída de Constantinopla y la «Megalo Idea»

El historiador Norman Itzkowitz y yo mismo estudiamos extensivamente cómo durante cientos de años algunos grupos grandes de cristianos habían reaccionado a la caída de Constantinopla ante los turcos en 1453 y cómo la representación mental de ese hecho culminó en el desarrollo de una determinada ideología de la reivindicación, que se denominó la «*Megalo Idea*» (Volkan e Itzkovitz, 1993-1994). Este capítulo se basa en este estudio conjunto.

En 1071, el sultán Alp Arslan («León Heroico»), líder turco selyúcida, derrotó a las fuerzas del emperador bizantino Romano IV Diógenes cerca de Manzikert, en Anatolia del este. En los siglos posteriores a la batalla de Manzikert, lo que fue Asia Menor, el corazón de la Turquía de hoy, fue haciéndose gradualmente turca. Poco después de esa batalla, un grupo de turcos selyúcidas tomaron la ciudad de Jerusalén, adelantándose a las cruzadas. Cuando los cruzados entraron en Jerusalén, la ciudad ya no estaba bajo el poder de los turcos, aunque la percepción de que los turcos eran ocupantes de este lugar sagrado perduró tanto para los cristianos como para sus enemigos. Y fue, sin embargo, la caída de Constantinopla a manos de los turcos, trescientos años después de la batalla de Manzikert, lo que se convirtió en el «trauma designado» más evidente para el mundo cristiano. Constantinopla fue conquistada por los sucesores de los turcos selyúcidas, los otomanos, el 29 de mayo de 1453. Históricamente, esto marcó el fin de una era y el inicio de otra en la que el Imperio cristiano de Bizancio fue reemplazado por el dominante Imperio otomano musulmán. Y como Constantinopla fue tomada un martes, los cristianos consideran desde entonces este día como no propicio. El sitio de Constantinopla ha sido entendido por los turcos como el reflejo del juicio divino sobre «el pecado de todos los cristianos» (Schwoebel, 1967, p. 14). En Europa, desde la Edad Media hasta el principio de los tiempos modernos, al recordar estos hechos históricos se tendía a despreciar las causas «reales» y a atribuir el desarrollo de la historia de la humanidad a los designios divinos. En cierta forma, esos sentimientos aparecieron también en Estados Unidos, incluso tras la tragedia del 11 de septiembre de 2001. Por ejemplo, algunos grupos fundamentalistas cristianos de Estados Unidos leyeron esta tragedia como un castigo divino por los actos pecaminosos de los homosexuales, las feministas y los libertarios civiles de su país (Volkan, 2004).

A pesar de su rechazo a ayudar a Constantinopla en la lucha contra los turcos, Roma recibió la noticia de la caída de Constantinopla como un mazazo, como algo increíble. La victoria de los turcos se vivió como una puñalada en el corazón de la cristiandad. El 12 de julio de 1453, Eneas Silvio Piccolomini, el futuro papa, escribió al papa Nicolás V, a quien le dijo que los turcos habían matado a Homero y a Platón por segunda vez (Schwoebel, 1967).

La pérdida de Constantinopla fue un trauma masivo que reabrió las heridas causadas por la caída de Jerusalén; el duelo por esta pérdida no pudo completarse o dejarse a un lado. Jerusalén había sido reconquistada y perdida de nuevo, pero la caída de Constantinopla solo generó sentimientos de impotencia, vergüenza y humillación. El deseo de superar este trauma se expresó en rumores que hablaban de la organización de una nueva cruzada. Estos rumores no se confirmaron, pero la idea persistió. Todos los cristianos de los territorios otomanos recitaban este estribillo: «De nuevo, con el tiempo, con los años, de nuevo serán nuestros», en un intento de negación de los cambios que habían sucedido y de superación de las pérdidas que dichos cambios engendraron. Esto fue la semilla de una ideología radical de derechos históricos que llegarían a ser formulados posteriormente (Young, 1969).

La negación también se manifestó de otras formas. Si se hubiera podido encontrar un vínculo continuo entre los turcos y los bizantinos, hubiera sido menos necesario que los bizantinos y otros cristianos sufrieran. Muchos occidentales se preocuparon, en ocasiones de forma mística, por ahondar en los antiguos orígenes de los turcos. Por ejemplo, Giovanni Maria Filelfo, un humanista, declaró que el joven sultán turco Mehmed II, que se apoderó de Constantinopla, era troyano. El alemán Félix Fabri estudió la posibilidad de que los turcos fuesen descendientes de Teucro, hijo del amigo griego de Hércules, Telamón, y de la princesa troyana Hesíone. Fabri no aseguró que Teucro concibiera a los turcos, pero sostuvo que descendieron de Turcus, hijo de Troya. (Las referencias de Giovanni Maria Filelfo se pueden encontrar en *Monumenta Hungariae*, XXIII, parte 1, n.° 9, pp. 308-309, 405 y 453, y las de Félix Fabri en *Evagatorium III*, pp. 236-239. Véase Schwoebel, 1967).

Mientras persistieron en estos esfuerzos pseudohistóricos para encontrar cierta continuidad entre ambas partes a fin de hacer tolerables la pérdida y la humillación, un intento en dirección contraria pretendió distanciarlas para que los bizantinos pudiesen mantener su identidad de grupo grande. Por este motivo se estereotipó a los turcos en Europa. Según Berkes (1975), el destino acabó engañando a los turcos con la caída de Constantinopla, una noción que quedó condensada con la representación mental de su conquista de Jerusalén (los turcos otomanos también conquistaron Jerusalén, como ya lo habían hecho los turcos selyúcidas). Los turcos se convirtieron, inconscientemente, en el blanco escogido de una estereotipación sistemática, pertinaz y negativa por parte de los europeos y de los historiadores occidentales. Berkes asegura que dichos historiadores no generaron ese tipo de estereotipos respecto a otros pueblos «extranjeros» como los chinos, los árabes o los japoneses. Por supuesto que, tras el 11 de septiembre de 2001, los árabes se han convertido en el blanco principal de la estereotipación en Estados Unidos. Efectivamente, tras esa tragedia el presidente George W. Bush se refirió a la representación mental de las cruzadas, haciendo resonar en el conflicto actual el «colapso temporal» del antiguo conflicto entre musulmanes y cristianos.

La obsesión con los turcos en cuanto conquistadores de Jerusalén y Constantinopla se fue globalizando a medida que los europeos iban descubriendo nuevas regiones del mundo, a las que colonizaban agresivamente. En 1539, por ejemplo, los aborígenes mexicanos formaron parte de una dramática puesta en escena que representaba la liberación de Jerusalén, ocupada por los turcos, gracias a los ejércitos del mundo católico, a los que se unieron los procedentes del Nuevo Mundo (Motolinia, 1953). Incluso ahora se sigue ofreciendo en México una variación de esta puesta en escena, si bien Turquía se encuentra en la otra punta del mundo (Harris, 1992). Esta estereotipación globalizada fue incorporada incluso en las viejas ediciones del Diccionario Webster, con la siguiente acepción del término *turco:* «el que exhibe cualquier cualidad atribuida a los turcos, como la sensualidad o la brutalidad». La referencia a la brutalidad es fácilmente comprensible en la medida en que las batallas son tan brutales como la que tuvo lugar cuando los turcos asaltaron Constantinopla. Itzkovitz y yo mismo (Volkan e Itzkowitz, 1994) tratamos de comprender también la referencia a la sensualidad. Supusimos que esto tenía mucho que ver con la imagen joven y viril de Mehmed II, cuya conquista se vivió como una «violación». En la poesía actual, Constantinopla, que posteriormente tomó el nombre de Estambul, todavía es utilizada como símbolo de la mujer descarriada y/o apenada (Halman, 1992).

Tras la guerra por la independencia (1821-1832), los griegos, herederos de Bizancio, se mantuvieron como «dolientes permanentes», incapaces de resolver la pérdida de Constantinopla. A medida que las generaciones se fueron sucediendo,

4. Las cruzadas, la caída de Constantinopla y la «Megalo Idea»

la caída de Constantinopla evolucionó como el principal trauma designado y eso influyó en el desarrollo de la «Megalo Idea», que cristalizó en el siglo XIX. Casi cuatro décadas después de su independencia del Imperio Otomano, la nueva identidad griega acabó siendo una mezcla de elementos helénicos —antiguos griegos precristianos— y bizantinos —griegos cristianos— (Herzfeld, 1986). La necesidad de retener los elementos culturales y religiosos bizantinos se articuló a través de las palabras de influyentes individuos como Spyridon Zamblios (1856, 1859) y Nikolaos G. Politis (1872, 1882). Mientras tanto, y tal como describe claramente Kritomilides (1990), para los griegos el proceso de desarrollo de una nación se basó en dos dimensiones: la primera, de tipo interno, consistió en el desarrollo paulatino de una nación en el seno del reino independiente de Grecia. La segunda fue externa y desarrolló la influencia de la «Megalo Idea» como punto de referencia para el nuevo Estado griego, que incluía a los griegos que vivían en el Imperio otomano, en lugares «considerados como partes integrales del patrimonio histórico del helenismo» (Kitromilides, 1990, p. 35). Su *Megalo Idea* es «el sueño compartido por los griegos de que algún día el Imperio bizantino volverá a ser restaurado y todos los territorios griegos formarán, definitivamente unidos, la Gran Grecia» (Markides, 1977, p. 10). Y para crear esa *Megalo Idea* y hacer de ella una de las motivaciones sociales cargadas emocionalmente de la política exterior griega, los griegos actuales rememoran la caída de Constantinopla.

No está en los objetivos de este capítulo la explicación completa de cómo afectó la *Megalo Idea* a la inmediata expansión del nuevo Estado griego y las guerras que generó. Obviamente, durante esas guerras y los conflictos subsiguientes miles de personas murieron o fueron heridas y las sociedades vivieron el terror, la carencia total de ayuda y un dolor y una aflicción terribles. También obviamente, no limito las causas de esas guerras solo a la influencia de la *Megalo Idea*. Simplemente quiero ilustrar aquí cómo una política que se sostiene excesivamente en derechos históricos acaba siendo el combustible de múltiples infiernos. Conozco bien uno de los conflictos más recientes entre griegos y turcos, que se activó con el combustible de la *Megalo Idea* en las postrimerías de la década de 1950 y a comienzos de la de 1960, esta vez en la isla de Chipre. El grecochipriota Markides (1977) escribió:

> Podemos argumentar que la «Gran Idea» tuvo una lógica interna que presionó para que se llevara a cabo en todos los rincones del mundo griego que seguían bajo dominio extranjero. Dado que los griegos de Chipre se han considerado, tanto histórica como culturalmente, griegos, la «Gran Idea» siempre ha tenido un intenso atractivo. En consecuencia, cuando los padres de la Iglesia apelaron a los chipriotas [los grecochipriotas] para luchar por la unión con Grecia, no tuvieron que hacer un gran esfuerzo para exaltar las emociones [...]. La enosis [la unificación de Chipre con Grecia] no se originó en la Iglesia, sino en la mente de los intelectuales en un deseo de revivir la civilización greco-bizantina. Pero al ser la más central y poderosa de las instituciones, la Iglesia contribuyó inmensamente a este desarrollo. La Iglesia abrazó este movimiento y, a efectos prácticos, se convirtió en su núcleo referencial. (pp. 10-11)

Parece, sin embargo, que desde que Grecia es miembro de la Unión Europea el impacto de la *Megalo Idea* ha perdido su fuerte atractivo en la política extranjera. No obstante, al grupo grande le resulta muy difícil olvidar la ideología política compartida que está asociada al trauma designado. Y ello se debe a que los aspectos conscientes e inconscientes de las tareas compartidas están incorporados a estos traumas designados, mencionados anteriormente. En abril de 2004, en Chipre tuvieron lugar dos referéndums. Tanto la parte griega como la turca votaron para aceptar o rechazar algún tipo de «reunificación». (Desde 1974, la isla ha estado dividida en la parte turca, al norte, y la griega, al sur). La parte griega votó masivamente en contra de la «reunificación». Según el plan de las Naciones Unidas, Chipre (ahora solo la parte griega) se convertiría en miembro de la Unión Europea el primero de mayo de 2004. En la *realpolitik* encontraríamos numerosas causas para que los grecochipriotas votasen «no». Pero su decisión estuvo también influida por la *Megalo Idea*. Antes del referéndum, la Iglesia ortodoxa griega de la isla predicó que, si un grecochipriota votaba «sí», podía ir al infierno. El «espejismo» de los grecochipriotas de poseer toda la isla (la *Megalo Idea*) prevaleció sobre la idea de una especie de «unión» con los turcochipriotas.

Mi deseo en este capítulo ha sido el de ilustrar, básicamente y desde el punto de vista histórico, las relaciones entre los traumas masivos de los antepasados del grupo grande y cómo ello va creando una atmósfera para el desarrollo de una exagerada ideología de la reivindicación. Debo repetir: de ninguna manera quisiera reducir las relaciones greco-turcas a la influencia de la *Megalo Idea*. No quisiera dar la impresión de que en las relaciones internacionales únicamente los hechos de una de las partes son los generadores del problema y de la violencia. Normalmente, las razones para la violencia provienen de los dos lados. Pero, para la finalidad de este capítulo, he puesto el acento sobre este tema, el del trauma provocado por el Otro y sus relaciones con una ideología.

Tras el estudio de los efectos duraderos de los traumas de los antepasados generados por el Otro, de los conceptos de trauma designado y de las ideologías de la reivindicación y de su significativa influencia en la definición de la identidad del grupo grande, pasaré a examinar, en el próximo capítulo, los procesos psicológicos y los movimientos sociales que siguen a los traumas masivos causados por un enemigo. Centraré mi atención en los grupos grandes traumatizados.

5. Los grupos grandes traumatizados, los movimientos sociales y las transmisiones transgeneracionales

Cuando se produce un desastre masivo, el impacto psicológico sobre aquellas personas que lo han vivido será expresado de tres formas diferentes. En un primer momento, muchos individuos sufrirán diversas manifestaciones de estrés postraumático. En segundo lugar, en todo el grupo grande afectado aparecerán nuevos procesos sociales y conductas compartidas. Y, posteriormente, las personas traumatizadas obligarán a sus descendientes, mayoritariamente de forma inconsciente, a resolver directamente las propias tareas psicológicas que, relacionadas con el trauma compartido, no acabaron de resolver las generaciones directamente afectadas por ello (transmisiones transgeneracionales). Este capítulo se centra en las dos últimas expresiones del impacto psicológico del desastre, particularmente en aquellas situaciones en las que el trauma compartido es causado por la mano del Otro.

Varios son los tipos de catástrofes compartidas. Muchas provienen de causas naturales, como pueden ser las tormentas tropicales, las riadas, las erupciones volcánicas, los incendios forestales, los terremotos o los tsunamis. Otras son desastres provocados accidentalmente por el hombre, como el de Chernóbil, que en 1986 lanzó toneladas de basura radioactiva a la atmósfera. También puede ser una catástrofe compartida la muerte de un líder o de una persona que para muchos de los individuos de un grupo grande funcionaba como «figura de transferencia», lo que provoca respuestas tanto individua-

113

les como colectivas, como sucedió en Estados Unidos con el asesinato de John F. Kennedy (Wolfenstein y Kliman, 1965) o el de Martin Luther King; con el de Isaac Rabin en Israel (Erlich, 1998; Raviv, Sadeh, Raviv, Silberstein y Diver, 2000; Moses-Hrushovski, 2000) o con la muerte de los astronautas y la profesora de instituto Christa McAuliffe en la explosión del transbordador Challenger en el año 1986 (Volkan, 1997). Los asesinatos de Giorgi Chanturia en la República de Georgia y el de Rafik Hariri en el Líbano también fueron traumáticos para sus grupos grandes. Hay numerosos ejemplos en muchos lugares del mundo. Otras experiencias compartidas de desastres se deben a las acciones deliberadas de algún grupo étnico, nacional, religioso o ideológico enemigo. Este tipo de catástrofes intencionadas conforman un abanico que va desde los ataques terroristas hasta el genocidio, y desde una reacción de pelea contra el enemigo por parte del grupo que ha sido traumatizado hasta una situación de pasividad y de absoluta indefensión.

A pesar de que pueden generar destrucciones masivas del entorno, así como dolor social, ansiedad y cambios, los desastres naturales o accidentales suelen diferenciarse de aquellos en los que la catástrofe tiene su origen en conflictos étnicos o en otro tipo de conflictos de grupo grande. Cuando la naturaleza muestra su furia y la población sufre, sus víctimas tienden, en último término, a aceptar el hecho como algo fatal o como producto de la voluntad divina (Lifton y Olson, 1976). Tras los desastres producidos accidentalmente por el hombre, los supervivientes pueden culpar a un número pequeño de personas o a las organizaciones gubernamentales por la falta de cuidado o de previsión; en todo caso y a pesar de todo, no existen Otros que tuvieran la *intencionalidad* de dañar a las víctimas. Sin embargo, cuando el trauma proviene de la guerra o de otro tipo de conflicto, que puede ser étnico, religioso, nacional o ideológico, hay un grupo identificable como enemigo que de forma deliberada causa en sus víctimas un gran daño, sufrimiento, impotencia y desamparo. Este tipo de trauma afecta a los elementos de la identidad de los grupos grandes de forma totalmente diferente a los efectos que tienen los desastres naturales o accidentales. A veces resulta difícil discriminar entre los diversos tipos de desastres. Por ejemplo, el gran terremoto que acaeció en Turquía en agosto de 1999 y que mató aproximadamente a veinte mil personas fue, obviamente, un desastre natural. Pero también es un ejemplo de una catástrofe humana accidental: muchas de las estructuras que se derrumbaron durante el terremoto no habían sido erigidas según los estándares de construcción apropiados. Es más, tras el seísmo, se supo que muchos constructores habían sobornado a ciertas autoridades locales para construir edificios más baratos e inseguros. A propósito de este suceso, de entre los efectos de ese terremoto adquiere gran interés el hecho de que el desastre estimuló cambios en sentimientos étnicos que hasta aquel momento permanecían estáticos. Tras el seísmo, muchos socorristas provenientes de varias naciones —entre ellos, los griegos— acudieron rápidamente a Turquía para ofrecer su ayuda. Al publicarse fotografías e historias de los equipos de salvamento griegos, los periódicos turcos ayudaron a ampliar la comprensión de los griegos en cuanto grupo grande, puesto que durante décadas habían sido percibidos generalmente como «enemigos». En efecto, solo pocos años antes del movimiento sísmico, turcos y griegos llegaron casi a entrar en guerra por la disputa de algunos peñones del mar Egeo (Kardak-Imia), cerca de la costa turca (Volkan, 1997). El desastre turco y el terremoto en Grecia al mes siguiente consiguieron, en realidad, que se iniciase una nueva relación entre las dos naciones —actualmente conocida en muchos círculos diplomáticos como «la diplomacia del terremoto».

Un estudio que comparaba la población de armenios directamente afectada por el terremoto de 1988 con la de los armenios traumatizados a consecuencia del conflicto étnico entre armenios y azerbaiyanos durante el mismo año concluyó que, tras dieciocho meses y, posteriormente, tras cincuenta y cuatro meses, no había diferencias individuales significativas en «la severidad del cuadro de TEPT (trastorno de estrés postraumático) [...] entre las personas expuestas al trauma a causa del terremoto y las expuestas a situaciones de violencia severa» (Goenjian *et al.*, 2000, p. 911). Estos estudios estadísticos que miden las manifestaciones observables de los efectos perdurables de un trauma (ansiedad, depresión u otros signos de estrés postraumático) pueden ser, no obstante, engañosos, puesto que no nos proporcionan mucha información sobre lo que sucede en las mentes de las personas o en los ocultos procesos psicológicos internos; la aparente uniformidad sintomatológica puede ocultar significativas diferencias cualitativas. Es más, estos estudios no nos dicen nada acerca de los procesos sociales que pueden provenir de las catástrofes y de sus efectos a largo plazo. Por ejemplo, el hecho de que, tras el terremoto, muchos armenios heridos rechazaran las donaciones de sangre provenientes de los azerbaiyanos indica que la tragedia tuvo, en efecto, importantes sentimientos étnicos, como el de la resistencia a «mezclar la sangre» con la del enemigo, uno de los símbolos de la identidad del grupo grande.

Todos los desastres masivos tienen repercusiones psicológicas más allá de las que presentan los individuos con estrés postraumático. En efecto, desde hace tiempo se sabe que los desastres, sean naturales o provocados por el hombre, evocan respuestas sociales diversas. Si, a pesar de todo, el «tejido» de la comunidad (Erikson, 1975) no se rompe, la sociedad se recupera finalmente, lo que Williams y Parkes (1975) refieren como el proceso de «regeneración biosocial» (p. 304). Por ejemplo, durante los cinco años posteriores a las muertes de ciento dieciséis niños y veintiocho adultos, provocadas por una avalancha de escoria de carbón en la localidad de Aberfan, en Gales (1966), hubo un incremento de la tasa de natalidad entre mujeres que no habían perdido ningún hijo.

El impacto de algunos desastres provocados accidentalmente por el hombre es mucho más amplio. De nuevo, el accidente nuclear de Chernóbil —que generó al menos ocho mil muertos, incluidas las treinta y una personas que fallecieron al instante— nos aporta un ejemplo representativo. La ansiedad por la contaminación radiactiva duró varios años, y con razón. Pero estos temores ejercieron un considerable impacto en la estructura social de las comunidades, dentro y fuera de Chernóbil. Por ejemplo, miles de personas de la vecina Bielorrusia se consideraron contaminadas por la radiación y no desearon tener hijos por temor a que nacieran con defectos congénitos. En consecuencia, las normas existentes para encontrar pareja, casarse y planear una familia se vieron significativamente alteradas. A menudo, aquellos que habían tenido hijos estaban muy ansiosos por si algo «malo» pudiera aparecer en la salud de los niños. En este caso, en vez de activarse la «regeneración biosocial», la sociedad reaccionó de una forma que podríamos denominar «degeneración biosocial».

Las «regeneraciones o degeneraciones biosociales» son observables también tras los desastres debidos a enfrentamientos, por razones de etnia u otras cualesquiera, entre grupos grandes hostiles entre sí. Algo así como una «regeneración biosocial» *indirecta* ocurrió entre los turcochipriotas durante el sexenio (1963-1968) en el que se vieron forzados por los grecochipriotas a vivir en enclaves étnicos, que ocupaban solo el 3 % de la isla, en condiciones infrahumanas. A pesar de que fueron masivamente traumatizados, su «columna vertebral» no se quebró, ya que mantenían la esperanza de que la madre patria, Turquía, acudiría en su ayuda. En lugar de dar a luz a un creciente número de niños —como sucedió con los habitantes de Aberfan—, criaron cientos y cientos de periquitos enjaulados (estas aves no son nativas de Chipre) que representaban a los «prisioneros» turcochipriotas. Mientras los pájaros cantaban y se reproducían, la ansiedad de los turcochipriotas permanecía bajo control (Volkan, 1979a). El arte y la literatura que provienen de la tragedia de Hiroshima (Lifton, 1968) pueden ser considerados como una forma simbólica de regeneración biosocial.

Sin embargo, en el caso de Hiroshima, la sociedad exhibió una «degeneración biosocial» y mostró «marcas de muerte» durante décadas tras la catástrofe. De hecho, la «columna vertebral» de la sociedad se quebró y la regeneración biosocial solo podía ser limitada y esporádica.

Aunque los grandes desastres pueden en ocasiones clasificarse en diversas categorías a la vez, y pese a que los síntomas postraumáticos individualizados pueden parecerse incluso cuando obedecen a diversos tipos de trauma masivo, sigue siendo útil considerar una tipología de las catástrofes, porque aquellas que provienen de conflictos étnicos, nacionales, religiosos o ideológicos —como las guerras, las situaciones bélicas y el terrorismo— son las únicas que pueden desencadenar problemas de identidad específicos del grupo grande, así como procesos en la identidad del grupo grande que durarán años o décadas, como he descrito en los capítulos anteriores.

Cuando el conflicto de un grupo grande con el Otro se exacerba, los lazos entre las personas que pertenecen al mismo grupo grande se fortalecen. Se produce un giro en el investimiento de la identidad del grupo grande por parte de sus miembros; bajo condiciones estresantes, la identidad del grupo grande puede llegar a reemplazar a la individual. Este cambio intensifica los rituales de diferenciación de un grupo respecto al otro. Cuando el conflicto entre ambos se caldea y ya es un conflicto caliente, las relaciones entre las personas de dos grupos grandes contrarios llegan a verse absolutamente regidas por dos principios obligatorios:

1. el mantenimiento, a toda costa, de la *frontera psicológica* entre los dos grupos grandes;
2. manteniendo separada, sea como sea, la identidad del grupo grande con respecto a la identidad del enemigo.

Cuando hay ansiedad y regresión en el seno de grupos grandes vecinos que se encuentran en conflicto, los límites físicos solo son útiles cuando representan un límite psicológico suficiente. A la frontera física se la percibe como una clara separación entre dos grupos grandes, lo que permite la ilusión de una brecha libre de contaminación entre ellos. Esta brecha también estabiliza las externalizaciones y las proyecciones de un grupo grande sobre el otro.

En el siguiente ejemplo, podemos apreciar tanto la creación de una simbólica frontera psicológica como el modo en que un grupo dado protegió su identidad para evitar que se contaminara con la identidad del grupo grande del Otro. Tras la llegada del ejército turco a Chipre y la división de la isla en dos partes (1974), la turca al norte y la griega al sur, los turcochipriotas que huían del sur se instalaron en las casas grecochipriotas situadas en las aldeas abandonadas por los griegos que habían escapado hacia el sur. Durante el primer invierno que siguió a esas masivas migraciones forzosas, las autoridades turcas proporcionaron mantas para los nuevos colonos turcos. Inexplicablemente, los nuevos colonos turcochipriotas comenzaron pronto a *quemar las mantas,* a pesar del hecho de que, lógicamente, las necesitaban como abrigo.

El examen de dichas acciones reveló que, como los turcochipriotas creían que las mantas estaban hechas a partir de los tejidos que habían dejado atrás los grecochipriotas, inconscientemente, aquellos no deseaban que las imágenes simbólicas de sus enemigos tocaran sus cuerpos. Esa fue su principal razón psicológica para quemar las mantas, además de los sentimientos de culpa por habitar las casas vacías del enemigo.

Cuando los grupos grandes no son «iguales» y hay una frontera psicológica firmemente establecida, cada uno de ellos puede proyectar de forma más efectiva aquellos aspectos no deseados de sí mismo sobre el enemigo, al que, en ocasiones, llega incluso a «deshumanizarlo» en grados diversos (Bernard, Ottenberg y Redl, 1973). Sin embargo, una vez que la fase aguda de la catástrofe llega a su fin, estos dos principios pueden permanecer latentes durante décadas o años, dispuestos a activarse. Cualquier cosa que pueda molestarles genera una ansiedad masiva y el grupo grande puede sentirse con el derecho de hacer cualquier cosa que preserve los principios de la diferenciación absoluta, lo que a su vez protege a su propia identidad. Así pues, las interacciones hostiles se perpetúan. Cuando un grupo grande victimiza a otro, aquellos que se sienten traumatizados no tienden a recurrir al «destino o a la «voluntad divina» para entender y asimilar los efectos de la tragedia, a diferencia de lo que sucede en los casos de desastres naturales. Por el contrario, pueden experimentar un creciente sentimiento de rabia y creerse con el derecho de tomar venganza. Si las circunstancias no les permiten expresar su rabia, esta puede transformarse en una «rabia impotente» —el sentimiento de victimismo une a los miembros del grupo e incrementa el sentimiento del «nosotros»—. Vemos los trágicos resultados de este círculo a lo largo y ancho del mundo.

Un grupo grande traumatizado a causa del Otro necesita aferrarse a sus costumbres culturales y sociales tradicionales a fin de proteger y mantener su identidad de grupo grande, así como de diferenciarla de la identidad de grupo grande de su enemigo. Sin embargo, puesto que los miembros del grupo grande están desamparados, humillados y enojados y sufren por un duelo complicado debido a diversos tipos de pérdida, las costumbres culturales y sociales tradicionales, intensificadas o reactivadas, no presentan el mismo aspecto que las originales; se encuentran ahora vinculadas a la agresión dirigida hacia el interior y se exageran algunos de sus aspectos. Esta situación puede, a su vez, propiciar cambios en las costumbres sociales.

A comienzos de la década de 1990, tras la caída de la Unión Soviética y el establecimiento de la República de Georgia, tuvieron lugar combates cruentos entre los georgianos étnicos y los surosetios étnicos que vivían dentro de los límites políticos y legales de la República de Georgia. De hecho, los surosetios declararon su propio «Estado independiente». Durante cinco años estudié los cambios sociales en Osetia del Sur, labor emprendida cuatro años después de la guerra (Volkan, 2006a, 2013). Supe que, desde la guerra, el equilibrio de género de la fuerza laboral había cambiado drásticamente en Osetia del Sur debido a que muchos hombres se habían marchado en busca de trabajo, por lo general a diversas partes de la Federación Rusa. Las mujeres tenían que trabajar fuera del hogar a fin de ganar lo suficiente para alimentar a sus hijos y a ellas mismas; así, por ejemplo, abrían puestos en el mercado. Sin embargo, según la tradición, la mujer que trabajaba con el público era considerada una «libertina». A su regreso, algunos de los maridos abusaron físicamente de sus esposas.

Hubo otro cambio social, de carácter trágico, también vinculado a cuestiones de género y relacionado directamente con una costumbre social reactivada. La cultura tradicional de Osetia del Sur incluía el ritual de un joven que «raptaba» a una muchacha —con el conocimiento de las familias— para posteriormente casarse con ella. Tras la brutal guerra y la consiguiente conmoción política y económica a fines de la década de 1990 y a comienzos de la de 2000, el tradicional «rapto» reapareció, de una forma más siniestra. Los «raptos» se volvieron más aleatorios y agresivos, y a menudo implicaban violación; la mayoría de las veces no acababan en matrimonio. Cuando entrevisté a varios jóvenes y a sus familias, descubrí que tanto los chicos como las chicas creaban esos grandes problemas emocionales y realistas para ellos y para sus familias con el deseo de ser «auténticos» surosetios. Debido a la disfunción social y a la ruina económica de la zona, muchas jóvenes se dedicaron asimismo a la prostitución. Eso puso a su vez en marcha un nuevo fenómeno cultural: los hombres empezaron a casarse con mujeres cada vez más jóvenes. En el seno de una cultura en la que la virginidad de la novia era fundamental, la idea era que cuanto más joven era la novia, mayores eran las posibilidades de que conservara su condición virginal.

Los siguientes ejemplos de cambio social provienen de Kuwait, tres años después de su liberación en febrero de 1991.

121

W. Nathaniel Howell, embajador de Estados Unidos en Kuwait, mantuvo abierta la embajada a lo largo de siete meses durante la ocupación iraquí de la ciudad de Kuwait. Bajo su dirección, un equipo del Center for the Study of Mind and Human Interaction (CSMHI) realizó tres visitas diagnósticas a Kuwait en 1993. Entrevistamos a más de ciento cincuenta personas, procedentes de diversos niveles sociales y pertenecientes a diferentes grupos de edad, para conocer cómo quedaba plasmada en su mundo interno la representación mental del desastre compartido. La técnica empleada se basaba en entrevistas psicoanalíticas clínico-diagnósticas en las que el analista «atendía» a los conflictos internos de estas personas, a sus defensas y mecanismos adaptativos. A medida que las personas aportaban fantasías y sueños, ese material se añadía a la comprensión por parte del entrevistador del mundo interno del entrevistado. Como puede imaginarse con facilidad, detectamos que muchos kuwaitíes padecían un problema de estrés postraumático no diagnosticado. Sin embargo, en esas entrevistas nuestro principal objetivo no era tanto un diagnóstico individual como el descubrimiento de cambios en las convenciones y en los procesos sociales. Una vez reunidos los datos procedentes de esas entrevistas, buscamos aquellos aspectos comunes que nos indicaran percepciones compartidas, expectativas y mecanismos de defensa frente a los conflictos creados por los hechos traumáticos (Howell, 1993, 1995; Saathoff, 1995-1996; Volkan, 1997, 2013).

Tres años después de la expulsión de Kuwait de las fuerzas de Saddam Hussein, observamos que los kuwaitíes jóvenes se mostraban indecisos con respecto al casamiento. Quienes estaban comprometidos empezaban a posponer su matrimonio. Esa situación implicaba un cambio en una costumbre cultural y social tradicional, muy arraigada en Kuwait. Nos preguntábamos por el motivo.

Muchas de las personas a las que mis colegas y yo entrevistamos en Kuwait tres años después de la liberación nos contaron el mismo chiste sobre los «estúpidos» iraquíes, que no sabían diferenciar los animales, especialmente entre los que se pueden comer y los que no. Según el chiste, los iraquíes abren las jaulas del zoológico de la ciudad de Kuwait y comen animales no comestibles. La primera vez que oí este chiste yo ignoraba aún la historia sobre cómo los soldados invasores procedentes de Iraq habían enjaulado a una mujer kuwaití.

He aquí el relato de dicha historia por parte de un testigo ocular, un kuwaití que era miembro de una fuerza de resistencia:

> El 26 de febrero, con la liberación, nos contaron que los iraquíes habían llevado a una mujer kuwaití al parque zoológico. Como eran tantas las historias que surgían en medio del caos, era difícil saberlo con certeza. Sin embargo, seguimos oyendo esta historia una y otra vez. Cuatro días después fuimos al zoológico. Jamás olvidaré lo que vi allí: una mujer desnuda encerrada en una jaula. Seguía con vida, pese a que estaba tan magullada que me resulta imposible describir su cuerpo.
>
> En la jaula, la mujer se comportaba como un animal: recorría el espacio a gatas, como desquiciada. En un intento por calmarla, le dije: «Mira, ya somos libres. Hemos venido a ayudarte». Dejé mi rifle en el suelo para demostrarle que no pretendía hacerle daño, pero ella se agitó todavía más. No había modo de calmarla. Estaba cada vez más enojada y alterada; se comportaba como un animal. Hablé con mi capitán y acordamos que no podíamos dejarla salir de la jaula dado que no estaba en su sano juicio. Decidimos esperar con ella hasta que llegaran las personas adecuadas para conducirla a un hospital psiquiátrico. El recuerdo de estos hechos aún me perturba terriblemente. No puedo quitármelos de la mente.

Cuando me enteré de esta historia, llegué a la conclusión de que el horrible destino de esa mujer y la incapacidad de los iraquíes para distinguir entre un ser humano y un animal estimularon el contenido del popular chiste. La gente conocía la historia de la mujer en la jaula, pero tenía dificultades para hablar abiertamente sobre eso. La vergüenza y la ansiedad con respecto a lo acontecido en el zoológico quedaban disimuladas gracias al argumento de ese chiste, revirtiendo así el horror y transformándolo en risa.

En 1993 y 1994, nuestras entrevistas revelaron que la idea de una mujer kuwaití que había sufrido abusos sexuales inconcebibles, sumada a muchas otras historias horrorosas sobre mujeres violadas —se contaba incluso que algunos muchachos kuwaitíes fueron obligados a punta de pistola a tener relaciones sexuales con sus hermanas mientras los iraquíes observaban—, había creado una «realidad psíquica» compartida. Según esa «verdad psíquica», todas las mujeres kuwaitíes, especialmente las de las generaciones más jóvenes, estaban *inconscientemente* mancilladas. Esa «realidad» inconsciente se había generalizado y establecido en la mente de los hombres kuwaitíes musulmanes. Por ese motivo, muchos jóvenes kuwaitíes hablaban abiertamente de posponer sus casamientos. Observé que eso se debía a la «realidad psíquica» inconsciente según la cual todas las mujeres jóvenes de Kuwait ya no podían ser vírgenes. De acuerdo con la costumbre sociocultural, los musulmanes jóvenes de Kuwait no consideraban el matrimonio con una joven mancillada. Los hombres kuwaitíes necesitaban aferrarse a la identidad de su grupo grande.

Descubrimos otras expresiones de cambios sociales en Kuwait tras la liberación, cambios que no están directamente relacionados con el aferramiento a la identidad del grupo grande, sino con el trauma generado por el Otro. Durante la invasión y la ocupación, muchos padres kuwaitíes fueron humillados ante sus hijos por soldados iraquíes que, en ocasiones, les escupieron, les pegaron o, cuando menos, les hicieron sentirse impotentes ante los ojos de sus propios hijos. En aquellos casos en los que la tortura y la humillación no se produjeron ante la vista de sus hijos, los padres a menudo prefirieron ocultar lo que les había sucedido. Sin ser necesariamente conscientes de ello, los padres comenzaron a distanciarse de determinadas interacciones emocionales cruciales con sus hijos, especialmente con los hijos varones, a fin de ocultar o de negar su sentimiento de vergüenza. Sin embargo, la mayoría de los niños y adolescentes «sabían» lo que les había ocurrido a sus padres, independientemente de si habían presenciado personalmente esos hechos o no.

En la ciudad de Kuwait, muchas escuelas fueron utilizadas como cámaras de tortura durante la ocupación iraquí. Sin embargo, cuando visité la ciudad durante el desarrollo de este proyecto, me resultó difícil creer, al ver las escuelas y otros edificios, que allí hubiese sucedido aquella catástrofe tan solo tres años antes. Si exceptuamos algunos pocos edificios con marcas de balas que se habían dejado de forma intencionada como «recordatorios», el resto de la ciudad aparecía completamente renovada. Los adultos no hablaban a sus hijos de lo que había sucedido en las escuelas durante la invasión, aunque los niños lo sabían. Cuando volvieron a sus escuelas ya restauradas, ese «secreto» causó, lógicamente, bastantes problemas psicológicos. Los más jóvenes —por supuesto, sin conocer el porqué— comenzaron a identificarse con Saddam Hussein, en vez de hacerlo con sus propios padres. Por contar un ejemplo revelador, en una escuela elemental representaban la historia de la invasión iraquí y los niños aplaudían de forma muy evidente al joven que representaba el papel de Saddam Hussein (Saathoff, 1996). La «identificación con el agresor» es el término psicoanalítico correspondiente a la etapa en la que el hijo se identifica con el progenitor de su mismo sexo, con quien mantiene una competición por el afecto del progenitor del otro sexo (A. Freud, 1936). En la infancia, este proceso resulta en el desarrollo emocional del chaval. Un niño, por ejemplo, a través de la identificación con su padre, a quien percibe como «agresor», lleva a cabo en sí mismo una especie de iniciación a la hombría. Sin embargo, en otras situaciones, como en el caso de muchos niños kuwaitíes que están en la escuela elemental, la identificación con el agresor —en este caso, Saddam Hussein— puede generar problemas.

Consecuentemente, la reiteración del escenario del «padre distante» en las familias kuwaitíes pone en movimiento nuevos procesos en esta sociedad. Muchos chicos que necesitaban identificarse con sus padres para poder desarrollar su propia masculinidad no respondían adecuadamente a la distancia que existía con estos —con el resultado, por ejemplo, de la formación de pandillas entre adolescentes—. Frustrados por padres (y madres) distantes y humillados, que no querían hablar a sus hijos sobre los traumas de la invasión, los chavales se vinculaban entre sí y expresaban su frustración a través de las pandillas. Por supuesto que cierto grado de pertenencia a una «pandilla» es normal en la transición adolescente, en el que los jóvenes pierden sus lazos internos que los vinculan a personas importantes de su infancia y amplían sus vidas sociales e internas a través del proceso de investimiento de «nuevas» imágenes objetales, así como los miembros de su propio grupo de iguales. Sin embargo, en el curso normal de los hechos, esta «segunda individuación» (Blos, 1979) mantiene una continuidad interna con aquellos elementos en los que se han investido cargas emocionales y simbólicas a lo largo de la infancia. Por ejemplo, el «nuevo» investimiento de la imagen de una estrella de cine está inconscientemente conectado con el «viejo» investimiento de la imagen de la madre edípica; o un «nuevo» investimiento de un amigo sigue estando en cierto modo conectado con la «vieja» imagen de un hermano u otro pariente cercano. Las imágenes de padres humillados e impotentes complicaron necesariamente la relación inconsciente entre el «nuevo» y el «viejo» investimiento de los jóvenes kuwaitíes Ciertamente, como hemos constatado en otras situaciones, cuando muchos padres han quedado afectados por una catástrofe ocasionada por Otros, las pandillas adolescentes que se forman tras la fase aguda del trauma compartido tienden a ser más patológicas. En Kuwait, las nuevas pandillas estuvieron muy implicadas en el robo de coches —un nuevo proceso social que alude a la emergencia de un tipo de delito que esencialmente no había existido previamente a la invasión de Kuwait.

Basándonos en nuestra investigación, el equipo del CSMHI sugirió a las autoridades kuwaitíes una serie de estrategias políticas y educativas para ayudar a su sociedad no solo a realizar el duelo por las pérdidas y los cambios, sino también a hablar abiertamente sobre las vivencias de impotencia y humillación durante la ocupación, de forma que se pudieran subsanar las rupturas entre las generaciones, así como entre los subgrupos de la sociedad kuwaití —por ejemplo, entre aquellos que directamente pelearon contra los iraquíes y los que escaparon de Kuwait y volvieron cuando se acabó la invasión—. Sin embargo, cuando, con mucha delicadeza, presentamos a las autoridades nuestros descubrimientos sobre los niños y adolescentes, la financiación kuwaití para el proyecto se frenó de forma brusca. Al parecer, por razones políticas, era preferible mantener la negación colectiva antes que reabrir sistemática y terapéuticamente las «heridas» psicológicas de los kuwaitíes, lo que hubiera podido favorecer una adaptación más adecuada. Asimismo, me di cuenta de que el creciente investimiento narcisista de los kuwaitíes en su identidad de grupo grande hacía que les resultara difícil recibir «sugerencias» por parte de un equipo extranjero. Aunque no hemos realizado observaciones directas relacionadas con los resultados de estos cambios sociales en Kuwait en el transcurso de los años, en mi libro *Enemies on the Couch* (Volkan, 2013) aparecen algunas observaciones sobre el Kuwait actual.

Creo que las ONG —y todos aquellos psiquiatras, psicólogos, trabajadores sociales y, en ocasiones, psicoanalistas extranjeros asociados a estas organizaciones— pueden mitigar los cambios sociales inadaptados que se encuentran directamente relacionados con cuestiones de identidad del grupo grande y/o los acontecimientos traumáticos ocasionados por las actividades del enemigo si ayudan a los trabajadores de la salud mental oriundos del país en el que desarrollan sus actuaciones a mejorar sus capacidades asistenciales de dos formas. En primer lugar, pueden enseñar a estos cuidadores locales a través de conferencias, seminarios y talleres. Durante el trabajo del CSMHI en sociedades traumatizadas por hechos sangrientos, como las del norte de Chipre, Kuwait, la antigua Yugoslavia y la República de Georgia, concluí que las ONG eran de mucha utilidad cuando dirigían su atención a los trabajadores de la salud mental oriundos del lugar y les aportaban este tipo de ayuda intelectual, de asesoramiento y de supervisión. Realmente no es una tarea fácil, ya que en una determinada área en crisis puede haber solo algunos psiquiatras, psicólogos o profesionales similares que hayan recibido la capacitación necesaria, o incluso ninguno.

Pero aportar ese apoyo intelectual no es suficiente. Propongo que, para que la ayuda sea verdaderamente útil, los trabajadores extranjeros del sector de la salud mental, especialmente aquellos que puedan ofrecer *insights* psicodinámicos, deben considerar una segunda opción, simultánea a la anterior, una opción que con frecuencia se evita en la mayoría de las áreas afectadas: los expertos foráneos deben prestar atención, en primer lugar, a las propias necesidades psicológicas de los trabajadores de la salud mental oriundos del lugar. Sin abordar la resolución de sus propios conflictos internos vinculados al conflicto de su grupo grande, los trabajadores del lugar no se van a encontrar suficientemente capacitados para ayudar a su gente, a pesar de la alta calidad de las consultas o de las supervisiones que reciban por parte de los trabajadores extranjeros.

Me reuní con una psiquiatra bosnia que, habiendo sobrevivido al sitio de Sarajevo en 1993, se sintió totalmente «paralizada» en su trabajo al tratar a la población traumatizada cuando, finalmente, llegó la paz. El sitio provocado por los serbiobosnios durante varios meses fue en sí mismo una catástrofe masiva. Cerca de once mil residentes de Sarajevo fueron asesinados y aproximadamente sesenta y un mil resultaron heridos. Todos quedaron traumatizados, incluidos los trabajadores de la salud mental. Tres años antes de nuestro encuentro, esta psiquiatra había empezado a experimentar un síntoma que seguía teniendo cuando nuestros caminos se cruzaron: antes de irse a dormir o al despertarse, se tocaba las piernas para constatar que todavía estaban unidas a su cuerpo. Cuando examiné con ella el significado de este síntoma, descubrimos que estaba conectado con un incidente ocurrido durante el sitio. Una noche tuvo que dirigirse a toda velocidad hacia el hospital, temerosa de perder la vida en cualquier momento por una bala perdida. Allí vio a un joven bosnio al que había conocido antes de que los problemas étnicos empezaran. Las piernas de ese muchacho habían quedado destrozadas por la explosión de una bomba y se las tuvieron que amputar. Ella presenció aquella operación. Para ella, por razones psicológicas personales, este incidente acabó simbolizando la tragedia de Sarajevo. Inconscientemente, se identificó con este joven. Y, en lugar de recordar la tragedia experimentando emociones apropiadas, solo podía recordar su propio horror a caer bajo el ataque de los enemigos, día tras día. Como inconscientemente temía experimentar estos sentimientos terribles, no podía ayudar plenamente a sus pacientes a experimentar sus emociones en un contexto terapéutico, así como tampoco los aliviaba de la represión no adaptativa ni de la negación de lo que les había sucedido. Sus síntomas desaparecieron pocos meses después de que yo le llamara la atención sobre la conexión entre sus síntomas y su identificación con aquel joven.

En conflictos sangrientos de tipo étnico u otro cualquiera entre grupos grandes, también aquellas personas que no han resultado directamente afectadas por ellos están psicológicamente afectadas por el trauma grupal. Bajo estas circunstancias, incluso una persona que no ha resultado directamente afectada tiende a experimentar sentimientos afines a los de los demás miembros del grupo grande: desde el orgullo grupal y el sentimiento de tener derecho a la venganza hasta la vergüenza grupal, la humillación y el desvalimiento. Todos estos sentimientos son inherentes al colectivo. La pérdida de personas, de tierra y de prestigio afecta a todos los individuos pertenecientes al grupo grande victimizado, incluidas las personas de ese grupo que cuidan de la salud mental de sus miembros.

Cuando un grupo grande traumatizado no puede revertir sus sentimientos de desvalimiento y humillación, no puede reafirmarse, ni tampoco desarrollar de forma efectiva el trabajo de duelo ni completar otros recorridos psicológicos, transfiere estas tareas psicológicas inacabadas a las generaciones futuras. A lo largo de las últimas décadas, la comunidad dedicada a la salud mental ha aprendido mucho sobre la transmisión transgeneracional de los traumas compartidos y sus relaciones con la salud mental de las generaciones futuras. Sin embargo, este aspecto de la salud mental no ha recibido suficiente consideración por parte de las organizaciones internacionales oficiales ni de las ONG que se ocupan del bienestar psicológico de los refugiados, de las personas que se han desplazado dentro de un territorio y de las que han vivido los horrores de la guerra o de las situaciones bélicas. Por ejemplo, la mayoría de los manuales para tratar la salud mental de los refugiados, elaborados por organizaciones como la OMS o el ACNUR (Alto Comisionado de las Naciones Unidas para los Refugiados), mencionan métodos de intervención en crisis, técnicas de relajación, modos de abordar los problemas de alcohol y drogas, así como los comportamientos profesionales en relación con las víctimas de violación. Por supuesto que, tras un desastre, la situación de crisis es más importante que otras consideraciones, pero cuando la crisis ha pasado, los procesos psicológicos cruciales siguen estando presentes en toda su intensidad. La información de los manuales no hace referencia alguna a los serios problemas generados por cierto tipo de respuesta social y por la transmisión transgeneracional que siguen a los conflictos étnicos, nacionales, religiosos o ideológicos.

Si queremos entender la tenacidad del conflicto del grupo grande, primero debemos comprender los mecanismos de la transmisión transgeneracional. Uno de los ejemplos mejor conocidos de una forma simple de transmisión transgeneracional proviene de las observaciones que realizaron Anna Freud y Dorothy Burlingham (1942) en mujeres y niños durante los ataques nazis a Londres. Freud y Burlingham se fijaron en que los niños menores de tres años solo se ponían nerviosos durante los bombardeos cuando sus madres lo estaban. Como se ha podido establecer mediante estudios posteriores, hay una fluidez entre las «fronteras psíquicas» del niño y las de su madre y otros cuidadores; generalmente, las experiencias entre el niño y su madre o sus cuidadores funcionan como una especie de «incubadora» para el desarrollo de la mente del niño. Además de los elementos de iniciación y de crecimiento, el cuidador de la generación anterior puede transmitir también al niño elementos psicológicos no deseables.

La misma fluidez puede darse también entre adultos sometidos a determinadas circunstancias regresivas, como sucede tras masivas catástrofes compartidas, incluso después de la finalización de la situación de crisis y al inicio de la vida como refugiados, por ejemplo. En un lugar cerca de Tiflis (Georgia), examiné a una mujer georgiana de casi cuarenta años, proveniente de Abjasia, y a su hija de dieciséis años, que habían sido refugiadas durante más de cuatro años. Las dos vivían con otros miembros de su familia en condiciones miserables, en un campo de refugiados. Cada noche, la madre se acostaba preocupada por cómo alimentaría a sus tres hijos adolescentes al día siguiente. Nunca habló de estas preocupaciones con su única hija, pero la muchacha percibía esa preocupación e inconscientemente desarrolló una conducta que buscaba responder y aliviar la aflicción de su madre. La hija rehusó hacer ejercicio, se volvió algo obesa y mostraba continuamente una mueca de sonrisa. Cuando las entrevisté a las dos, comprendí que la hija, con sus síntomas corporales, estaba intentando enviar a su madre este mensaje: «Mamá, no te preocupes por encontrar comida para tus hijos. ¡Fíjate qué sobrealimentada y feliz estoy!».

Hay varias formas de transmisión transgeneracional. Además de la ansiedad, la depresión, el júbilo o las preocupaciones, como las que presentaba la mujer georgiana de Abjasia, una persona puede «depositar» imágenes del *self* dañado —e incluso, a veces, las imágenes de los que causaron ese daño— en el *self* del niño y «asignarle» tareas psicológicas. Esa transmisión transgeneracional de las tareas de larga duración perpetúa el círculo del trauma social descrito en los capítulos previos. En el siguiente examinaré lo que entiendo por regresión en el grupo grande, así como la progresión del grupo grande.

6. La regresión y la progresión en el grupo grande

Cuando la identidad de un grupo grande está en peligro a causa de un trauma masivo generado por el Otro o por diversas razones —como pueden ser las revoluciones o los procesos para alcanzar la independencia—, momento en que el grupo grande se pregunta «¿Quiénes somos ahora?», podemos considerar que este se encuentra en posición regresiva. Tomo el término *regresión* de la psicología individual porque no dispongo de otro que sirva para describir la regresión del grupo grande en sentido estricto. Este aspecto precisa cierta explicación. Las personas son capaces de individualizarse de forma adaptativa y alcanzar niveles en los que utilizan capacidades psicológicas más sofisticadas que mantienen las menos sofisticadas en zonas más inocuas y ocultas. En una regresión individual, decimos que una persona «normal», a consecuencia de un trauma externo o interno, tal como una ansiedad generada por una pesadilla, retrocede psicológicamente y utiliza mecanismos mentales más «primitivos»: internalizaciones y externalizaciones del *self* o de las imágenes objetales, introyecciones y proyecciones de pensamientos o afectos, fragmentación, escisión, disociación y negación a hacerse cargo de la realidad externa. Por otro lado, los grupos grandes, especialmente cuando tienen que hacer frente a aspectos de su identidad, aunque también en situaciones «normales», utilizan ampliamente mecanismos primitivos y están siempre dispuestos a aferrarse a concepciones perjudiciales en relación con otros grupos grandes, así como a «tragarse» la propaganda sobre su propia superioridad. Dicho de otra forma, cuando un grupo grande «retrocede», su regresión se inicia desde una posición regresiva anterior. Podemos decir que los políticos y los diplomáticos están al servicio de la estabilización de una regresión «normal» del grupo grande (Volkan, 2004). Por esta razón, estoy buscando una palabra que describa mejor la regresión social. Usaré «desorganización social» y «regresión social» de forma intercambiable. Quizá el término «no cohesión social», acuñado por Hopper (2003), sea mejor. De todos modos, más que el término que podamos encontrar, lo que es importante es la comprensión misma del concepto de regresión/desorganización del grupo grande.

Hay signos típicos de regresión grupal que expondré más adelante. Dado que los grupos grandes que estoy describiendo en este libro tienen características específicas propias que se han ido constituyendo a lo largo del *continuum* de los siglos, junto con las representaciones mentales compartidas sobre su historia y su mitología, el examen de los signos y los síntomas de su regresión también debería incluir los procesos psicológicos que son *específicos* de ese grupo. Para comunicarnos con diplomáticos y otras personas que deben hacer frente a los conflictos internacionales, el personal clínico precisa ir más allá de una descripción *general* de la emergencia del prejuicio «malo» y la agresión en los grupos grandes en regresión, así como de los sentimientos paranoides o narcisistas compartidos, y referirse a las manifestaciones reales de la regresión en cada grupo grande en concreto.

En el capítulo anterior, en referencia a las costumbres sociales y culturales, ilustré cómo un grupo grande en regresión desea aferrarse a sus *señas de identidad de grupo grande*. Metafóricamente hablando, el grupo grande repinta esos motivos de identidad en la lona de su carpa con el objeto de demostrar que su identidad aún sobrevive y mitigar la ansiedad compartida. También señalé que las pinturas nuevas pueden tener un aspecto diferente debido a los cambios sociales. Sin embargo, el grupo grande también exhibe de forma exagerada su estandarte y demás elementos que revelan abiertamente el investimiento narcisista compartido por sus miembros en su identidad de grupo grande.

Hay otro signo inherente a la regresión del grupo grande que conocemos desde los tiempos de Freud: *la re-identificación del líder* —como ocurrió en Estados Unidos inmediatamente después de los ataques terroristas del 11 de septiembre de 2001—. Sin embargo, cuando Freud (1921c) escribió sobre este fenómeno, no indicó que se refería a grupos en estado regresivo (Waelder, 1930). En determinadas ocasiones, los miembros de un grupo grande siguen arropando al líder durante décadas y permanecen en situación «regresiva» para modificar las características existentes de la identidad de su grupo grande. En esta situación, lo que observamos es similar a lo que sucede en la regresión de un individuo al servicio de la progresión y la creatividad. Tras la caída del Imperio otomano, los turcos, en general, siguieron arropando a Kemal Atatürk —el líder de la Turquía moderna, establecida en 1923— hasta su muerte en 1938 (Volkan e Itzkowitz, 1984). Este fue el elemento más importante que sostuvo la revolución cultural de la Turquía moderna y la modificación de las características de la identidad turca. Por otro lado, en ciertos regímenes totalitarios, la gente, antes que ser castigada, prefiere arropar al líder para sentir cierta seguridad personal. Sin darse cuenta, internalizan lo que Šebek (1994) denominó *objetos totalitarios* y siguen al líder ciegamente, obviando muchos aspectos de su personalidad.

Hay dos tipos de escisiones que son indicativas de la regresión del grupo grande. La primera es la escisión entre el «nosotros» y el «ellos» (el enemigo queda fuera del grupo grande en estado regresivo), que se vuelve muy intensa; el Otro acaba siendo el blanco de la deshumanización (Bernard, Ottenberg y Redl, 1973). La segunda, que se produce tras la re-identificación alrededor del líder, es una grave escisión que aparece en el grupo en estado regresivo cuando el líder no puede diferenciar dónde acaba el peligro real y dónde empiezan los peligros fantaseados, cuando no puede mantener la esperanza ni controlar la agresión compartida. Así, el sentimiento compartido de «confianza básica» en el seno del propio grupo grande se pierde. El término de *confianza básica*, definido, en primer lugar, por Erikson (1956), describe cómo los niños aprenden a sentirse cómodos al dejar su propia seguridad en manos de quienes los cuidan. Al desarrollar esta confianza básica, los niños descubren, a su vez, cómo fiarse de sí mismos. Si un niño no puede confiar en sus padres, tendrá dificultades también para confiar en sí mismo. Los miembros de los grupos grandes mantienen la confianza básica en las rutinas diarias cuando no hay una regresión muy grave; a la vez, se asocian con otros miembros sin que haya malestar.

Los miembros del grupo grande acompañan a sus líderes en la reactivación de las *glorias* y de los *traumas designados*, con sus buenas y malas consecuencias. Cuando un grupo grande se encuentra en estado de regresión, la personalidad y el mundo interno del líder político asumen mucha importancia en lo concerniente a la manipulación (lo «bueno» o lo «malo») de lo que ya existe en el seno de la psicología del grupo grande.

En la guerra del Golfo, Saddam Hussein dependió mucho de las glorias designadas para cristalizar el apoyo del pueblo iraquí; llegó incluso a asociarse con Saladino, el sultán que derrotó a los cruzados cristianos en el siglo XII. Al revivir un hecho del pasado y a un héroe histórico, Saddam pretendía crear la ilusión de que a su pueblo le esperaba un destino triunfal similar y de que él mismo era un héroe, al igual que Saladino. Tanto Saddam como Saladino nacieron en Tikrit; a Saddam no le importaba que Saladino hubiese gobernado desde Egipto y no desde Iraq, ni que hubiese sido kurdo, en vez de árabe —de hecho, él mismo había matado a muchos kurdos iraquíes—. El énfasis estaba principalmente puesto en la identidad religiosa del grupo grande del antiguo héroe. A menudo, las glorias y los traumas designados están entrelazados.

6. La regresión y la progresión en el grupo grande

En los grupos grandes en situación regresiva las *fronteras* políticas, legales o tradicionales comienzan a simbolizar la lona de su carpa. En otras palabras, las fronteras adquieren una dimensión sumamente psicológica y la gente, los líderes y las organizaciones oficiales comienzan a preocuparse por su protección. Naturalmente, como «afuera» existe un peligro real, los límites deben ser protegidos, razón por la cual resulta difícil estudiar los aspectos psicológicos de esta preocupación. Cuando fui miembro inaugural del Centro de Estudios de Israel de Isaac Rabin, en Tel Aviv, durante la primavera de 2001, tuve la suerte de poder estudiar muy de cerca y describir la psicología fronteriza de Israel (Volkan, 2004). Especialmente tras el 11 de septiembre de 2001, en Estados Unidos y prácticamente en todas las partes del mundo, estamos sujetos casi a diario a las influencias de la psicología fronteriza. Por ejemplo, en los puntos de control policíaco de los aeropuertos, negamos el hecho de que nuestra autonomía personal está siendo asaltada porque existe la posibilidad real de peligro; así pues, nos sometemos a la psicología del grupo grande, relegando a un segundo plano nuestra psicología individual, que nos empuja a rebelarnos contra la intrusión que viene de afuera.

En su texto «El tabú de la virginidad», Freud (1918a) acuñó la expresión «narcisismo de las pequeñas diferencias» para describir la forma en que los individuos se dividen y delinean respecto a los demás en sus relaciones humanas. Más tarde, en 1930, se refirió a las comunidades que viven en territorios vecinos y que «se hostilizan y escarnecen: así, españoles y portugueses, alemanes del Norte y del Sur, ingleses y escoceses, etc.». Añadió: «Le di el nombre de "narcisismo de las pequeñas diferencias", que no aclara mucho las cosas. Pues bien; ahí se discierne una satisfacción relativamente cómoda e inofensiva de la inclinación agresiva, por cuyo intermedio se facilita la cohesión de los miembros de la comunidad» (1930a, p. 111). Cuando la lona de la carpa del grupo grande es atacada y destrozada, las pequeñas diferencias entre los grupos enemigos se convierten en problemas fundamentales, incluso mortales, ya que las diferencias más pequeñas son vividas como «límites» irrenunciables que separan la identidad de un grupo respecto de la de su enemigo (Volkan, 1988, 1997, 2006a).

Muchos de los símbolos que determinan las identidades de los grupos grandes han sido establecidos para marcar las diferencias. Por ejemplo, los habitantes de Andhra Pradesh, en la India, con frecuencia llevan bufandas en torno a sus cuellos mientras que los del grupo vecino, los telanganas, con los que tienen algunas peleas, no las llevan. Entre croatas y serbios en regresión, las pequeñas diferencias dialectales —por ejemplo, *leche* en croata es *mlijeko* y en serbio, *mleko*— tuvieron una carga negativa muy intensa tanto política como culturalmente durante los conflictos entre estos dos grupos grandes. En momentos de tensión y de estallidos violentos, la identificación de las pequeñas diferencias puede conllevar implicaciones mortales. Por ejemplo, durante las revueltas en Sri Lanka en 1958, las bandas de cingaleses tenían en cuenta una variedad de indicadores muy sutiles —como tener pendientes en las orejas o la forma en la que se llevaba puesta la camisa— para identificar a sus enemigos, los tamiles, a quienes luego atacaban o mataban (Horowitz, 1985).

Un estado regresivo en el grupo grande estimula e incrementa los mecanismos mentales primitivos compartidos para que su población se maneje con el mundo externo. Me estoy refiriendo a las *internalizaciones* masivas de imágenes objetales e *introyecciones* de ideas y afectos, como cuando la población «se traga» la propaganda política sin esforzarse mucho por analizar si lo que se está introduciendo en su mundo interno es venenoso o no. Al mismo tiempo, también aludo a las *externalizaciones* masivas de las imágenes objetales y del *self* no deseadas, así como a proyecciones de pensamientos y afectos inaceptables, que fue lo que sucedió bajo el régimen totalitario de Enver Hoxha, cuando los albanos crearon una imagen peligrosa del enemigo y posteriormente edificaron siete mil quinientos búnkeres por toda Albania, anticipándose a un ataque de ese «enemigo» creado. La edificación de estos búnkeres, que en realidad jamás hubieran resistido las armas modernas, fue un reflejo del *pensamiento mágico*, otro síntoma de la regresión en un grupo grande. En sociedades en estado regresivo vemos varios tipos de pensamiento mágico compartido, a menudo expresado mediante una expansión del pensamiento religioso fundamentalista.

Finalmente, quiero describir lo que denomino *purificación*, que es un proceso que también comienza con externalizaciones y proyecciones compartidas. Tras un trauma masivo generado por los enemigos, y tras la reactivación de traumas y glorias designadas, es decir, después de cuestionar un cambio en la identidad del grupo grande, el grupo grande sacude la carpa para deshacerse de aquellos elementos no deseados, de la misma forma que una serpiente se desprende de su piel. Según mi opinión, este es un proceso obligatorio. El proceso de purificación tiene lugar a través de un amplio abanico de elementos, desde el olvido de palabras «extranjeras», con las que no se mata a nadie, pasando por los asesinatos colectivos de subgrupos «indeseados» en el seno de la sociedad, hasta la guerra contra los Otros. Los aspectos de este proceso van desde los no peligrosos hasta los genocidios purificadores. Por ejemplo, una vez que Letonia obtuvo su independencia de la Unión Soviética, su población quiso deshacerse de unos veinte cadáveres «rusos» enterrados en su cementerio nacional. Más adelante describiré asimismo otro ejemplo: una purificación genocida subsiguiente a la disolución de Yugoslavia. La comprensión del significado y de la necesidad psicológica de las purificaciones puede ayudarnos a desarrollar estrategias para mantener los prejuicios compartidos dentro de unos límites «normales», es decir, para que no sean destructivos.

Los signos de la *progresión de un grupo grande* incluyen la formación de familias estables, clanes y subgrupos profesionales; la preservación de la individualidad y el sentimiento de que se dispone de un grupo grande en el que los individuos y las organizaciones profesionales pueden establecer su capacidad para hacer concesiones sin dañar la integridad (Rangell, 1980), así como la habilidad para cuestionar lo que, supuestamente, es «moral» y «bello». La confianza básica del grupo grande retorna. En grupos grandes «saludables» se enfatiza la libertad de expresión, la disposición de instituciones civiles justas y operativas, especialmente un sistema legal justo, la existencia de hospitales mentales con cuidados humanos (Stern, 2001) y la eliminación de la devaluación de mujeres y niños. La religión se utiliza culturalmente para «unir» y pierde su poder como instrumento de pensamiento mágico, de malos prejuicios o de propaganda política.

Cuando un grupo grande *no* se encuentra en un estado regresivo, sus miembros, por lo general, pueden hacerse preguntas sobre la *realidad psíquica* del enemigo. Entender por qué el Otro o sus antepasados tuvieron conductas destructivas no significa olvidar y perdonar lo sucedido, sino ser capaz de desarrollar la dificultosa tarea de «humanizar» al otro grupo grande. Al estudiar la realidad psíquica del enemigo, el grupo grande atacado halla nuevas formas de manejarse con el Otro y su amenaza, en lugar de mantenerse aferrado a su previo concepto del enemigo y de la amenaza, que es lo que sucede cuando permanece en regresión.

7. El duelo inacabado y los monumentos conmemorativos

Un cuerpo no sale de su tumba, pero si atendemos a la fantasía contraria se entiende que la gente de diferentes culturas ponga lápidas en las tumbas o muros alrededor de los cementerios. El duelo hace referencia al proceso de entierro psicológico del doble mental, la representación mental —un conjunto de imágenes— de una persona fallecida o de una cosa perdida. El entierro físico de un cuerpo o la desaparición de la casa familiar por un incendio no elimina la duplicidad mental de estas pérdidas de la mente de quien está en duelo. La persona afligida por ello tiene que apartar tales representaciones en los recónditos lugares de su mente (mediante la represión, la negación, la disociación, el desplazamiento y/o la identificación) para no estar preocupada por ellas. Sin embargo, una representación mental «enterrada», a diferencia de los aspectos físicos, es móvil. Algunas imágenes pueden escapar de su encierro mental y seguir teniendo una relación interna con la persona doliente.

En *Duelo y melancolía*, Freud (1917e) nos habla de las relaciones objetales internas. Aunque las sofisticadas teorías sobre esas relaciones, como las descritas por Kernberg (1976), se desarrollarían más tarde, Freud y muchos psicoanalistas que le siguieron sugirieron que la intensa relación interna con las imágenes de la persona o la cosa perdidas que constituyen el proceso de duelo «normal» tiene un límite temporal: el proceso de duelo finaliza cuando el doliente retira sus investiduras psíquicas en la representación del objeto o de la persona perdidos. Tähkä

141

(1984) escribió que el proceso de duelo «normal» solo llega a un final práctico cuando la imagen de la persona muerta o de la cosa perdida se convierte en algo «carente de futuro». A pesar de que sabemos que la reactivación de varias imágenes o de la representación mental del objeto perdido en la mente del doliente puede aparecer años después de la experiencia de pérdida, como, por ejemplo, durante el aniversario de un hecho significativo que implicaba al objeto perdido antes del momento de su pérdida (reacciones de aniversario) [Pollock, 1989], la idea de que un duelo «normal» finaliza prácticamente no ha sido cuestionada. De hecho, el duelo nunca acaba hasta que la persona que está de luto muere; solo desaparece en términos prácticos cuando las relaciones del doliente con las imágenes de la persona muerta o de la cosa perdida ya no constituyen una preocupación excesiva en la mente de aquel (Volkan y Zintl, 1993).

Antes de que examinemos las manifestaciones de duelo en la psicología del grupo grande, será útil echar un vistazo al duelo individual. Gracias a la siempre creciente investigación de la mente del niño, ahora sabemos que este es capaz de realizar muchas funciones mentales, incluidas aquellas que conllevan la relación con los demás. Podemos imaginar estas funciones primitivas como núcleos del yo, dado que la evolución de la integración, la coordinación y la aplicación sofisticadas de tales funciones del yo requiere varios años. No podemos decir que un niño sea capaz de mantener una representación mental estable del Otro. El duelo, tal como fue estudiado por Freud y como lo he descrito en los párrafos anteriores, hace referencia a una intensa preocupación por la representación mental del objeto perdido, así como a la retirada de esa misma preocupación. Las pérdidas que ocurren antes de que el niño sea capaz de tener y mantener una representación mental estable dan como resultado los intentos del chaval de encontrar relaciones objetales sustitutas y los problemas con el apego, lo cual puede parecerse a la experiencia de sentir hambre. Hace ya tiempo que Edna Furman (1974) expuso que los niños no pueden hacer el proceso de duelo como los adultos.

A medida que se desarrolla su mente, el niño experimenta lo que podemos llamar «pérdidas del desarrollo» y ganancias, como cuando abandona el pecho materno y su leche y dispone de la habilidad para moverse a su voluntad, acercándose a los objetos importantes o alejándose de ellos. Los niños que desarrollan lentamente una persistente representación mental de la persona, de la mascota o del objeto perdido, también desarrollan lentamente el concepto de muerte y empiezan a «aprender» a realizar el duelo a la manera de los adultos. Incluso cuando aprenden de forma intelectual que la muerte está en un plano, la creencia en su reversibilidad está presente durante cierto tiempo, por muy oculta que parezca.

Blos (1979) ilustró que la regresión durante la transición adolescente «es, además de inevitable, obligatoria —o sea, es específica de la fase—» (p. 148). A lo largo de esta regresión obligatoria, el joven vuelve a revisar y a comprobar las relaciones objetales con otros que han sido importantes en su infancia, en su historia familiar, los elementos residuales de otros traumas tempranos y aspectos relativos a su género. Eso conduce al desarrollo de una permanente estructura caracterial. Un adolescente modifica muchas de las imágenes objetales y del *self* ya existentes en la infancia, y «gana» nuevas identificaciones que le servirán para cristalizar una «nueva» representación del *self* y «nuevas» representaciones objetales. Wolfenstein (1966) explicó que el paso por la transición adolescente es un modelo para el proceso de duelo en la edad adulta. Para entender el impacto del duelo compartido en la psicología del grupo grande, el concepto de duelo al que me refiero en este capítulo tiene que ver con el duelo «adulto».

En un adulto que ha sufrido una pérdida significativa —puede tratarse de una pérdida en concreto, como la pérdida de una persona, o de una pérdida abstracta, como la pérdida de prestigio— se produce una reacción de pena. Dicha reacción podría ser descrita como una persona que estando de luto golpea su cabeza contra una pared esperando que la pared acabe rompiéndose y el objeto perdido recobre su materialidad. Tras experimentar el dolor, cuando descubre que la pared no se rompe, el doliente siente dolor de tipo narcisista y furia —a veces de forma consciente, pero más frecuentemente de forma inconsciente—. Esto permite comprobar que la pérdida ha tenido lugar y la persona comienza a «enterrar» sus imágenes mentales. El afligido divide la representación mental del objeto perdido en cientos de imágenes y trabaja con cada una de ellas, a menudo una y otra vez. Si no aparecen complicaciones, el doliente va retirando paulatinamente sus investimentos mentales de la representación mental de la persona o del objeto perdido y, al mismo tiempo, se identifica con algunas de las imágenes y funciones seleccionadas que no generan preocupación, lo que le permite enriquecerse mentalmente. Prácticamente un año después de la muerte de su padre, un joven donjuán se convierte en un industrial serio, tal como lo había sido su difunto progenitor. Una mujer que dependía de su marido para reforzar su feminidad puede emerger de un proceso de duelo saludable con un sentimiento de confianza y feminidad. Un inmigrante que ha perdido su país puede crear una representación simbólica de su patria por medio de una pintura o una canción. La mayoría de las identificaciones se producen de forma inconsciente. Dichos procesos pueden llevar meses o años.

Los individuos que experimentan de forma muy conflictiva pérdidas del desarrollo, contaminándose con perturbadoras fantasías inconscientes y pasando por una difícil transición adolescente, estarán menos preparados para realizar el duelo como adultos. La naturaleza de la representación mental del objeto perdido en la mente del doliente, así como las condiciones en las que se ha producido la pérdida, influye en el proceso de duelo. El proceso de duelo se complica si la representación mental del objeto perdido fue no solo deseada, sino también «necesaria» para el mantenimiento de la estabilidad psíquica del doliente, o si este tenía un apego agresivo al objeto perdido. Si la pérdida se produce drásticamente y de forma inesperada, como por medio del suicidio o del homicidio, la agresión expresada en esos acontecimientos contamina la rabia «normal» y necesaria en la pena y complica el proceso de duelo.

Freud (1917e) era consciente de las *identificaciones no saludables*. Si un doliente se relacionaba con excesiva ambivalencia con la persona o con la cosa perdidas antes de que se produjera la pérdida, probablemente terminaría por identificarse con la representación objetal de lo perdido «en su totalidad» (Smith, 1975, p. 20). Tal como Fenichel (1945) señaló hace tiempo, el «amor» de la persona que está de luto se convierte en el deseo de mantener esta representación mental, en tanto que el «odio» se convierte en el deseo de dañarla. Puesto que esta representación mental, ambivalentemente relacionada, queda localizada en la mente de la persona afligida, la representación del *self* del doliente se convierte en un campo de batalla. Freud llamó a esta condición «melancolía». Cuando el odio por la representación mental asimilada de lo que se ha perdido se vuelve dominante, los dolientes pueden llegar incluso a intentar matarse (suicidio) con el fin de «matar» la representación objetal asimilada. En otras palabras, desean pegarle un tiro, en términos psicológicos, a la representación objetal asimilada en el seno de su representación del *self* y, por lo tanto, pegarse ellos mismos un tiro. La melancolía (depresión) tras una pérdida puede ser fatal para el doliente.

Tras una pérdida significativa, algunas personas no realizan un duelo «normal» o no desarrollan una depresión; se convierten en personas en duelo permanente. En cierta medida, los afligidos permanentemente no pueden identificarse con los aspectos enriquecedores de las imágenes mentales del objeto perdido ni con las funciones del yo asociadas a él. Por otro lado, no acaban de identificarse de forma no adaptativa con la ambivalencia que les suscita la representación del objeto perdido. En su lugar, estos dolientes mantienen la representación de la persona o del objeto perdido en su representación del *self* como un «cuerpo extraño», específico y no asimilado, que influye excesivamente en su representación del *self*. Tal representación objetal o imagen de objeto no asimilada recibe el nombre de introyección. Aunque en nuestros días este término se usa poco en los escritos psicoanalíticos, sugiero que lo tomemos como el más útil para explicar el mundo interno del doliente permanente.

Un hombre buscó tratamiento para liberarse de la influencia perturbadora de su hermano menor. Me explicó que mientras conducía hacia el trabajo, su hermano le hablaba constantemente y le daba consejos de todo tipo. El hombre a veces le decía a su hermano que se callara. Mientras lo escuchaba, yo imaginaba que ambos hermanos vivían juntos en la misma casa, o al menos muy cerca, lo que podría explicar el hecho de que fuesen juntos al trabajo cada día. El hombre me comentó luego que su hermano había muerto en un accidente seis años atrás. El «hermano» con el que tenía conversaciones mientras conducía hacia el trabajo era, en realidad, la representación objetal no asimilada de su hermano. Aparte de su conversación con su representación objetal de su hermano muerto mientras conducía hacia el trabajo, esta persona no experimentaba ninguna otra ruptura con la realidad.

Muchos dolientes permanentes tienen conductas compulsivas: leen las esquelas y los obituarios, diariamente hacen referencias a la muerte, a tumbas o a cementerios y hablan de los muertos en tiempo presente. Algunos de ellos «reconocen» a sus seres perdidos en otros que están vivos y que ven a la distancia. Quien los escucha tiene la impresión de que la vida cotidiana de quien habla incluye algunas relaciones corrientes con el difunto. Si lo perdido es una cosa, el doliente permanente piensa en escenarios que conllevan el encuentro y la pérdida del objeto una y otra vez. Es típico que tales individuos también sueñen con alguien que murió o con la cosa que se perdió como si todavía estuviera viva o existiera, pero comprometidos en un tira y afloja entre la vida y la muerte. El soñador intenta, entonces, rescatar a la persona o a la cosa —o acabar definitivamente con él, con ella o con ello—. El resultado permanece incierto porque, invariablemente, el soñador se despierta antes de que la situación se resuelva en el sueño. A menudo utilizan el término «congelado» cuando hablan de sus sueños, reflejando así la sensación interna de estar atascados en su proceso de duelo.

Tener un «cuerpo extraño» en uno mismo es desagradable y por eso muchos dolientes permanentes desplazan la imagen o representación objetal no asimilada de la persona o cosa perdida sobre «objetos vinculantes» o «fenómenos vinculantes» (Volkan, 1972, 1981; Volkan y Zintl, 1993). Un objeto vinculante es un objeto material, como una fotografía especial del finado, o una carta escrita por un soldado desde el campo de batalla antes de morir, o el regalo que el difunto realizó al doliente antes de morir; alternativamente, puede ser un objeto animado, como el animal de compañía perteneciente al finado. El objeto simboliza un punto de encuentro entre la representación mental de la persona o cosa perdidas y la correspondiente representación del *self* del doliente. Puesto que está «allí fuera», el proceso de duelo del doliente queda externalizado y, consecuentemente, sus síntomas, descritos anteriormente, quedan controlados. Mediante el control de los objetos o fenómenos vinculantes, los dolientes permanentes controlan sus deseos de «recuperar» (amor) o «matar» (odiar) al objeto perdido y, por lo tanto, evitan las consecuencias psicológicas de ambos deseos.

Algunas personas utilizan fenómenos vinculantes como una pieza musical o una fantasía recurrente con la pretensión de perpetuar la posibilidad de contacto con la persona o cosa perdida. Los objetos y los fenómenos vinculantes no son simples recuerdos. Para el doliente permanente son «mágicos» y se encuentran bajo su control. El recuerdo no funciona como un depósito en el que se externaliza el complicado proceso de duelo. El típico recuerdo proporciona una continuidad entre el tiempo antes de la pérdida y el posterior a ella, o una *continuidad generacional* si la persona o el objeto perdidos pertenecieron a una generación previa. La típica foto del padre muerto, dispuesta sobre la repisa de la chimenea, es un recuerdo. Si una persona guarda esa foto en un cajón y tiene la necesidad de tocarla y de examinarla de forma ritual, así como de llevarla en la maleta cuando viaja, es muy probable que esa foto esté siendo utilizada como un objeto vinculante.

Hay algunos adultos con regresiones severas, como aquellos con cuadro psicóticos, que reactivan a los parientes cercanos transicionales de su infancia y pueden recrear objetos o fenómenos transicionales. Un objeto o fenómeno transicional representa el primer «no yo», pero nunca lo es totalmente: vincula mi «no yo» a mi «madre yo» (Winnicott, 1953, Greenacre, 1969). Los objetos o los fenómenos vinculantes no deben ser confundidos con los objetos y los fenómenos transicionales de la infancia que han sido reactivados en la edad adulta. Los objetos y los fenómenos vinculantes contienen altos grados de simbolismo. Deben ser considerados como símbolos firmemente empaquetados, cuya significación queda enlazada por los matices conscientes e inconscientes de las relaciones que precedieron a la pérdida.

Mi constante investigación en relación con el duelo (Volkan, 2007a, 2007b) me llevó a considerar que, entre una finalización «normal» y un duelo permanente, hay una zona confusa: aquella en la que los objetos o los fenómenos vinculantes acaban siendo fuente de pautas de comportamiento positivo, relaciones interpersonales reparadoras e incluso formulaciones de preguntas de tipo científico. Un objeto o un fenómeno vinculante como fuente de inspiración puede guiar la creatividad de algunos individuos. Los duelos complicados también permanecen en estas personas, pero quedan expresados mediante formas artísticas. No es adecuado considerar patológico a alguien que ha creado algo como el Taj Mahal. Mis hallazgos me hacen pensar en las descripciones de Kernberg (2010) sobre el duelo «normal» inacabado. Kernberg subrayó que un doliente no tiene la posibilidad de corregir sus errores y desaciertos en relación con la persona que falleció; tampoco puede obtener su perdón. Consecuentemente, el proceso reparativo del doliente evoluciona como un «mandato» o como una «obligación moral» para actuar de acuerdo con los deseos de la persona muerta.

Ahora centraré mi atención en el duelo del grupo grande. Las observaciones de varios tipos de transmisiones transgeneracionales nos aportan importantes claves sobre los duelos de los grupos grandes. El establecimiento de traumas designados y las ideologías de la reivindicación están conectados con miles, cientos de miles o millones de personas que comparten un duelo inacabado debido al mismo trauma histórico. Los miembros de la generación traumatizada depositan sus imágenes del *self* vinculadas a la incapacidad de realizar el duelo en la generación posterior y les trasladan la misión del duelo de sus padres o abuelos. Un proceso similar puede seguir dándose en las futuras generaciones. Un trauma designado y una ideología de la reivindicación reflejan la existencia de un duelo permanente en el seno del grupo grande, tanto si es activamente experimentado como si es ocultado. Como ya he descrito estos conceptos anteriormente, ahora me centraré en otra consecuencia de los duelos compartidos del grupo grande: la construcción de monumentos conmemorativos.

Construir monumentos conmemorativos o erigir otros objetos para honrar la memoria de personas o territorios perdidos tras un trauma causado por los enemigos parece, en principio, una costumbre cultural. Los monumentos conmemorativos, construidos normalmente en mármol o acero, son como cajas en las que el grupo afectado guarda bajo llave sus procesos psicológicos inacabados. Una mirada más atenta a estos monumentos conmemorativos revela que pueden funcionar como *objetos vinculantes compartidos* para el grupo grande que vive el duelo inacabado (Volkan, 2007a). Tal como señala el arquitecto Jeffrey

Karl Ochsner (1997), «escogemos erigir lápidas y monumentos para conmemorar las vidas de los fallecidos; normalmente no pretendemos construir objetos vinculantes, si bien los objetos que creamos pueden claramente servirnos para eso» (p. 166). Un monumento conmemorativo, en cuanto objeto vinculante compartido, queda asociado al deseo de completar el duelo del grupo grande y ayudar a sus miembros a aceptar la realidad de sus pérdidas. Por otro lado, esto se asocia asimismo al deseo de mantener el duelo de forma activa con la esperanza de recuperar lo que se perdió; este último deseo puede encender los ánimos de venganza. Ambas facetas pueden coexistir: un deseo puede ser dominante en relación con un monumento conmemorativo, en tanto que el otro deseo lo es en relación con otro monumento conmemorativo. Con frecuencia, un monumento conmemorativo como objeto vinculante compartido absorbe elementos inconclusos correspondientes al duelo inacabado y ayuda al grupo grande a adaptarse a su situación actual sin tener que volver a experimentar el impacto de las pérdidas pasadas, los traumas y sus emociones perturbadoras (Volkan, 2006b).

Describiré ahora el monumento conmemorativo llamado *El padre que llora*, erigido en Tsjinvali, la capital de Osetia del Sur, a comienzos de la década de 1990, en recuerdo de los surosetios que murieron durante la guerra entre Georgia y Osetia del Sur, acaecida tras la independencia de Georgia, alcanzada con posterioridad al derrumbe de la Unión Soviética. Mostraré que el *Padre que llora* fue utilizado por los surosetios no solo para mantener el proceso de duelo externalizado, sino también para inflamar los deseos de venganza.

Mis compañeros del Center for the Study of Mind and Human Interaction (CSMHI) y yo mismo viajamos por primera vez a la República de Georgia y a Osetia del Sur en la primavera de 1998; durante los siguientes cuatro años, volvimos allí al menos un par de veces al año. Nuestro propósito principal fue ayudar a los que ayudaban a la gente traumatizada; esta región, con una población aproximada de cinco millones de habitantes, tenía más de trescientas mil personas desplazadas internamente. Durante cinco años, el CSMHI facilitó también una serie de diálogos entre psiquiatras, psicólogos y otras personas influyentes de Georgia y de Osetia del Sur, incluidos aquellos que provenían de los medios de comunicación y otros vinculados a profesiones del mundo del derecho. Esta serie de diálogos fue pensada para incrementar la interacción cara a cara entre georgianos y surosetios (Volkan, 2013). Durante nuestros encuentros, las referencias al monumento del *Padre que llora* por parte de los participantes de Osetia del Sur constituían una indicación clara de la intensidad del proceso de duelo en marcha. Podían hablar de este monumento conmemorativo y, posteriormente, cambiar de tema de conversación cuando los participantes de Georgia parecían dispuestos a reconocer su propio papel en el cruento conflicto. Daba la impresión de que los de Osetia del Sur no estaban dispuestos a escuchar las disculpas y las manifestaciones de empatía de los georgianos con respecto a su sufrimiento.

Cuando visité por primera vez Tsjinvali, el monumento al *Padre que llora* no se había erigido todavía. Vi que la infraestructura de la ciudad estaba básicamente en ruinas. La Escuela n.º 5 de Tsjinvali, en la avenida de Lenin, lugar en el que posteriormente se colocaría el monumento del *Padre que llora*, no era una excepción. Las fuerzas georgianas, que habían cercado Tsjinvali durante muchos meses a lo largo del conflicto, habían ocupado numerosas áreas, incluido el cementerio de la ciudad. De ahí que, ante la muerte simultánea de tres jóvenes combatientes de Osetia del Sur durante el sitio de 1991-1992, los hubieran enterrado en el patio de esa escuela. El razonamiento que subyacía a esa decisión tenía dos facetas: en primer lugar, el patio de la escuela era un sitio seguro para enterrarlos; en segundo lugar, una de las víctimas había estudiado allí. Durante las semanas posteriores, muchos más defensores fallecidos fueron enterrados allí, incluidas treinta personas que, al parecer, fueron asesinadas en el mismo día. A excepción de algunos ancianos de un albergue, nadie que muriese por causas naturales fue enterrado allí. Hoy en día hay casi un centenar de tumbas en ese patio.

Los familiares que estaban de duelo erigieron cerca de las tumbas una capilla y, posteriormente, una estatua, a la que llamaron el *Padre que llora*. La estatua representa a un hombre que, vestido con un *burka* (un traje tradicional con mangas largas) y con un sombrero de piel de carnero, mira en dirección a las tumbas. En la cultura de Osetia del Sur se parte de la idea de que un hombre no llora; las lágrimas paternales de la estatua expresan el dolor extremo e incesante. Aunque una valla de hierro separa el cementerio del resto del patio de la escuela, en cuanto se entra en el patio se hace visible la estatua por encima de esa valla. Desde los tres pisos de la escuela, los alumnos —que comenzaron a asistir a clase una vez acabado el intenso conflicto— pueden ver el cementerio. Quizás no sorprenda que el patio haya acabado siendo un lugar sagrado, un símbolo del sentimiento de los surosetios de ser las víctimas de los georgianos. El *Padre que llora* se convirtió en un símbolo concreto del continuo duelo social.

Durante los primeros años que siguieron al conflicto de 1991-1992, hubo repetidas ceremonias en el patio de la Escuela n.° 5. Las autoridades, valiéndose de cualquier posible excusa, las organizaban con ocasión de diversos aniversarios y fiestas religiosas. La gente apoyaba a las autoridades con su participación masiva en esas ceremonias. Se animó a los escolares a escribir y a leer poesías sobre la victimización y, lo que era aún más importante, sobre la idea de venganza. La imagen del enemigo quedó reforzada para mantener la ilusión grupal de que se podían recobrar las pérdidas sufridas a manos de sus enemigos. Más aún, durante cada día escolar, centenares de estudiantes de la escuela secundaria pasaban por el lugar «sagrado» y, una vez que se hubo construido el monumento, miraban las «lágrimas» del *Padre que llora*. A los jóvenes se les recordaba constantemente la victimización, la impotencia y las pérdidas de los surosetios; eran expuestos a ello para seguir sosteniendo el deseo de venganza.

Tras varios años de participación en las series de diálogos entre georgianos y surosetios organizadas por el csmhi, los participantes de Osetia del Sur reconocieron que el monumento al *Padre que llora* envenenaba a los estudiantes de la escuela secundaria y mantenía vivos los sentimientos negativos contra los georgianos en las generaciones jóvenes. Hablaron de ello a las autoridades de Tsjinvali y posteriormente informaron de que habían disminuido las ceremonias en el patio de la Escuela n.° 5. También se controlaron las emociones en los poemas que leían los estudiantes. Pero el «envenenamiento» de los jóvenes que pasaban frente al *Padre que llora* no se pudo modificar. Los surosetios que participaban en los diálogos comenzaron a hablar de su dilema: debían o bien quitar las tumbas de aquel lugar o bien edificar una escuela nueva. La primera opción era impensable porque sus ideas religiosas les impedían molestar a los muertos. Por otro lado, las autoridades surosetias, debido a las extremas dificultades económicas, no disponían de dinero para edificar una escuela nueva. Cuando los surosetios comenzaron a expresar verbalmente su dilema, estuvieron más dispuestos a «escuchar» las disculpas de los georgianos. Cuando una georgiana dijo que se sentía conmocionada por el dilema de los surosetios y que quería ir a la Escuela n.° 5 para rendir homenaje a los muertos, los surosetios respondieron positivamente.

Hay otros monumentos conmemorativos que también evolucionan como objetos vinculantes compartidos, pero que están asociados con aspectos diferentes a los del *Padre que llora*. Consideremos el Yad Vashem★ de Jerusalén. Definitivamente,

---

★ Yad Vashem (Museo Histórico del Holocausto de Jerusalén) es el santuario conmemorativo en memoria de las víctimas del Holocausto administrado por el Centro Mundial de Conmemoración de la Shoá Yad Vashem. Su nombre proviene del verso bíblico del profeta Isaías (56,5): «les daré en mi casa y en mis muros/ una marca y un nombre/ mejor que el de los hijos y las hijas./ Un nombre les

su visita induce sentimientos muy intensos en los israelíes e, igualmente, en todos aquellos que se permiten la vivencia del impacto del Holocausto. El Yad Vashem es un objeto vinculante compartido que mantiene vivo el duelo del grupo. Dado que las pérdidas sufridas durante el Holocausto fueron en extremo importantes como para ser elaboradas, un monumento como el Yad Vashem actúa como un lugar en el que puede sentirse el duelo, el cual, en cierto sentido, está «conservado» allí. Como ha habido un sinnúmero de formas de recordar y expresar los sentimientos de duelo en relación con el Holocausto —en ceremonias religiosas y políticas, en libros, poemas, arte, películas y conferencias—, el Yad Vashem no queda asociado con el hecho de mantener abiertas las heridas causadas por el Holocausto con la esperanza de recuperar lo que se ha perdido; no queda asociado a un profundo sentimiento de venganza. Por otro lado, la tarea de realizar el duelo del Holocausto pasa de generación en generación (para ampliar este tema, véase Volkan, Ast y Greer, 2002), y el monumento vincula a los descendientes con sus antepasados. Mantiene vivo el duelo sin mayores y evidentes consecuencias de venganza.

En Estados Unidos, el monumento a los veteranos de Vietnam evolucionó también como un objeto vinculante compartido (K. Volkan, 1992; Ochsner, 1997) y ayudó a los estadounidenses a aceptar que sus pérdidas fueron reales y que la vida seguiría adelante sin que pudieran recuperarlas. Aunque hubo muchas protestas masivas en contra de la guerra de Vietnam, no creo que, en general, los estadounidenses se sientan como la parte culpable. El comunismo era «malo» y la guerra americana en Vietnam se hizo por el «bien» de la humanidad. Esta fue la visión «oficial» y la guerra de Vietnam no hizo que los

---

daré,/ que no se borrará.» En hebreo, «una marca y un nombre» se escribe «yad va-shem», de manera que estas palabras escogidas para designar el santuario y la institución significan dar un lugar y una memoria a todas las víctimas del exterminio nazi. *(N. del E.)*

estadounidenses se sintieran como si fuesen los «malos». Pero, ciertamente, muchos sintieron que morir por una causa en una tierra muy lejana no estaba justificado. De ahí que la guerra de Vietnam dividiera a la sociedad estadounidense. Cuando acabó la guerra, «la respuesta más común fue, efectivamente, la negación» (Ochsner, 1997, p. 159). Los muertos, llorados por sus familiares y amigos, fueron enterrados con discreción. «Sin embargo, la construcción del monumento a los veteranos de Vietnam, con las inscripciones de los nombres de los muertos y de los desaparecidos, pareció cambiar todo eso» (Ochsner, 1997, p. 159). Cuando Maya Ying Lin, la joven diseñadora de este monumento conmemorativo, planeaba sus diseños, asoció la muerte con «un intenso dolor que disminuye con el tiempo, pero que nunca llega a cicatrizar» (Campbell, 1983, p. 150). La artista quería tomar un cuchillo y cortar y abrir la tierra, para que, «con el tiempo, el césped la cure» (Campbell, 1983, p. 150). Kurt Volkan (1992) observó el monumento conmemorativo de los veteranos de Vietnam desde un punto de vista psicológico y mostró cómo este monumento se convirtió en un objeto vinculante compartido en el que las imágenes de los muertos quedaban vinculadas a las correspondientes imágenes de los dolientes. «Al tocar la lápida y el grabado con sus nombres, los vivos se unen con los muertos; después de todo, un nombre es un término simbólico que encarna todas las cosas de la existencia de uno» (p. 76). Kurt Volkan añadió: «Por lo tanto, este Muro [el monumento] puede ser tan personal como el llanto de la madre tras la muerte del hijo, o tan público como el llanto de una nación por su historia pasada, que todavía está por resolver» (p. 76).

El monumento a los veteranos de Vietnam no solo abrió una herida, sino que ayudó a los estadounidenses a desarrollar cicatrices para cubrirla. Para las personas, un monumento puede acabar siendo un objeto vinculante compartido que queda asociado con este tipo de función, de forma que a largo plazo funciona como una «caja cerrada con llave» (Volkan, 1988, p. 171) que contiene las emociones grupales compartidas no resueltas. Esto es lo que ha sucedido con el monumento a los veteranos de Vietnam. Kurt Volkan (1992) escribió: «El monumento a la guerra de Vietnam ha creado un vínculo permanente entre los vivos y los muertos. Al "enterrar" a 57.692 de nuestros soldados en un lugar, instantáneamente estamos conectados con la tierra y el área circundante; estamos constantemente recordando el pasado. Esta es una de las muchas formas de proclamar esta tierra como nuestra, como un "objeto vinculante" que unirá para siempre a los vivos con los muertos» (p. 77).

Muchos monumentos conmemorativos son obras de arte. Pero, con frecuencia, para apreciarlos como formas artísticas hace falta tiempo; para que su belleza pueda ser valorada, tienen que dejar de ser una cuestión «candente» (en términos emocionales). Algunos monumentos también tienen una «función cambiante», de acuerdo con lo que sucede en el seno del grupo grande cuyos miembros y descendientes han quedado afectados por un trauma masivo compartido. Nuevas hostilidades con el viejo o el nuevo enemigo «reavivan» estos monumentos. De lo contrario, pueden pasar años o siglos hasta que estos antiguos lugares o monumentos *se enfríen* y, en cierto modo, solo nos acordemos de ellos en los aniversarios de los sucesos.

Más adelante, en el capítulo 9, examinaré la psicología del monumento funerario de Kosovo al servicio de la reapertura de un duelo agudo y de la creación de un colapso temporal.

8. Las personalidades de los líderes políticos

Las personalidades de nuestros líderes políticos, especialmente durante los procesos electorales y en momentos de crisis o escándalos, siempre han sido escudriñadas en un sentido general y no necesariamente desde una perspectiva psicoanalítica. Hay un interés público en conocer la personalidad de un líder político y el rol que esta tiene en la determinación de su conducta y en la toma de decisiones. Un adulto, durante el transcurso de su vida, muestra ciertas características de conducta y pensamiento habituales que pueden ser observadas por los demás. Dado que los líderes políticos permanecen mucho tiempo en el ojo público y no tienen más opción que permitir que su forma de hablar, su lenguaje corporal, sus expresiones emocionales y otras pautas personales habituales estén a disposición de todo el mundo a través de los medios de comunicación, a veces se hacen intentos para analizar su personalidad, mayormente a cargo de personas que ni siquiera han estudiado la psicología humana.

El concepto de «personalidad» describe las repeticiones observables y predecibles de lo que una persona, de forma consciente o inconsciente, utiliza en circunstancias normales para mantener estable una recíproca relación con su entorno. Por lo tanto, la personalidad está asociada a unas funciones de autorregulación yoica y del medio, que la persona utiliza de forma regular para mantener una armonía tanto interna (intrapsíquica) como interpersonal. Dos conceptos más, *tempera-*

mento y *carácter*, se incluyen normalmente bajo el paraguas de la personalidad. El concepto de temperamento hace referencia a las tendencias cognitivas y afectivomotoras determinadas genética y constitucionalmente. El carácter se forma a través de los modos egosintónicos que un individuo utiliza para reconciliar los conflictos intrapsíquicos durante los años de desarrollo. Cuando el temperamento y el carácter se combinan, producen la personalidad adulta.

El concepto de personalidad, sin embargo, no es el mismo que el de identidad —ya que esta última no es observada por los otros, sino que solo es detectada por una persona en concreto—. También hay que diferenciar el término personalidad del de «representación del *self*», término que desde la metapsicología del psicoanálisis hace referencia a la descripción de cómo se desarrolló la propia organización del paciente (organización de la personalidad) y de cómo, teóricamente, se relaciona con las representaciones de objeto, así como con las demandas del ello, las funciones yoicas y las influencias del superyó.

En nuestro trabajo clínico observamos varios tipos de personalidad y las denominamos *obsesiva, paranoide, fóbica, depresiva, narcisista*, etcétera. Por ejemplo, cuando vemos a un paciente que de forma habitual es dogmático, obstinado, ambivalente y escrupuloso con la limpieza; que muestra gestos rígidos y agarrotados y que no puede expresar sus emociones de forma libre, podemos decir que este paciente tiene una *personalidad obsesiva*. La mayoría de la gente, sin embargo, presenta aspectos de diversas características de personalidad y se hace difícil clasificar su comportamiento futuro, sus pensamientos y sus pautas emocionales como pertenecientes estrictamente a un tipo o a otro. Cuando tales pautas son exageradas, inadaptadas, predecibles y generan problemas interpersonales, los profesionales de la salud mental utilizamos términos como «alteraciones de la personalidad». Por ejemplo, una «rutina» de personalidad obsesiva evoluciona en «alteración» cuando el paciente muestra ambivalencia hasta el extremo tal de que, de forma constante, frustra a los demás o no puede completar sus propias tareas. Una persona con una alteración de la personalidad de tipo obsesivo mantiene también sus emociones bajo control, pero en ocasiones lo pierde con agresivos e inapropiados estallidos que generan conflictos interpersonales posteriores. Es como una persona constantemente estreñida que, de forma repentina, tiene un movimiento intestinal explosivo. Utilizo esta analogía anal porque, a través del trabajo clínico que se remonta a Freud (1905d) y a Abraham (1921), somos conscientes de las fijaciones anales de la personalidad obsesiva. Sin embargo y con frecuencia, estas personas no reconocen su propia parte en los problemas interpersonales que generan ni el papel que desempeña su personalidad en tales conflictos.

La personalidad del líder político desempeña un papel crucial en sus intentos de mantener una relación estable tanto con los que forman parte de su «séquito» inmediato como con la mayoría de las personas del grupo grande constituido por sus «seguidores». La relación entre el líder y sus seguidores es una calle de «doble sentido»: está influida y determinada por la personalidad del líder y por las necesidades y los deseos compartidos, conscientes e inconscientes, de sus seguidores. Un líder político puede utilizar el ámbito histórico para encontrar soluciones externas a sus necesidades, deseos y conflictos internos, que son mayormente inconscientes; en este caso, serán sus necesidades, deseos y conflictos los que modificarán el estado emocional y físico de sus seguidores.

El profesor de ciencia política James MacGregor Burns (1984) identificó dos tipos de líderes: los *transaccionales* y los *transformadores*. El líder transaccional depende de la negociación, la manipulación, el acomodamiento y el compromiso con un sistema dado, y de hecho progresa gracias a todo ello. Actúa de acuerdo con las elecciones políticas y el «clima» nacional y sigue los sentimientos del grupo grande, convirtiéndose en su portavoz. Por otro lado, el líder transformador «responde a las necesidades, deseos, esperanzas y expectativas humanas fundamentales» y puede «trascender e incluso buscar la reconstrucción del sistema político, en lugar de simplemente actuar en él» (Burns, 1984, p. 16). En esto escuchamos el eco de la clásica descripción de Weber (1923) sobre los líderes carismáticos. En cuanto líderes carismáticos, pueden ser reparadores, destructivos o ambas cosas (Volkan, 2006a). Son reparadores si intentan llevar a sus seguidores a niveles más elevados sin recurrir a la propaganda maligna contra los considerados como el Otro ni a su deliberada destrucción. En cambio, algunos líderes transformadores intentan destruir al Otro para elevar el estatus de su grupo grande.

El enfoque reparador de Nelson Mandela para liderar el periodo que siguió al *apartheid* fue evidente en la Copa Mundial de Rugby que tuvo lugar en Sudáfrica en 1995. El *rugby*, en Sudáfrica, ha sido considerado como un deporte de blancos y «un símbolo de la unidad y del orgullo de los afrikáneres blancos, rasgos que se remontan a la guerra de los bóeres» (Swift, 1995, p. 32); aunque Sudáfrica produce equipos de *rugby* muy buenos, no habían sido aceptados en los dos primeros campeonatos mundiales de esa copa, en 1987 y 1991, por el *apartheid*. Llegar a ser la sede de la Copa Mundial en 1995 fue, por lo tanto, un hecho de gran significado político para la nueva Sudáfrica; Mandela podría realzar tanto el prestigio nacional como el internacional si los juegos eran exitosos.

La tarea de Mandela fue aún más complicada ya que el equipo de Sudáfrica, los *Springboks*, tenía solo un jugador negro y el nombre del equipo evocaba el *apartheid*. Pero en vez de, simplemente, asegurarse del buen desarrollo del campeonato y de que Sudáfrica diera una imagen de anfitriona reformada y responsable, la personalidad de Mandela fue lo que en realidad ayudó a promover el proceso de una unificación emocional de Sudáfrica. Para estimular el sentimiento de que ahora el *rugby* pertenecía a todos los sudafricanos, Mandela visitó el campo de entrenamiento del equipo, dio la mano a los jugadores, palmeó sus espaldas y se puso la gorra de los *Springboks*. Les dijo que tenían el respaldo de toda la nación y lanzó declaraciones públicas sobre la nueva imagen del equipo. A su vez, los *Springboks* hicieron lo recíproco. El día previo al partido contra el campeón anterior, Australia, el equipo de Sudáfrica acudió a la isla Robben, frente a la costa de Ciudad del Cabo, donde Mandela había estado prisionero durante dieciocho años. Visitaron la que había sido su celda y en la Copa Mundial dedicaron sus esfuerzos a su presidente. Todo el país quedó galvanizado. Al día siguiente, bajo el hechizo de esta atmósfera emocional, los *Springboks* le ganaron a Australia por 27 a 18.

Un día antes del siguiente partido de los *Springboks* contra Francia, Mandela dio un discurso en Ezakheni, una comunidad negra; señalando su gorra de los *Springboks*, dijo: «Esta gorra es en honor a nuestros muchachos. Os pido que estéis con ellos mañana porque son de los nuestros» (Swift, 1995, p. 32). Los negros de Sudáfrica se identificaron con Mandela y con su aceptación del deporte del régimen de los blancos; el indeseable símbolo del pasado *apartheid* de Sudáfrica se fue transformando en un símbolo de unidad y esperanza a través de la modificación de las actitudes sociales. Millones de personas celebraron la inesperada derrota de Francia al día siguiente; la Copa Mundial de Rugby de 1995 fue *in crescendo* cuando el equipo de Sudáfrica venció en la prórroga al equipo de Nueva Zelanda, primero en el ránking, lo que le valió, la conquista del campeonato. Poco después los *Springboks* comenzaron una campaña para animar a los residentes negros a pagar sus facturas como parte de su contribución a la reconstrucción de Sudáfrica. Un deporte de blancos se convirtió en el vehículo para la educación con respecto a la responsabilidad civil, la adaptación y las políticas que siguieron al *apartheid*.

Comparemos a Nelson Mandela con Slobodan Milošević. Ambos eran líderes transformadores, pero reaccionaron de muy variadas maneras a la crisis de la disolución sistémica, la regresión del grupo grande y las cuestiones sobre la identidad del grupo grande. Mandela «enseñó» a los sudafricanos, tanto a los blancos como a los negros, y mediante acciones sustantivas y simbólicas, a adaptarse de forma útil a los nuevos retos sociales y políticos, así como al legado emocional del *apartheid*. Milošević, tras la destrucción de la antigua Yugoslavia, consiguió activar un nacionalismo serbio virulento y ayudó a los serbios a formar un grupo cohesionado por un sentimiento de victimismo compartido, por una demonización del Otro y por los deseos de venganza contra su enemigo, simbolizado por los musulmanes yugoslavos.

Tras el derrumbe de Yugoslavia, cuando los serbios trataron de consolidar su «nueva» identidad, Milošević los animó a adoptar doctrinas de políticas de derechos y de purificación, en lugar de la cooperación y la coexistencia. Sería engañoso considerar a Milošević como el único responsable de las numerosas tragedias de los Balcanes, ya que la animosidad entre croatas, serbios y bosniacos existía mucho antes de que llegara al poder; numerosos aspectos y sucesos complejos estaban involucrados en el conflicto. La situación recordaba a una calle de doble sentido muy transitada en ambas direcciones. Pero está claro que las decisiones que tomó Milošević no intentaron estimular la paz, ni la estabilidad ni la tolerancia étnica.

No he estudiado profundamente el desarrollo de la personalidad de Nelson Mandela y, por lo tanto, no puedo ofrecer conclusiones sobre cómo o por qué acabó siendo el tipo de líder que fue o por qué tomó determinadas decisiones. Sin embargo, he recogido información detallada sobre la vida interior y la personalidad de Slobodan Milošević (Volkan, 1997, 2006a). En el capítulo siguiente explicaré su historia y su implicación en el proceso destructivo del grupo grande.

En una democracia estable que no está experimentando una presión elevada en el terreno económico, político o militar, la personalidad del líder transaccional no es, normalmente, de crucial importancia; en esta situación, tampoco un líder transformador generará cambios fundamentales en la sociedad ni iniciará políticas drásticamente diferentes. Los sistemas formales e informales de la distribución de poderes en una democracia de buen funcionamiento evitan que los comportamientos y sentimientos habituales de los líderes ejerzan una influencia excesiva sobre el gobierno y los gobernados. Y aun cuando muchos seguidores se sienten entusiasmados y se identifican con la personalidad, la conducta y el programa del líder transformador, los cambios que se producen no suelen resultar drásticos.

Cierto es que el desarrollo de la civilización es diferente de un grupo grande a otro. Tales diferencias son una cuestión de grados, aunque incluso los grupos grandes muy civilizados pueden ser regresivos. Por ello los avances tecnológicos no deben ser considerados como una medida estricta para juzgar el progreso de una civilización. En determinadas circunstancias —como las derivadas de crisis políticas o económicas, revoluciones, terrorismo, guerras o situaciones bélicas—, la personalidad del líder político puede influir, y normalmente influye, en los resultados o normas; en ciertas ocasiones será el factor más importante en la creación de procesos sociales o políticos nuevos y drásticos. Cuando un líder experimenta ansiedad prolongada o emociones desagradables, como la depresión o la humillación a consecuencia de la reactivación, por razones varias, de sus conflictos mentales internos, puede recurrir al terreno social o político en un intento de encontrar una solución externa para un dilema interno. En tales momentos, la personalidad del líder desempeña un papel crucial en la «elección» del proceso social o político que ha de iniciar o en el que se verá envuelto un grupo grande.

La personalidad establecida de un individuo dice mucho sobre el modo en que él o ella responderá a las situaciones que generan ansiedad y regresión. Por ejemplo, como los individuos obsesivos tienen dificultades para tolerar la pérdida de control, cabe esperar que un líder con esa personalidad experimente peligro interno y ansiedad al enfrentarse a una situación política o a un rival político que no puede controlar. La persona puede entonces experimentar de modo inconsciente la pérdida de amor o autoestima. El líder obsesivo puede responder de forma exagerada y buscar normas, regulaciones y políticas oficiales u otras fuentes de racionalización e intelectualización para abordar la crisis, a costa de explorar soluciones creativas y adaptativas. O bien puede dar muestras de una ambivalencia extrema con respecto al oponente «fuera de control» y comportarse de manera irracional.

Hay, asimismo, otros tipos de líderes, como los paranoicos. Así, por ejemplo, al recordar a Joseph Stalin, Nikita Khrushchev (1970) escribió: «Una cosa es no confiar en la gente. [Stalin] tenía derecho a eso, si bien su extrema desconfianza indicaba que tenía un grave problema psicológico. Pero es una cosa muy distinta cuando un hombre se ve impulsado compulsivamente a eliminar a *todo aquel* que no le inspire confianza» (p. 307). Véase también la detallada biografía de Tucker (1973) sobre Stalin, considerado allí como un líder patológicamente paranoico. A menudo resulta difícil distinguir un estilo paranoico, que puede ayudar a un líder a proteger al grupo grande de lo que lenta e ineludiblemente irá convirtiéndose en un líder patológicamente paranoico.

En 1926(d) Freud propuso la delimitación de cuatro situaciones que eran peligrosas internamente e inducían ansiedad en los individuos. La primera es el temor a la pérdida del objeto querido. La segunda conlleva el temor a perder el amor aportado por el objeto querido. La tercera puede ser descrita como la pérdida de una parte del cuerpo y que es asociada a la castración. El cuarto peligro se refiere al temor a no estar a la altura de las expectativas internalizadas de otras personas importantes (superyó) y, por lo tanto, refleja una pérdida de la autoestima. Cuando una situación externa es percibida inconscientemente como uno de estos temores o como una combinación de todo ello, sus imágenes acaban siendo parte de los conflictos mentales internos y el individuo puede sentir ansiedad y regresión. Las indicaciones de Freud son aplicables fundamentalmente a pacientes con una organización neurótica de la personalidad, es decir, a personas con una representación del *self* integrada. Actualmente, los psicoanalistas tratan a muchos individuos con organizaciones narcisistas y *borderline* de la personalidad, personas con una representación del *self* no integrada. También sabemos que muchos individuos con una organización narcisista de la personalidad buscan roles de liderazgo (Volkan, 2004; Volkan y Fowler, 2009). Por lo tanto, quisiera ampliar la lista de Freud y describir más situaciones internas que generan ansiedad en las personas que poseen una organización narcisista de la personalidad, incluidos los líderes.

El narcisismo está vinculado a la autopreservación y en el funcionamiento humano es tan normal como la sexualidad, la agresión y la ansiedad (Rangell, 1980); como tal, está sujeto a variaciones. Puede ser «saludable» o «insano». Un niño con un narcisismo sano, al ir adquiriendo independencia, se quiere a sí mismo no solo cuando se siente querido por los miembros de su familia, sino cuando es rechazado por otros (Weigert, 1967). Como adulto, esta persona es capaz de mantener su autoestima cuando se enfrenta a pérdidas o a traumas. En las décadas de 1960 y de 1970, hubo una concentración de esfuerzos en los círculos psicoanalistas estadounidenses, muy especialmente por parte de Kohut y Kernberg, para el estudio de personas con un narcisismo insano, exagerado. Kohut propuso una línea independiente en el desarrollo desde el autoerotismo a través del narcisismo adaptativo y culturalmente valioso. Los defectos maternos llevan a una fijación en el niño, que desarrolla una grandiosa y exhibicionista autoimagen, a la que Kohut denominó «*self* grandioso». Si los defectos maternos no hubieran sido tan grandes, este *self* grandioso se hubiera transformado en un *self* con ambiciones maduras y autoestima (Kohut, 1966, 1971, 1977). Mientras que, siguiendo a Jacobson (1964), Kohut desarrollaba una comprensión metapsicológica del narcisismo, Kernberg ponía la atención en el conflicto de las relaciones objetales cuando describía a personas con una organización narcisista de la personalidad. Señaló que, en tales personas, el investimiento libidinal no se dirige hacia una estructura del *self* normalmente integrada; tales individuos poseen una estructura del *self* desintegrada y muestran relaciones objetales conflictivas (Kernberg, 1975-1976, 1980).

Como describí anteriormente, un bebé es alimentado entre cuatro y seis veces al día. Cada experiencia de alimentación produce diversos grados de placer (Stern, 1985). En cierto sentido, a medida que el niño crece, las diversas experiencias quedan catalogadas en su mente como «buenas» o «malas». Hasta que las funciones integradoras no se hayan alcanzado completamente, aquellas experiencias de la gente que queden conectadas con las de amar y frustrar, así como las de ser amado y frustrado, también quedan divididas. Como he mencionado en el capítulo 2, el *sentimiento subjetivo* del niño de la integración de su *self* es su identidad personal. Si no puede alcanzar completamente esta tarea integradora por causas biológicas o del entorno, la identidad individual, incluso cuando sea adulto, permanece dividida. Para aquellas personas que presentan una organización narcisista de la personalidad, la *escisión del desarrollo* normal evoluciona a una *escisión defensiva*. En otras palabras, a medida que crecen, estos individuos continúan manteniendo dos partes desintegradas.

Los conflictos en las relaciones objetales hacen referencia a las tensiones que conciernen a la integración o no de las imágenes del *self* y de objeto en él, cargadas libidinalmente o agresivamente, o externalizándolas sobre las demás y re-internalizándolas posteriormente. Kernberg utilizó también el término «*self* grandioso» para describir la parte omnipotente del *self* libidinalmente cargada y que tales pacientes suelen mostrar de forma abierta. La segunda parte, normalmente oculta, de los individuos con una organización narcisista de la personalidad asociada a la dependencia y a la inferioridad se denomina «*self* hambriento» (Volkan, 2010). Estas dos partes están separadas por el mecanismo de la escisión defensiva.

Existen varios tipos de ajuste de la organización narcisista de la personalidad. Por ejemplo, hay individuos con una organización de la personalidad de tipo masoquista-narcisista que ocultan su *self* grandioso tras conductas cuya pauta indica: «Soy la persona que más sufre del mundo» (Cooper, 1989; Volkan, 2010). Aquellos que pueden sostener su *self* grandioso a diario, encontrando una forma de articular sus demandas con el entorno, así como aquellos que pueden desarrollar una sublimación, o incluso aquellos que en ocasiones presentan lo que Kernberg (1975) llamó «pseudosublimaciones», pueden ocultar eficazmente la utilización de la escisión defensiva. Realizan unos ajustes «exitosos» con la vida. Con «exitosos» no me estoy refiriendo solo al hecho de alcanzar una particular posición social. Estoy describiendo también la estabilidad de un *self* grandioso y su valoración por parte de los otros, por lo que este ajuste tiene lugar entre las demandas internas de un individuo y sus relaciones interpersonales. Otros consideran que, generalmente, las personas que se colocan como líderes de una organización, o incluso de un país, *son* superiores a los demás. Pero cuando las personas que presentan una organización narcisista de la personalidad se encuentran ante amenazas a sus partes grandiosas, experimentan mucha ansiedad.

Los líderes que tienen una personalidad narcisista están preocupados por su propia importancia y por las fantasías de un éxito ilimitado, al que sienten que tienen derecho. Al tiempo que solicitan la admiración de los demás, están distantes y con falta de empatía hacia ellos. Empujados de forma compulsiva a ser el «número uno» en poder, prestigio y fama, disocian y niegan su «voracidad», sus aspectos dependientes y devaluados. Tales personas pueden estar profundamente involucradas en aspectos políticos y sociales, pero los consideran de forma unilateral, sin referencia a los puntos de vista de los demás, a quienes perciben como «inferiores»; esencialmente, permanecen indiferentes a la humanidad en general y se sienten por «encima» de ella. Aunque un líder de tipo narcisista puede parecer distante y, por lo tanto, esto indica la posibilidad de un carácter obsesivo, las personas obsesivas están mucho más en sintonía con las personas que las rodean y con frecuencia son capaces de una preocupación sincera y entusiasta por los aspectos sociales y políticos (Kernberg, 1970).

Otra característica de algunas personas con personalidad narcisista es su fantasía consciente o inconsciente de vivir solos en un espléndido aunque solitario «reino», dentro de una «burbuja de cristal» (Volkan, 1979b). A través de la metáfora de la burbuja de cristal ven a los demás fuera de su «reino» y los dividen en dos grupos: aquellos que apoyan su narcisismo y los que lo devalúan. Aquellos que devalúan son percibidos como «enemigos» o pueden ser ignorados, ya que son totalmente insignificantes. Cuando su superioridad y su poder son amenazados, los líderes narcisistas sienten vergüenza y humillación. Estos sentimientos pueden ir acompañados de rabia; para estabilizarse o restablecer su grandiosidad y apartar sus sentimientos desagradables, el líder se siente internamente movido a actuar, y las decisiones que tome pueden tener drásticas consecuencias políticas o sociales.

Un análisis de la vida adulta del trigésimo séptimo presidente de Estados Unidos, Richard Nixon, indica que tuvo una exitosa organización narcisista de la personalidad y que también utilizó el mecanismo obsesivo para dar apoyo a su narcisismo (Volkan, Itzkowitz y Dod, 1997). Estuvo preocupado por el poder y la superioridad y por ser el «número uno» —primero, para lograr sus objetivos y luego para defenderlos de los numerosos «enemigos» que veía a su alrededor—. Según su mujer, desde los tiempos en que se conocieron en la universidad, Nixon siempre fue el «presidente de algún grupo, como el Club 20-30, y esto y aquello, entre otras cosas» (Mazo y Hess, 1967, p. 30). Participó en trece elecciones, comenzando en las de delegado de clase en la escuela superior, y solo perdió en tres ocasiones. A los 33 años fue elegido para el Congreso de Estados Unidos; se convirtió en senador a los 37 y, luego, a los 39 años, fue el segundo vicepresidente más joven de Estados Unidos. Como presidente siguió alcanzando logros importantes o «históricos», entre los que se incluye el haber sido el primer presidente de Estados Unidos que visitó China, así como muchos otros logros de menor importancia; incluso animó a las personas que lo rodeaban a registrar para la posteridad ciertos éxitos que solo lo fueron aparentemente. Según dijo su asistente, John Ehrlichman, «en todas las campañas se bromeaba con lo siguiente: todo lo que ocurría siempre acababa siendo un "éxito histórico"» (Volkan, Itzkowitz y Dod, 1997, p.94).

Como otras personas con fantasías de estar en su «burbuja de cristal», Nixon era un solitario que parecía llegar a muchas decisiones hablando consigo mismo en privado. Tuvo consejeros próximos a él y, ciertamente, trabajó muy cercanamente con su secretario de Estado, Henry Kissinger, cuyas opiniones respetaba; sin embargo, no era un oyente paciente. Según Roger Ailes, uno de sus ayudantes en la Casa Blanca, «sabía lo que ibas a decir. Por lo general conocía tu opinión y sabía cuál sería su respuesta» (Volkan, Itzkowitz y Dod, 1997, p. 99). Pero a pesar de su personalidad de tipo narcisista, o quizá por esto mismo, Nixon fue un exitoso político y, a veces, un efectivo y respetado presidente.

Sin embargo, hay numerosos ejemplos de períodos en los que Nixon hizo frente a «la vergüenza y la humillación» y, para restablecer su personalidad narcisista, tomó decisiones que tuvieron amplias y devastadoras repercusiones. Steinberg (1996), científico político y psicoanalista, subraya que la frustración y la humillación con la que Nixon se encontró por todo lo concerniente a la guerra de Vietnam, al principio de su primera administración, así como otros hechos no relacionados, le empujaron a lanzarse a buscar un objetivo al que dirigir las necesidades de su personalidad narcisista y así restaurar el poder y el prestigio en su propia mente.

Parte de la campaña de Nixon para las elecciones de 1968 consistía en finalizar la guerra de Vietnam «con honor», pero

los norvietnamitas no quisieron acudir a la mesa de negociaciones en términos aceptables para Nixon; lanzaron una
nueva ofensiva sobre Vietnam del Sur y cohetes sobre Saigón,
y fueron percibidos como los que querían ponerle a prueba
otra vez, frustrarle y humillarle. Otros asuntos nacionales se
añadieron a la humillación de Nixon. Durante el primer año
de su administración, dos de sus nominaciones a la Corte
Suprema fueron rechazadas por el Senado; el temor a las manifestaciones antibélicas de los estudiantes le impidió asistir al
acto de graduación de su hija Julie en el Smith College, así
como al de su yerno David en Amherst; además, la misión del
Apolo XIII tuvo que ser detenida, dejando a Nixon «frustrado,
enfadado y avergonzado» (Steinberg, 1996, p. 185). La vergüenza
y la humillación generadas por esa serie de hechos provocaron
señales de peligro interno.

Examinaré ahora la idea de que, para restablecer la estabilidad de su organización narcisista de la personalidad ante
esas amenazas, Nixon escogió rápidamente ejercer y volver
a confirmar su poder y superioridad mediante una ofensiva
secreta contra los santuarios de Vietnam del Norte y del Vietcong
en Camboya. Hay sólidas pruebas que demuestran que Nixon
tomó la decisión de bombardear Camboya mientras estaba en
su «reino solitario», dentro de la «burbuja de cristal» del avión
en el que volaba desde Washington D. C. hasta Bruselas; esta
decisión fue tomada sin consultar a sus consejeros relevantes,
«ante la ausencia de un plan detallado» (Kissinger, 1979, p. 242).
El viaje en avión fue el inicio de una visita ceremonial de diez
días por Europa, visita que, por supuesto, había sido planeada
mucho antes. El día anterior al vuelo, el 22 de febrero de 1969,
Vietnam del Norte había renovado su ofensiva. Podemos imaginar que, desde el punto de vista de la *realpolitik*, la decisión
de Nixon del bombardeo era una respuesta a la reactivación de
la ofensiva norvietnamita. En aquellos momentos, Camboya,
una monarquía con siete millones de súbditos, intentaba ser
neutral, a pesar de que los norvietnamitas habían establecido

santuarios en la frontera entre ambos países. Anteriormente, Nixon había estudiado informes de inteligencia que indicaban que bombardear esos santuarios podía conducir a los norvietnamitas a ir más hacia el oeste, penetrando en Camboya, quizá generando la caída del régimen y provocando el cambio a uno comunista; por eso había decidido no atacar las bases (Hersh, 1983). Entonces, ¿por qué cambió su forma de pensar de manera repentina y sin consultar a nadie? Sugiero hubo factores que provenían de su organización narcisista de la personalidad. Posteriormente, Nixon declararía haber considerado la decisión de los norvietnamitas como un ataque personal. Escribió que este cambio «fue un tanteo, claramente pensado desde un principio para ponernos a prueba tanto a mí como a mi administración. Mi primer instinto fue el de tomar represalias» (Nixon, 1978, p. 380).

A pedido de Kissinger, Nixon aceptó posponer su decisión durante 48 horas; posteriormente canceló su plan inicial de bombardeo. El 9 de marzo ordenó otro golpe, aunque para dejarlo sin efecto por segunda vez. Finalmente, la primera incursión aérea de los B-52 sobre las bases norvietnamitas en Camboya comenzó la mañana del 18 de marzo, hecho que fue ocultado al público estadounidense. Kissinger fue requerido para informar al Departamento de Estado de la primera misión de los B-52 «solo tras el momento de no retorno [...], la orden no es apelable» (Ambrose, 1989, p. 258). Solamente tras ordenar la represalia sobre las bases norvietnamitas en Camboya, Nixon se reunió con algunos de sus consejeros, dándoles a entender que consideraría su opinión, aunque el primer ataque ya había sido realizado. El segundo ataque tuvo lugar a mediados de abril. Camboya fue invadida el primero de mayo de 1970.

Algo que me llama la atención son los nombres clave de los bombardeos sobre Camboya. El primero fue denominado «Desayuno». El segundo recibió el nombre de «Almuerzo». Según Kissinger, el nombre del segundo bombardeo, en parte, se basó en otra situación humillante. En esa ocasión, el deseo era tomar represalias contra Corea del Norte, que recientemente había derribado un avión espía de Estados Unidos: «Pero como siempre, al reprimir su instinto de respuesta a la yugular, Nixon buscaba otro lugar para demostrar su entereza. No había nada a lo que temiera más que a ser considerado débil» (Kissinger, 1979, p. 247). No tengo la menor idea de quién ideó estos nombres vinculados a la comida. ¡Especulo que «Desayuno» y «Almuerzo» pueden ser la expresión del «*self* hambriento» de Nixon! Si su «*self* hambriento» estaba saciado, entonces su «*self* grandioso» no se sentía atemorizado. Sabemos también que al nombre «Almuerzo» le siguió el de «Cena»; posteriormente llegó a abarcarse el «Menú» entero.

En la decisión de bombardear los santuarios vietnamitas de Camboya —realizados rápida, secreta y exclusivamente por Nixon— e invadir posteriormente dicho país hubo algo más que la propia estrategia militar. No se permitiría a los norvietnamitas salirse con la suya y hacer que Nixon apareciese como débil, impotente o indeciso. En el discurso público en el que Nixon anunció la invasión de Camboya, realizado casi un año después de que comenzaran los bombardeos, parecía clara la importancia de su política como medio para sostener el sentido de la grandiosidad (ahora desplazada a Estados Unidos): «No seremos humillados [...], no seremos derrotados». Bajo ninguna circunstancia, Estados Unidos se iba a mostrar como «un lamentable gigante incapaz». En lugar de ello, Estados Unidos debía responder decisivamente: «No es nuestro poder, sino nuestra voluntad y nuestro carácter lo que está en juego esta noche» (Ambrose, 1989, p. 345).

Las protestas de estudiantes surgieron inmediatamente por toda la nación y casi cien mil manifestantes convergieron finalmente en Washington. El bombardeo de Camboya marcó el inicio de una guerra civil en toda regla que duró cinco años. Tras su finalización, entre 1975 y 1979, se estimó que un millón setecientas mil personas murieron y fueron sepultadas en los campos de exterminio, mientras los Jemeres Rojos buscaban el control absoluto sobre Camboya.

En el próximo capítulo retomaré a Slobodan Milošević e ilustraré la reactivación de los traumas designados y sus consecuencias verdaderamente mortales.

9. La reactivación de un trauma designado

En este capítulo se describe la reactivación del trauma designado de los serbios en 1989, la repetición del hecho mentalmente compartido de la batalla de Kosovo de 1389 y sus consecuencias. Cuando, con posterioridad a ese acontecimiento, se relataron por escrito las típicas versiones históricas y políticas, normalmente no hubo referencias a la psicología individual y del grupo grande que tuvo un papel central en ese drama humano. A partir de los detalles que aportaré, quiero mostrar cómo, utilizando con toda legitimidad ciertos *insights* psicoanalíticos sobre la psicología del individuo y del grupo grande, se amplía nuestro conocimiento de la historia. Quisiera ilustrar también el hecho de que, si estos *insights* psicológicos estuviesen a disposición de los poderes internacionales en el momento en el que el trauma designado se reactiva, se podrían desarrollar estrategias que evitarían resultados mortales.

Comenzaré con una breve historia de la batalla de Kosovo. Tras alcanzar la independencia del Imperio bizantino en el siglo XII, el reino de Serbia prosperó durante casi doscientos años bajo el liderazgo de la dinastía de Nemanjić y alcanzó su esplendor bajo el muy querido emperador Stefan Dušan. Al final del vigésimo cuarto año de su reinado, el territorio de Serbia abarcaba desde la frontera con Croacia, al norte, hasta el mar Egeo, al sur, y desde el Adriático, al oeste, hasta Constantinopla (hoy en día Estambul), al este. Dušan murió en 1355 y la dinastía de los Nemanjić comenzó a declinar poco tiempo después. En 1371, los señores feudales serbios eligieron a Lazar Hrebeljanović como líder de Serbia, aunque adoptó el título de príncipe o de duque en lugar del de rey o emperador. La decadencia de Serbia, que se inició poco después, fue atribuida principalmente a la expansión del Imperio otomano en el territorio serbio, que culminó en la batalla de Kosovo, el 28 de junio de 1389 en Kosovo Polje («el campo de los pájaros negros»), al sur de la Federación Yugoslava. A pesar del lapso de casi setenta años entre la batalla de Kosovo y la ocupación total por parte de los turcos otomanos, gradualmente se desarrolló una creencia en la que ambos hechos quedaron equiparados.

Hay varias versiones de la «verdad histórica» sobre la batalla de Kosovo (Emmert, 1990). Sabemos que el sultán otomano, Murad I, fue fatalmente herido por un asesino serbio durante la batalla o tras ella. Sabemos también que el sultán herido o su hijo Bayezid ordenaron la ejecución del príncipe Lazar, que había sido capturado durante la batalla. Sin embargo, los cronistas no se ponen de acuerdo respecto a otros resultados de esa contienda. Con grandes pérdidas en las filas de ambos contendientes y con la muerte de sus respectivos líderes, muchos consideran que no está muy claro el resultado inmediato de la batalla. Aparentemente, las fuerzas otomanas volvieron a Adrianópolis (Edirne) tras estar en Kosovo, y Lazar fue sucedido por su hijo, Stefan Lazarević, que posteriormente acabó siendo aliado del sucesor de Murad.

Sin embargo, setenta años más tarde los otomanos obtuvieron un sustancial control sobre Serbia; para los serbios, la batalla de Kosovo comenzó lentamente a evolucionar como un «trauma designado». En Serbia, los relatos de la batalla, de carácter mitológico, fueron transmitiéndose de generación en generación mediante una sólida tradición oral y religiosa, perpetuando y reforzando este trauma designado. Lo importante en este caso es no solo la verdad histórica, sino el impacto de la representación mental compartida del «trauma designado» en la identidad del grupo grande. Markovic (1983) hace referencia a la memoria de Kosovo como el «dolor sagrado» (p. 111) y añade que «la mera mención de este nombre es suficiente como para sacudir lo más profundo del corazón de un serbio» (p. 111).

Son abundantes las pruebas que respaldan la afirmación de que la «interpretación» de los hechos de la batalla de Kosovo ha sufrido varias transformaciones. Por ejemplo, las primeras crónicas de la batalla de Kosovo no especificaban el nombre del asesino del sultán Murad. Una versión de la historia cuenta que un pequeño grupo de soldados de Lazar superó las defensas otomanas y que uno de ellos fue capaz de apuñalar a Murad, mientras que otra versión señala que el propio Lazar fue quien lideró ese grupo, en tanto que una versión de 1497 identifica a Miloš Kobila (o Kobilić u Obravitch), uno de los yernos de Lazar, acusado de ser un traidor con anterioridad a la batalla, como heroico asesino. Tiempo después Miloš fue considerado el asesino real.

A medida que evolucionaba el «trauma designado», fueron «reprimidos» muchos factores, entre los que se incluyen la desunión entre los eslavos de los Balcanes y hasta la de la propia familia de Lazar, así como la aparente inefectividad de Lazar en cuanto líder y la continua existencia de Serbia durante décadas tras la batalla. En cuanto «representación objetal» compartida involucrada en la transmisión transgeneracional de las representaciones del *self* traumatizado de los serbios, Lazar tuvo que ser inicialmente absuelto por sellar el sino de Serbia. Según la leyenda, a Lazar se le apareció san Elías bajo la forma de un halcón gris en la víspera de la batalla de Kosovo con un mensaje de la Virgen María. Lazar debía escoger entre dos opciones: 1) si así lo deseaba, podía ganar la batalla y encontrar un reinado sobre la tierra, o 2) podía perder la batalla, morir como mártir y encontrar el reino en el cielo. A continuación, ofrecemos la versión serbia de una canción (Markovic, 1983, p. 114) sobre el dilema de Lazar:

¡Oh, Dios mío!, ¿qué debo hacer?
¿Cuál de los reinos debo escoger?
¿Debo escoger el reino en el cielo?
¿O el reino de la tierra?
Si escojo el reino,
el reino de la tierra,
este reino en la tierra tiene poca duración
y el del cielo es desde ahora hasta la eternidad.

La leyenda cuenta que, al ser una persona muy devota, Lazar «escogió» la derrota y la muerte. A través de la proliferación de su leyenda, los serbios, de forma colectiva, trataron de negar la vergüenza y la humillación. Pero la vivencia de impotencia y victimización no pudo ser negada, dado que los serbios, bajo el control otomano, no tenían el poder necesario para lograr recuperar su glorioso pasado. Permanecieron en el «martirio» de la leyenda e hicieron coincidir su identidad de grupo grande en él. De hecho, el sentido de martirio encajaba bien con la percepción que tenían de sí mismos en el período preotomano. Incluso en el período de los Nemanjić, los serbios pensaron que se habían sacrificado por otros cristianos de Europa, en la medida en que habían servido de «amortiguador» frente al avance de los turcos musulmanes. Con todo, los serbios, pertenecientes a la Iglesia ortodoxa griega, no tuvieron ningún reconocimiento por parte de sus vecinos de la Iglesia católica romana de Europa por ese «sacrificio».

A consecuencia de la transmisión de estas representaciones del *self* traumatizado, pertenecientes al mismo «trauma designado», los serbios quedaron atrapados en una identidad de victimismo y, en cuanto grupo grande, se convirtieron en «dolientes permanentes» por la pérdida de Kosovo. Por supuesto, la evidencia de que fueron ocupados por los otomanos respaldaba esta percepción compartida; la Iglesia y las canciones folklóricas mantuvieron con eficacia el «trauma designado» en la conciencia pública. El 28 de junio, día de la batalla de

Kosovo, fue conmemorado como el día de san Vito; a lo largo de los siglos se convirtió en el tema de otras leyendas que fortalecieron la victimización de la identidad del grupo grande.

El «campo de los pájaros negros» permaneció como símbolo de la impotencia y del duelo inacabado, que los serbios que vivían bajo el reinado otomano no pudieron revertir. Surgió una historia popular que contaba que las flores de la enorme llanura donde se desarrolló la batalla de Kosovo «lloraban» —lo que hacía referencia al hecho de que sus estambres se doblaban y parecía que las flores balanceaban sus cabezas en señal de duelo.

Los otomanos no forzaron directamente a los serbios a convertirse al islam, excepto a aquellos jóvenes que reclutaron para participar en el sistema *devşirme*. Para indicarlo brevemente, el *devşirme* implicaba el reclutamiento de criados procedentes de la población ortodoxa cristiana del Imperio otomano. Comenzó en 1359 con el reinado de Murad I, que más tarde fue asesinado durante la batalla de Kosovo, y continuó a lo largo de los cuatro siglos siguientes. Para los jóvenes cristianos ortodoxos, como los jóvenes serbios, se dictaminó un impuesto en forma de tasa extraordinaria establecida por el sultán, por la que eran separados de sus familias, convertidos al islam y educados para servir al sultán. Uno de los grandes visires del Imperio otomano, Sokollu (Sokolovich) Mehmed Pasha, por ejemplo, fue originalmente un serbio que progresó en el seno del sistema *devşirme*. Sin embargo, la mayoría de los jóvenes serbios (y otros ex cristianos) fueron enrolados en las filas militares como miembros de la temida fuerza imperial de los jenízaros.

Una vez que los otomanos penetraron en el territorio de los Balcanes, «el propio patriarca ortodoxo testificó en una carta enviada al Papa en 1385 que el sultán daba completa libertad de acción a la Iglesia» (Kinross, 1965, p. 59). Incluso durante el reinado de Murad I, se sembró la simiente de la sociedad del Imperio otomano: multicultural, plurirreligiosa y multilingüe. Sin embargo, «en el Imperio otomano todo el mundo era igual, aunque los musulmanes lo eran más» (Volkan e Itzkowitz, 1994,

p. 64). En consecuencia, durante los dos primeros siglos del Imperio otomano, poco a poco muchos eslavos fueron haciéndose musulmanes, especialmente en Bosnia, una zona gris entre la influencia de la Iglesia ortodoxa y la católica romana. Durante el período otomano, estos predecesores de los musulmanes bosnios de hoy en día acabaron siendo los urbanitas de clase media y alta de Bosnia-Herzegovina, en tanto que los campesinos de Serbia y Croacia siguieron perteneciendo a la Iglesia ortodoxa y a la católica romana. A mediados del siglo XVI, la mitad de la población de Bosnia era musulmana, así como casi todos los habitantes de Sarajevo.

Entre los que siguieron siendo cristianos, la idea de que el príncipe Lazar y, por extensión, los serbios escogieron un reino en los cielos, en vez de un reino en la tierra, permaneció viva de una forma encubierta —excepto durante algunas revueltas, como las del período 1804-1815—. Los serbios se aferraron a su identidad de víctimas y glorificaron la victimización en canciones como la siguiente (Markovic, 1983, p. 116):

> *Bebamos, serbios, en gloria de Dios*
> *Y seguid fieles a la Ley cristiana;*
> *Y aunque hayamos perdido nuestro reino*
> *No dejemos perder nuestras almas.*

Sin embargo, en la segunda mitad del siglo XIX, en tanto que el declive del Imperio otomano coincidía con el despertar del nacionalismo en Europa, otros aspectos de las leyendas de Lazar y de Kosovo comenzaron a ser fácilmente observables. Lazar fue transformado, primeramente, de líder inefectivo a santo mártir, pero poco a poco y de forma sutil las imágenes de Lazar y de Miloš fueron modificadas y de figuras mártires, víctimas y trágicas pasaron a ser héroes y, finalmente, vengadores. Por ejemplo, en tanto que en las pinturas e iconos del Renacimiento Lazar y Miloš eran representados como santos o casi como el mismo Jesucristo, en algunas representaciones de finales del siglo XIX y de principios del XX eran representados mediante figuras guerreras mucho más duras. No había una identidad serbia compartida fuera del contexto del símbolo de Kosovo, ya se indujera el símbolo de la victimización o el sentimiento de venganza compartido. Las madres comenzaron a saludar a sus hijos como «los vengadores de Kosovo» —el mensaje directo e indirecto consistía en revertir no solo la vergüenza y la humillación, sino también el dolor y la impotencia en sus representaciones compartidas.

En 1878, tras muchas conspiraciones políticas y diversas guerras, los serbios (al igual que los montenegrinos) se declararon independientes del Imperio otomano por el Tratado de Berlín. Sin embargo, el tratado los colocó bajo el control del Imperio austro-húngaro que, a su vez, procuró suprimir el espíritu serbio de Kosovo. Muy pronto, Serbia se vio involucrada en la guerra de los Balcanes de 1912-1913, pero, finalmente, tras más de quinientos años, fue capaz de «liberar» Kosovo. Más tarde, un joven soldado recordaba esta liberación:

> […] La simple mención de esta palabra, Kosovo, causaba una indescriptible excitación. Esta simple palabra apuntaba al negro pasado: cinco siglos. En ella existe la totalidad de nuestro triste pasado: la tragedia del príncipe Lazar y de todo el pueblo serbio […].
>
> Cada uno de nosotros creó para sí una imagen de Kosovo mientras todavía estaba en la cuna. Nuestras madres nos arrullaban para dormir con canciones sobre Kosovo y en nuestras escuelas los maestros no cesaban de contar historias sobre Lazar y Miloš.
>
> Oh, Dios mío, ¡lo que nos esperaba! Ver la liberación de Kosovo […]. Cuando llegamos a Kosovo […], las miradas de los espíritus de Lazar, Miloš y todos los mártires de Kosovo caían sobre nosotros. (De *Vojincki Glasnik*, 28 de junio de 1932, extraído de Emmert, 1990, pp. 133-134)

Tal identificación con los mártires de Kosovo era un intento de revertir la humillación y la impotencia.

No pasados dos años de la liberación de Kosovo, el día de san Vito de 1914, un serbobosnio llamado Gavrilo Princip asesinó al archiduque Francisco Fernando y a su mujer, que estaba encinta, en Sarajevo y con este hecho se marcaba el inicio de la Primera Guerra Mundial. Lo que se sabe de Princip es que cuando era adolescente, como la mayoría de los jóvenes serbios, fue educado con las imágenes de Lazar y Miloš transformadas en vengadores (Emmert, 1990). Aunque Serbia era «libre» entonces, tras los otomanos, el Imperio austro-húngaro ejerció una significativa influencia sobre buena parte de la región. Parecía que en la mente de Princip los antiguos y los nuevos «opresores» habían quedado condensados, y que el deseo de venganza fue transferido sobre el heredero austro-húngaro.

Tras la Primera Guerra Mundial, lentamente triunfó el intento de unir a todos los eslavos del sur en un mismo reino y se creó el reino de serbios, croatas y eslovenos bajo el nombre conocido como Yugoslavia que significa «tierra de los eslavos del sur» —que se distinguían de los del norte que eran los polacos, los eslovacos y los rumanos—. Yugoslavia estaba formada por cinco «territorios»: Serbia, Montenegro, Eslovenia, Croacia y Bosnia. Como era de esperar, el reino estaba fragmentado por las frecuentes peleas. En 1914, Yugoslavia cayó en manos de los nazis y, aunque lo que sucedió en el período nazi es una historia aparte, que nos habla mucho de lo que sucede hoy de forma abierta u oculta —las enemistades serbias, croatas y musulmanas—, no me extenderé ahora sobre ello.

En 1945, Yugoslavia fue reconocida reorganizada como un Estado comunista, con el mariscal Josip Broz Tito como jefe. La nueva Yugoslavia incluía los cinco «territorios» originales, ahora llamadas repúblicas, más Macedonia. Kosovo y Voivodina, al sur y al norte de Serbia respectivamente, permanecieron como repúblicas «autónomas». En Yugoslavia, bajo el régimen comunista, serbios, croatas, musulmanes, eslovenos, montenegrinos y otros pueblos coexistieron en una paz relativa, si bien no siempre fue así. Por ejemplo, a finales de la década de 1960 y a principios de la de 1970, los nacionalistas croatas pidieron la formación de una Croacia independiente. Para combatir estos problemas, los comunistas trataron de crear al «hombre yugoslavo», de forma similar a como habían creado al «hombre soviético»: un ideal por el cual todos los pueblos eran considerados iguales y estaban conectados mediante los elevados objetivos de la ideología comunista. La representación del príncipe Lazar fue oficialmente degradada como «*símbolo del nacionalismo reaccionario*» (Kaplan, 1993, p. 39); en Bosnia–Herzegovina, por ejemplo, más de una cuarta parte de los matrimonios fueron mixtos y menos del tres por ciento de los musulmanes acudían a las mezquitas a orar (Vulliamy, 1994). Pero hoy sabemos que en Yugoslavia cada grupo se aferró fuertemente a su propia identidad, en lugar de convertirse en parte de un único pueblo «yugoslavo». Tras la introducción de la *glasnost* y de la *perestroika* en la Unión Soviética, llevada a cabo en 1987 por Mijaíl Gorbachov, la República socialista de Yugoslavia comenzó a agitarse y cada grupo empezó a preguntarse: «¿Quiénes somos ahora? ¿Cuán diferentes somos de los demás?».

En abril de 1987, Slobodan Milošević, por aquel entonces un burócrata comunista, asistió a una reunión de trescientos delegados del partido en Kosovo. En aquellos momentos solo el 10 % de la población de Kosovo era serbia. La mayoría eran albanos musulmanes. Durante el mitin, una muchedumbre de serbios (y también de montenegrinos) intentó entrar por la fuerza en la sala de actos. Querían expresar sus quejas sobre las adversidades que estaban teniendo en Kosovo. La policía local bloqueó y prohibió la entrada de la gente a la sala. En ese momento, Milošević dio un paso al frente y dijo: «Nadie, ni ahora ni en el futuro, tiene derecho a golpearos». La masa respondió con frenesí y, espontáneamente, comenzó a cantar el *Hej Sloveni*, el himno nacional: «¡Queremos libertad, no renunciaremos a Kosovo!». A su vez, Milošević estaba excitado;

permaneció en el edificio hasta el amanecer —fueron casi 13 horas—, escuchando las historias de la victimización y del deseo de revertir la vergüenza, la humillación y la impotencia. Milošević salió de esta experiencia revestido de la «armadura» del nacionalismo serbio. Más tarde, en un discurso declaró que los serbios de Kosovo no eran una minoría, ya que «Kosovo es Serbia y lo será por siempre».

Antes de informar sobre cómo Milošević y sus colaboradores activaron una maquinaria propagandística para reactivar el trauma designado serbio y el colapso temporal, resumiré mis hallazgos sobre la vida de Milošević y su mundo interno. Fue el segundo hijo de un sacerdote ortodoxo; nacido durante la ocupación nazi en 1941 en el seno de una familia problemática, vivió numerosos traumas severos en sus primeros años: su tío favorito se suicidó de un balazo en la cabeza cuando Milošević tenía siete años. Lo mismo hizo su padre, cuando. Milošević tenía veintiuno. Cuando el joven alcanzó los treinta, su madre, maestra de escuela y comunista, se ahorcó en la sala de estar de su casa (Vulliamy, 1994).

Milošević se casó con su novia de la adolescencia, Mirjana Marković, pero esta historia tampoco es un cuento de hadas. Al igual que Milošević, Mirjana tuvo una infancia traumática. Su madre, acusada de divulgar información sobre los partisanos cuando estaba bajo arresto por los nazis, fue ejecutada por los comunistas tras la Segunda Guerra Mundial. Existía la creencia generalizada de que el abuelo materno de Mirjana tuvo algo que ver en la ejecución de su hija.

Mis investigaciones me llevan a concluir que Milošević y su mujer habían desarrollado un tipo de psicología «gemela». Este término significa que las dos personas comparten ciertas funciones del yo y/o representan dichas funciones para el otro, el «gemelo», con el fin de escapar de los conflictos internos, mayormente conflictos de objeto internalizados (Volkan y Ast, 1997). En las psiquis de Milošević y de su mujer parecía haber problemas de confianza básicos, así como cuestiones inconclusas, rabia y dependencia que guardaban relación con las personas que habían muerto.

Milošević no tenía fama de contar con muchas otras relaciones duraderas y de confianza. Por medio de fuentes secundarias y de entrevistas personales a algunas personas que le habían conocido, concluí que exhibía características narcisistas de la organización de la personalidad combinadas con otras de tipo esquizoide. Me lo presentaron como una persona distante, carente de sentido del humor, calculador y muy centrado en sí mismo. Parecía determinado a permanecer como el «número uno» a cualquier precio, incluso a costa de la destrucción de los otros. Se oía una frase en Belgrado que venía a decir «Pobre de aquel al que Milošević ha llamado amigo». El antiguo embajador de Alemania en Yugoslavia, Horst Grabert, conoció muy bien a Milošević. Cuando hablé con Grabert en Berlín, en noviembre de 1995, también él me confirmó que Milošević era un solitario y que no tenía genuinas amistades serbias. Es posible que, por sus propias razones personales, Milošević desease vestirse con la «armadura» del nacionalismo, la identidad del grupo grande, para ocultar sus partes traumatizadas. En 1989, se convirtió en el presidente de Serbia.

El trabajo clínico con personas indica que aquellas que han experimentado pérdidas muy drásticas asociadas a agresiones extremas, como lo son las del suicidio, y que han acabado atrapadas en procesos de duelo complicados tienden a «resucitar», simbólicamente o mediante acciones concretas, al muerto y a sus sustitutos en un intento de realizar el duelo, aunque estos procesos nunca tienen un final adaptativo para ellos. Milošević fue una de esas personas. El deseo libidinal de reparar la imagen de lo perdido y el agresivo deseo de «matar» (enterrar psicológicamente) parece condenado a una alternancia repetitiva. La mayoría de las personas que sufren un duelo complicado actúan mediante tales repeticiones sin iniciar drásticos procesos sociales o políticos, ni acciones de destrucción masiva. En el caso de Milošević, sin embargo, su duelo complicado encajó con una organización narcisista de la personalidad. Estos antecedentes pueden explicar por qué Milošević tuvo un papel tan importante a la hora de devolver a Lazar a la «vida» de forma omnipotente para, a su vez, «matarlo» de nuevo, mediante la organización de «funerales» en cada una de las ciudades serbias.

Hay una historia que, de forma particular, ilustra cómo Milošević devolvió a Lazar a la «vida». Alrededor de un año después de su ejecución, en el monasterio de Ravanica de Kosovo se acabó de construir una tumba para el cuerpo de Lazar, quien fue declarado santo. A medida que se extendía el «mito» de Lazar, en las iglesias y en los monasterios serbios comenzaron a aparecer numerosos iconos en los que era representado como la figura de Cristo. Poco antes del establecimiento del régimen otomano en Ravanica, décadas después de la muerte de Lazar, sus restos fueron trasladados a Frushka Gora, al noroeste de Belgrado. En 1889, año en el que se celebraba el 500.º aniversario de Kosovo, se discutió sobre los planes de trasladar el cuerpo momificado de Lazar de nuevo a Ravanica, aunque nunca se llegaron a concretar. Sin embargo, cuando se acercó el 600.º aniversario, Milošević y otras personas de su círculo determinaron sacar el cuerpo de Lazar de su «exilio». El cuerpo momificado fue colocado en un ataúd y fue llevado en procesión por todas las ciudades y los pueblos de Serbia, donde fue recibido por grandes multitudes de dolientes vestidos de luto. Como resultado del colapso temporal de los 600 años iniciado por el líder serbio, los serbios comenzaron a sentir que la caída de Kosovo había ocurrido apenas el día anterior, un resultado obtenido muy fácilmente por el hecho de que el «trauma designado» se había mantenido vivo a través de los siglos. (Quiero recordar al lector que, obviamente, estoy realizando una generalización en este punto: quienes conservaron sus identidades individuales no se vieron influidos por la propaganda política). Al saludar el cuerpo de Lazar, los serbios lloraban y gemían y pronunciaban discursos en los que aseguraban que nunca más permitirían que una derrota como aquella volviese a ocurrir.

Lo que nos interesa aquí es que, aparentemente, Milošević reactivó la representación de Lazar en la mente de los serbios para que el duelo del fracaso, debido a la derrota en la batalla de Kosovo, pudiera ser finalmente realizado y se lograra revertir la impotencia, la humillación y la vergüenza. En cualquier caso, los afectos pertenecientes a las representaciones del *self* traumatizado se percibían recientes; al compartir esto, sin saberlo conscientemente, los serbios se sintieron mucho más conectados y cohesionados y pudieron comenzar a desarrollar unas representaciones del *self* parecidas, en las que se produjo un cambio drástico: un nuevo sentimiento de derecho de venganza.

Milošević continuó avivando los sentimientos nacionalistas. Por ejemplo, ordenó construir un monumento conmemorativo enorme, sobre una colina desde la que se divisa el campo de batalla de Kosovo. Hecho de piedra roja, que representa la sangre (Kaplan, 1993), el monumento se encuentra treinta metros por encima de las flores «afligidas» y está rodeado de columnas de cemento con artillería en forma de conchas, en las que se ha inscrito una espada y las fechas 1389-1989. En la torre están escritas las palabras que Lazar dijo antes de la batalla, con las que alentaba a cada uno de los serbios a ir al «campo de los pájaros negros» para luchar en contra de los turcos. Si un serbio no responde a esa llamada, las palabras de Lazar advierten: «No tendrá hijos, ni varones ni mujeres, y no tendrá una tierra fértil en la que crezcan las cosechas». Al edificar el monumento y vincular las circunstancias de 1389 a las de 1989 (ejemplo concreto de «tiempo colapsado»), Milošević reenviaba el antiguo mensaje de Lazar al presente. El mensaje a los hombres serbios estaba claro: «¡O lucháis contra los turcos o seréis castrados!».

El 28 de junio de 1989, en el 600.° aniversario de la batalla de Kosovo, un helicóptero llevó a Milošević al «campo de los pájaros negros». «Apartó del podio a las doncellas danzantes, ataviadas con el traje tradicional, y condujo a la multitud a sentir una adoración frenética con un mensaje muy simple: "El islam nunca jamás subyugará a los serbios"» (Vulliamy, 1994, p. 51). En una foto de este mitin vi que en las camisetas de muchos de los presentes estaba impresa la antigua llamada de Lazar a la lucha contra los turcos. Cabalgando en esta ola de nacionalismo, la preeminencia de Milošević aumentaba. En 1990, en las seis repúblicas yugoslavas hubo elecciones y en ellas los comunistas fueron derrotados en todas partes, excepto en Serbia y Montenegro. En Serbia, los comunistas se llamaban entonces el Partido Socialista de Serbia, y Milošević fue elegido su presidente. En 1991, Milošević convocó a Radovan Karadžić, el líder de los serbobosnios, y a otros a encontrarse con él para discutir el futuro de las repúblicas. En junio de 1992, tras deshacerse de su «amigo» y mentor Ivan Stambolić —por aquel entonces presidente del Estado, a quien había acusado de traicionar a los serbios de Kosovo—, Milošević fue elegido presidente de la tercera Yugoslavia (la federación serbio-montenegrina).

Mientras tanto, una vez más, los turcos (otomanos) se convirtieron de nuevo en el enemigo «claro y actual» (véase también Anzulovic, 1999). Cuando me entrevisté con Hasan Aygün, graduado en la Universidad de Virginia, quien, durante la época de Milošević, había dirigido la embajada turca en Belgrado, me describió cómo empezó a ser considerado «el enemigo público número uno» en la capital de Serbia. Por doquier se encontraba con serbios que le preguntaban: «¿Por qué vosotros [los turcos] estáis planeando invadirnos?». Aygün observó que muchos serbios creían en la inminencia de una invasión turca y literalmente temió por su seguridad a causa del «colapso temporal». Una de sus observaciones me interesó mucho. Me dijo que muchos jóvenes serbios habían adoptado un nuevo juego: el de la ruleta rusa con pistolas provistas de munición real. Muchos de esos jóvenes murieron o fueron hospitalizados debido a las heridas en la cabeza. Este nuevo «juego» compartido me hizo pensar en una identificación o en un intento de identificación con la representación de Lazar, presente a través de las generaciones.

Al igual que Lazar, estos jóvenes estaban experimentando las dos alternativas: la primera, de muerte y martirio; la otra, de vida y venganza de los turcos.

Ahora, los serbios percibían a los musulmanes bosnios como una prolongación de los otomanos y con frecuencia los llamaban «turcos». Ciertamente, hay una parte de verdad en ello, puesto que los musulmanes bosnios tuvieron un papel importante en la historia de los turcos otomanos. Muchas canciones épicas de los musulmanes bosnios hacen referencia a sus glorias designadas bajo el Imperio otomano (Butler, 1993). En esta atmósfera emocional, resultante del colapso temporal, los serbios, y en especial aquellos que vivían en Bosnia-Herzegovina, comenzaron a sentirse con el derecho de hacer a los musulmanes bosnios aquello que imaginaban que los turcos otomanos les habían hecho a ellos (Anzulovic, 1999).

Antes de que empezara la limpieza étnica y la sistemática violación de las mujeres musulmanas bosnias, la creciente propaganda serbia puso el acento en la idea de que los otomanos, simbolizados ahora por los musulmanes bosnios, querían volver. Un texto propagandístico contra los musulmanes bosnios rezaba:

> Por orden del fundamentalismo islámico de Sarajevo, las mujeres serbias sanas de entre 17 y 40 años están siendo apartadas y sujetas a un tratamiento especial. De acuerdo con sus enfermizos planes, que se remontan a muchos años atrás, estas mujeres deben ser impregnadas de las simientes del islam ortodoxo para criar a una generación de jenízaros [tropas otomanas] en el territorio que ciertamente consideran de su propiedad, el de la república islámica. En otras palabras, se cometerá un cuádruple crimen contra la mujer serbia: sacarla de su propia familia, impregnarla de la simiente no deseada, hacerle llevar a un extraño en el vientre y luego incluso separarlo de ella. (Gutman, 1993)

Esta propaganda buscaba crear el temor entre los serbios a que los musulmanes bosnios intentaran reactivar la *devşirme* y crear un nuevo ejército de jenízaros. Hay una pizca de verdad en esta idea, ya que el líder musulmán bosnio Alija Izetbegović había dado a entender en discursos y escritos la posibilidad de la existencia de un plan islámico en Bosnia, para el que buscaba ayuda de otros elementos fundamentalistas en los países musulmanes.

Con todo, el temor surgido al equiparar a los musulmanes bosnios con los turcos otomanos se basaba en la fantasía, ya que los primeros no tenían realmente un poder militar. Sin embargo, la externalización masiva y la proyección de una agresión serbia sobre los musulmanes bosnios era tan importante que empezó a tener un «efecto bumerán»: los serbios percibieron un peligro «real», basado en sus traumas designados y el colapso temporal, y se sintieron empujados a actuar contra ello. En consecuencia, la idea colectiva de que los musulmanes debían ser exterminados comenzó a ser una realidad. Los serbios se prepararon emocionalmente para, de forma maligna, «purificar» su identidad ante la posibilidad de ser contaminados por los «turcos otomanos», ahora los musulmanes bosnios.

En Sarajevo había muchos edificios, obras de arte y manuscritos que reflejaban el pasado de la ciudad bajo los otomanos. La famosa librería Gazi Husrev-Beg exhibía un precioso Corán, aportado por el gran visir Mehmed Pasha. Lo interesante es que muchos de los serbobosnios que bombardearon Sarajevo procedían de la mismísima capital bosnia (Butler, 1993). En su regresión y respuesta colectiva al «colapso temporal», era necesario «purificar» la ciudad de cualquier conexión musulmana.

La reactivación del trauma designado y la «reencarnación», el «nuevo asesinato» y el «juego» con los restos de una persona muerta (en realidad, del príncipe Lazar) se planearon como una racionalización de las atrocidades. Otros serbios en el poder, como Radovan Karadžić y Ratko Miladić, recurrieron al mismo argumento para justificar sus atroces crímenes. En diciembre de 1994, el expresidente de Estados Unidos Jimmy Carter acudió a Bosnia-Herzegovina con la esperanza de detener el baño de sangre; se reunió con Karadžić y Miladić. Mi compañero del Carter Center, Joyce Neu, estuvo presente. Según Neu (en una comunicación personal con el autor), en lugar de hablar de los aspectos urgentes que eran prioritarios, Karadžić y Miladić utilizaron el encuentro para hablar del trauma designado de 1389, de la victimización de Serbia y de su necesidad de proteger a su grupo grande.

Junto con la fantasía compartida de que había que limpiar el territorio de musulmanes, exterminándolos, hubo otra según la cual había que revertir la *devşirme:* debía incrementarse el número de serbios para proseguir en la batalla. Por lo tanto, se condensaron una estrategia de intimidación consciente y otra inconsciente, cuya consecuencia fue la violación sistemática de miles de mujeres musulmanas por parte de los soldados serbios. La idea que subyacía era la de que el hijo nacido de tal violación (de una mujer no serbia) sería un serbio y no poseería ninguna de las características de la madre. Cuestionando esta creencia, Allen (1996) subrayó que «el embarazo forzoso como método de genocidio solo tiene sentido si se es ignorante con respecto a la genética. Ningún serbio nacido de ese crimen será solo serbio. Recibirá la mitad de su carga genética de su madre» (p. 80). Aunque este hecho difícilmente necesite explicación, el autor ponía claramente el acento en el pensamiento lógico y en la realidad biológica; en el caso de la efervescencia de la animosidad étnica, reviste más importancia la «verdad psicológica».

En consecuencia, los serbios buscaban ambas cosas: matar a los hombres jóvenes musulmanes y reemplazarlos por nuevos niños «serbios», y así vengarse realmente de Kosovo. El hecho y la fantasía, el pasado y el presente estuvieron íntima y violentamente entremezclados. La masacre de Srebrenica fue cometida en julio de 1995. Más de ocho mil hombres y muchachos musulmanes bosnios, a los que los serbios llamaron «turcos», fueron atrapados y asesinados.

El tribunal internacional que juzgó los crímenes de guerra cometidos en la antigua Yugoslavia fue creado en 1993. El tribunal gastó más de doscientos millones de dólares en juzgar a Milošević por 66 crímenes contra la humanidad, genocidio en Croacia, Bosnia y Kosovo durante la década de 1990. El 11 de marzo de 2006, se encontró muerto a Milošević por causas naturales en su celda del centro de detenciones de las Naciones Unidas. El 26 de febrero de 2007 el tribunal no encontró pruebas que vinculasen a Milošević con el genocidio de la guerra de Bosnia. Sin embargo, se señaló que Milošević (y otros en Serbia) no hizo lo suficiente para evitar los actos de genocidio, particularmente en Srebrenica. La comprensión psicológica de un trauma designado, su reactivación y el concepto de «colapso temporal» no forman parte de los procesos legales.

No quisiera que, al escribir sobre Bosnia-Herzegovina, se considere que reduzco lo sucedido allí únicamente a la reactivación de un trauma designado, que inflamó un tipo de cristoeslavismo, y al colapso del tiempo. Lo que pretendo es poner el énfasis en que, al conocer los procesos psicológicos, especialmente aquellos de naturaleza inconsciente, podemos ampliar nuestra comprensión de cómo pueden convertirse en el combustible que enciende el más terrible de los dramas y/o de cómo mantienen vivo el fuego de las hostilidades cuando estas ya han empezado a arder. La investigación psicoanalítica de la transmisión transgeneracional de los traumas compartidos y de su activación en las relaciones entre el líder y sus seguidores puede alumbrar muchos aspectos ocultos de los conflictos étnicos y demás conflictos de los grupos grandes; asimismo, nos informa de cómo las cuestiones de los mundos internos y externos acaban estando entrelazadas.

Cuando en los encuentros profesionales presenté la historia de la más reciente reactivación del trauma designado de los serbios, recibí algunas notas negativas de psicoanalistas y psicoterapeutas serbios amigos míos. Esto es muy comprensible. Utilizo este ejemplo porque lo he estudiado con detalle a lo largo de varios años y creo que ilustra algunos de los conceptos de la psicología de los grupos grandes con total claridad. Por otro lado, al haber trabajado en numerosas partes del mundo, he llegado a la firme conclusión de que la psicología individual y la psicología grupal de los seres humanos son siempre similares por doquier, cualquiera que sea la identidad del grupo grande.

10. El entrelazamiento de «recuerdos» y afectos del pasado con los actuales

Los psicoanalistas saben desde hace mucho tiempo que, cuando un acontecimiento despierta emociones intensas en un individuo, este tiende a recordar hechos pasados asociados con las mismas emociones y, en ocasiones, volverá a verse envuelto en acontecimientos nuevos que suscitarán una vez más esas mismas emociones. A veces esos acontecimientos pasados han tenido lugar antes del nacimiento mismo de la persona en cuestión, pues sus imágenes han ido transmitiéndose de generación en generación. Cuando se comparte tanto el acontecimiento como lo que este suscita, los sentimientos comunes, los miedos y las defensas mentales frente a dichos miedos, pertenecientes a comunidades y a grupos grandes, se expresan a través de procesos y acciones políticas, sociales o culturales. En el capítulo anterior, describí la reactivación de un trauma designado y firmemente establecido. Los traumas designados pueden reactivarse con el objeto de dar apoyo al investimiento narcisista del grupo grande en su identidad en cuanto tal, con las adjuntas externalizaciones y proyecciones «malas» en el Otro, sin que ello conduzca a tragedias humanas y, en ocasiones, como hemos descrito en el capítulo anterior, con traumas masivos. Además de la reactivación de los traumas designados ya establecidos, los grupos grandes que se encuentran bajo la influencia de ciertos acontecimientos a veces se remontan en el tiempo, retoman sus historias y entrelazan «recuerdos» históricos y afectos asociados con asuntos políticos de la actualidad. Este capítulo ofrece un ejemplo de dicho entrelazamiento.

Tuve el honor de ser miembro inaugural del Yitzhak Rabin Center for Israel Studies, en Tel Aviv, a partir de febrero de 2000. Mi despacho se encontraba en un edificio próximo a la Universidad de Tel Aviv, emplazamiento temporal del Yitzhak Rabin Center. El edificio permanente del centro se inauguraría en noviembre de 2005, en el décimo aniversario del asesinato de Rabin. Yo vivía en un apartamento que daba al mar Mediterráneo, a pocos metros de la Embajada de Estados Unidos. En la tarde del 26 de marzo del año 2000, salí al balcón de mi apartamento de Tel Aviv para tomar aire fresco y noté un inusual alboroto al otro lado de la calle, en el paseo marítimo que se extendía más abajo. Desde el privilegiado punto panorámico que me ofrecía mi apartamento en la tercera planta, observé cómo erigían un podio y lo rodeaban de altavoces; luego un inmenso globo que llevaba en hebreo la inscripción «La nación está con el Golán» se elevó desde la playa. A medida que la multitud aumentaba, también crecía el número de policías que impedían que la gente se abalanzara en dirección a la calle de la Embajada de Estados Unidos. Justo antes de que el sol desapareciera en el mar Mediterráneo, a espaldas de la multitud, la música popular que había sonado hasta ese momento guardó silencio para dar comienzo a los discursos emotivos. Desde mi perspectiva, el efecto era más bien como una ilusión de olas y tierra seca, pues los manifestantes, que agitaban banderas y pancartas cubiertas de eslóganes, parecían alzarse en oleadas, a modo de respuesta llena de emoción. A medida que oscurecía, yo observaba la inusual escena que se desarrollaba bajo mi balcón, mientras la gente encendía cientos de antorchas. Pero la música, ahora de carácter más militante, me recordó que la multitud allí reunida no estaba en la playa para recrearse. Por el contrario, la cosa iba muy en serio: estaban allí para ejercer influencia en la opinión pública y —quizá esto era lo más importante— para advertir al entonces primer ministro Ehud Barak que, a sus ojos, se convertiría en un traidor si «entregaba» a Siria los Altos del Golán. Por aquel entonces Bill Clinton, presidente de Estados Unidos, buscaba activamente una «solución» para el conflicto en Oriente Medio. A lo largo de varias horas, algunas personas de la multitud llevaron a cabo unos cuantos intentos de romper la línea policial y detener el tráfico de la calle Herbert Samuel, frente a la embajada de Estados Unidos. Pero la policía mantuvo el orden y, tiempo después, la concentración llegó a un pacífico final. Sin embargo, lo que había observado el 26 de marzo durante las últimas horas de la tarde y las primeras del anochecer me recordó que la intensidad de las emociones durante esa concentración también estaba vinculada a una generalizada oleada de emociones ligadas al sentimiento israelí frecuentemente expresado con la frase «nunca más».

La histórica visita a Israel del papa Juan Pablo II, iniciada el 21 de marzo, terminó el mismo día en que tuvo lugar la manifestación que observé desde mi balcón de Tel Aviv. La visita del papa volvió a dirigir la atención de muchos israelíes hacia una serie de incidentes pasados en los que los judíos habían sido victimizados por los cristianos. No observé ni llegó a mis oídos ningún tipo de preparación psicológica del público de Israel para la visita del sumo pontífice. Aunque a primera vista el público israelí apreció los gestos de contrición y de conciliación de Juan Pablo II, en mi opinión quedaba claro que, para muchos, su presencia también reavivaba sentimientos asociados a persecuciones pasadas.

Entre los acontecimientos pasados que la visita del papa revivificó en la imaginación de muchos israelíes se contaba el caso, acaecido a mediados del siglo XIX, de Edgardo Mortara y el irascible papa Pío IX («Pío Nono»), tal como pude apreciar en los artículos periodísticos escritos durante la visita de marzo de 2000 y en las discusiones entre mis colegas israelíes del Rabin Center. En 1856, Edgardo, un niño judío de cuatro años de edad, yacía gravemente enfermo en su hogar familiar, en Bolonia. Probablemente convencido de la inminente muerte de Edgardo, un sirviente católico bautizó en secreto al niño enfermo. Pero Edgardo se recuperó. Dos años más tarde, al enterarse de ese bautismo secreto, los miembros del consejo de la Inquisición en Bolonia decidieron que había que tomar cartas en el asunto. Un niño que había recibido el bautismo cristiano no podía criarse en un hogar judío. En junio de 1858, de acuerdo con las órdenes de Pío IX, los guardias papales secuestraron a Edgardo del hogar de sus padres, Momolo y Marianna Mortara, en medio de la noche. Como era de esperar, su familia estaba desconsolada. Destacadas figuras en Gran Bretaña, Francia, Austria y Estados Unidos, desde el emperador austríaco Francisco José hasta el filántropo Moses Montefiore y Napoleón III, hicieron llegar a raudales sus súplicas a favor de la devolución del niño; el *New York Times* publicó veinte editoriales en los que urgía al papa a devolver al niño. Pero Pío Nono no devolvió a Edgardo a su familia y, con el tiempo, él mismo adoptó al muchacho. Edgardo vivió el resto de sus días como católico; falleció en Bélgica en 1940, a la edad de 88 años, justo dos meses antes de la invasión nazi (Kertzer, 1997; Wills, 2000).

No por casualidad la prensa israelí reavivó el caso de Edgardo Mortara durante la visita a Israel de Juan Pablo II en marzo de 2000, dado que se esperaba que el papa anunciara la beatificación formal de Pío Nono unos seis meses después. En efecto, la beatificación tuvo lugar el 3 de septiembre de ese mismo año. Si bien Juan Pablo II aspiraba a sanar las viejas heridas católico-judías, el recuerdo del caso de Edgardo Mortara y la inminente beatificación del «papa secuestrador» las mantenían abiertas y sangrantes (Davis, 2000; Henry, 2000; Smith, 2000). Es probable que no ayudara a la situación el hecho de que los gestos y comentarios del papa no constituyeran realmente una disculpa por la relación del Vaticano con los nazis durante la Segunda Guerra Mundial.

Al mismo tiempo, las relaciones religiosas y seculares, así como las relaciones entre los judíos askenazíes —llegados en un principio de Europa oriental y de Rusia— y los judíos sefardíes —procedentes originalmente de la península ibérica—, empeoraron cuando el gobierno de coalición de Ehud Barak parecía encontrarse al borde de la disolución. La visita papal a Israel coincidió con un desmedido ataque del rabí Ovadia Yosef, líder espiritual del Shas, el partido del sefardismo ortodoxo (por aquel entonces el componente más grande de la coalición de Barak, después del Partido Laborista del primer ministro), a Yossi Sarid, entonces ministro de Educación y miembro de Meretz, partido liberal/secular, el tercer segmento más grande del gobierno de aquella época. Molesto por la actitud de Sarid con respecto a la financiación del sistema educativo del Shas, Yosef lo comparó con Amán y Amalec, enemigos bíblicos del pueblo judío. Durante la emisión semanal, Yosef siguió maldiciendo a Sarid y pidió a Dios que borrara la memoria del ministro, lo que llevó a Elyakim Rubinstein, por aquel entonces consejero jurídico del gobierno de Israel, a investigar al rabí Yosef por incitación al odio. Los partidarios de Yosef, activistas del sefardismo ortodoxo, advirtieron que, si la policía trataba de cuestionar al líder espiritual del Shas, estallaría una violencia masiva. En la noche del 27 de marzo, unos 2000 activistas del Shas se congregaron ante la casa de su mentor, el rabí Ovadia Yosef, en Har Nof, un barrio de Jerusalén; allí el líder del partido llamó «racista» al consejero jurídico Rubinstein. Sin embargo, algunos informes sugerían que el ataque del rabí Yosef al ministro de Educación Sarid había contado, de hecho, con el apoyo de algunos rabinos y figuras políticas askenazíes (Keinon, 2000). La coalición de Barak se encontraba severamente amenazada, por no decir algo peor. Debo añadir que poco después de la congregación del 27 de marzo de 2000, quedó claro que el Shas no dejaría la coalición, a pesar de la acalorada retórica. Finalmente, el Shas se retiró efectivamente del gobierno a comienzos de julio de 2000, cuando resultó evidente que Ehud Barak, así como Yasser Arafat, asistirían a una crítica cumbre de paz en Oriente Medio, convocada por el presidente Bill Clinton en Camp David, Maryland. El 10 de julio de 2000, Barak se salvó por un escaso margen del voto de censura en la Knést: cincuenta y dos votos a favor y cincuenta y cuatro en contra, cuando hacían falta sesenta y un votos para derribar su gobierno. Aquel día, Barak voló a Washington tras una muy vigilada ceremonia en el aeropuerto Ben Gurion. Poco después, Ariel Sharon derrotó a Barak en las elecciones generales.

Volviendo al tema de la visita del papa, Juan Pablo II se marchó de Israel el 26 de marzo, dejando a los israelíes con diversas emociones, no solo porque su visita había desenterrado recuerdos de conflictos entre judíos y cristianos, conflictos pertenecientes a un pasado relativamente lejano. La visita del papa también había provocado un examen más explícito de lo habitual con respecto a los asuntos judeo-musulmanes en Israel por aquel entonces. Las discusiones en el Rabin Center entre colegas israelíes también ilustraban con claridad eso. Los palestinos habían trabajado duramente para lograr que su presencia se hiciera sentir durante la visita papal a Tierra Santa. Durante su visita a los lugares santos sujetos a la jurisdicción de la Autoridad Palestina, el papa se había encontrado con Yasser Arafat, el entonces presidente de la Autoridad Palestina (el organismo autónomo responsable de la educación, la asistencia social, la salud, el turismo y los impuestos de algunas áreas palestinas). Además, el encuentro celebrado en Ginebra, el mismo día de la partida del papa, entre el presidente Bill Clinton y Hafez al-Assad, el presidente sirio de aquel entonces, fue como subir el fuego cuando el agua ya estaba bullendo.

El «NewsCartoon» de Lurie en *The Jerusalem Post* de aquel día presentaba a Assad y a Clinton sentados cara a cara ante una mesa; entre ellos, yacía sobre un plato, como símbolo de la paz, una paloma cocida, a la que le faltaba una pata. Assad comía la pata arrancada de la paloma; la leyenda decía: «Como puede ver, presidente Clinton, ¡*amo* la paz!». Para muchos israelíes, la idea de la paz con Siria implicaba la probabilidad de perder los

Altos del Golán, que Israel quitó a Siria durante la guerra de 1967. Esta perspectiva generó a su vez emociones crecientes. La cumbre entre Clinton y Assad provocó una especial inquietud entre los 18.000 israelíes residentes en el Golán, algunos de los cuales seguían invirtiendo en los hogares y los viñedos del lugar, si bien vivían temerosos con respecto al futuro. En la atmósfera emocional que rodeaba la visita del papa —los rumores sobre el posible colapso del gobierno de Barak, la cumbre entre Clinton y Assad, así como la exacerbación de la preexistente ruptura religioso-secular debido a la revivificación de ciertas imágenes del Vaticano en la Segunda Guerra Mundial y del caso de Edgardo Mortara, acaecido en 1858—, el 26 de marzo llegaron por la tarde a Tel Aviv decenas de autobuses que transportaban a los residentes del Golán. Unas 2000 personas en total se congregaron en el paseo situado entre la playa y la calle que se extiende frente a la embajada de Estados Unidos para protestar por los esfuerzos de Clinton para facilitar las conversaciones de paz entre Siria e Israel, así como para culpar a Barak por «cederlo todo a Siria sin obtener realmente algo a cambio», «dejando la nación hecha trizas», como escribió aquel día en *The Jerusalem Post* Ariel Sharon, entonces presidente del Likud, el partido de la oposición (el 6 de febrero de 2001 sería elegido primer ministro).

Se trataba de la manifestación que casualmente observé desde mi balcón. Al día siguiente quedó claro que la cumbre entre Assad y Clinton había sido un fracaso; las discusiones sobre el futuro del Golán fueron pospuestas. La principal razón política para el fracaso de la cumbre entre Clinton y Assad estribó, según me explicaron, en el hecho de que el presidente sirio se negó a mostrarse flexible con respecto a la exigencia de su país de que Israel se retirara de todo el territorio comprendido por los Altos del Golán. Según se decía, Israel estaba dispuesto a ofrecer su retirada de los territorios adicionales con el fin de mantener toda la costa del mar de Galilea, que es su principal fuente de agua fresca, pero Assad no tenía intenciones de ceder.

Hafez al-Assad falleció el 11 de junio de 2000 a causa de una insuficiencia cardiaca, a los sesenta y nueve años de edad; su sucesor fue su hijo Bashar, quien, mientras escribo este libro, aparece en las noticias debido a la brutalidad que ejerce contra su propio pueblo.

El recuerdo de la manifestación que observé durante más de tres horas desde mi balcón pareció disiparse con la bruma de las primeras horas del día siguiente; por la mañana, la playa y el paseo estaban limpios, sin muestras de la basura que había dejado la multitud. Los habitantes de Tel Aviv corrían y paseaban por la playa; el lugar volvía a la rutina y a la normalidad. Sin embargo, lo que había observado desde mi balcón el día anterior, sumado a lo que leía en los periódicos y a las conversaciones que llegaban a mis oídos —tanto de los colegas en el Rabin Center como de otras personas, desde el ministro de Absorción e Inmigración hasta la esposa y la hermana de Isaac Rabin, así como hasta historiadores y psicólogos israelíes—, atestiguaba el entrelazamiento de «recuerdos» históricos ligados a ciertos afectos con la política interna y externa.

Terminé mi labor en Tel Aviv a finales de mayo de 2000. Justo antes de marcharme, percibí signos de una evidente angustia entre quienes se encontraban en el edificio temporal que albergaba el Rabin Center. Por ejemplo, una mañana escuché allí una «broma» con respecto al hecho de que, pese a que Barak había asistido en secreto a una boda, un fotógrafo lo había descubierto y le había tomado una fotografía a la distancia. La idea que subyacía a esta «broma» era que si un fotógrafo había podido encontrar y fotografiar al primer ministro, también un asesino podía dar con él y dispararle. Risas nerviosas seguían a este tipo de «bromas». La respuesta pública al asesinato de Isaac Rabin también pareció reactivarse. La segunda Intifada comenzó poco después de mi partida de Israel. En la seguridad de mi hogar en Virginia, yo miraba por televisión los horrores de los bombardeos suicidas. Entretanto, el presidente Clinton continuó con sus intentos de establecer una paz duradera entre los israelíes y los palestinos hasta que dejó la Casa Blanca, el 20 de enero de 2001. Finalmente, los israelíes y los palestinos se reunieron en Taba, en el Sinaí, del 21 al 27 de enero de 2001 para discutir qué podían hacer con los llamados «parámetros de Clinton». Su encuentro concluyó sin que llegaran a un acuerdo. En febrero, Ariel Sharon ganó las elecciones y se convirtió en el nuevo primer ministro de Israel. Continuarían las balas, las bombas y los asesinatos en nombre de la identidad, incluidos los bombardeos suicidas, foco de atención del próximo capítulo.

11. La propaganda política, los kamikazes y el terrorismo

Como ilustra el ejemplo descrito en el capítulo 9 sobre la antigua Yugoslavia, cuando un grupo grande presenta una regresión y la gente se pregunta «¿quiénes somos ahora?», la personalidad del líder político puede acabar siendo un factor importante en este panorama, en la medida en que tiene una considerable influencia en los procesos sociales y políticos. Esta persona puede inflamar o apaciguar los sentimientos étnicos, o de otro tipo, del grupo grande.

Un líder destructivo, normalmente con una organización narcisista de la personalidad, puede inducir a mejorar y a modificar la «nueva» identidad del grupo grande, tiranizando o incluso destruyendo, de una manera u otra, a un indeseado grupo dentro de los límites legales de un Estado o a un enemigo más allá de esos límites. En un proceso gradual, los líderes destructivos y su maquinaria de propaganda pueden favorecer que se comparta el sentimiento de victimismo en el grupo grande tras un ataque del grupo enemigo u otro desastre, como puede ser una cuestión económica, o incluso en situaciones sin ninguna vivencia reciente de victimismo; esto podría implicar la reactivación de un trauma designado o de un trauma compartido del pasado, así como la creación de un colapso temporal que fusiona la imagen de un enemigo del pasado con la del grupo actualmente menospreciado en el contexto de unos límites legales o con el nuevo «enemigo» externo al grupo. Esto incrementa el sentimiento del «nosotros» (narcisismo del grupo grande) contaminado por una ideología de la reivindicación. El grupo grande puede convertir la ideología de la reivindicación en acciones de venganza y purificación maligna. En determinadas circunstancias, el grupo grande, sin medios reales para ser «sádico» con el enemigo actual, puede idealizar su propio victimismo y acabar siendo omnipotentemente «masoquista» e incluso sentirse con el derecho a provocarse un autocastigo contaminado por la esperanza de venganza.

El mayor Milovan Milutinović fue una figura clave en el funcionamiento de la máquina de propaganda serbia bajo el régimen de Milošević. En 1991 fue entrevistado por el periodista estadounidense Roy Gutman, que se quedó tan impactado por las referencias a los jenízaros otomanos que le preguntó a Milutinović: «¿De qué siglo está usted hablando?» (Gutman, 1993, p. x). Milutinović respondió que era un fenómeno reciente, y añadió: «Están intentando hacer lo que hicieron hace siglos» (Gutman, 1993, p. x). En las palabras de Milutinović podemos apreciar referencias a las consecuencias de la reactivación del trauma designado por los serbios, un colapso temporal y un ejemplo de equiparar al enemigo del pasado con el actual, igualando también la fantasía con la realidad. No tengo manera de saber si Milutinović creía realmente lo que estaba diciendo. Pero el hecho importante es que sus comentarios no dejaban de ser un aspecto de los fenómenos del grupo grande que estaban dominados por la psicología de los colapsos del tiempo de una sociedad en estado regresivo y que venían inducidos por propaganda política maligna.

La propaganda política existe en todos los grupos grandes organizados políticamente. Los precursores históricos de ello pueden ser los sones de guerra de los primeros tiempos. Se sabe que el antiguo grito de guerra, la llamada *alala* acompañada por símbolos no verbales, como estandartes y uniformes, fue un factor significativo para los griegos y para sus enemigos. Los antiguos ejércitos romanos se valían de gritos, que acompañaban de toques de trompeta llamados *clamor;* posteriormente adoptaron el grito de guerra de los teutones, *barditus:* «Tácito lo describe como una explosión de sonidos estrepitosos y roncos que podían ser más prolongados y estridentes al presionar el escudo contra la boca» (Chakotin, 1939, p. 34). Comenzaba como un rumor e iba incrementándose de forma continuada hasta convertirse en un rugido, lo que despertaba una intensa excitación entre los soldados.

A medida que la historia iba evolucionando, la forma de la propaganda en su sentido amplio iba conectándose cada vez más con los aspectos religiosos. En 1622, el Vaticano estableció la Sagrada Congregación para la Propaganda de la Fe de la Iglesia católica. En consecuencia, el término «propaganda» se convirtió en peyorativo para la Europa occidental protestante, ya que estaba asociado al proyecto de expandir el catolicismo en el Nuevo Mundo, a expensas y en oposición a las nuevas confesiones «reformadas». Los cristianos utilizaron la religión como instrumento de propaganda y protección de las inversiones religiosas (Jowett y O'Donnell, 1986). El grito de guerra de los musulmanes del Imperio otomano fue simplemente el nombre de Dios, como si sus guerras estuvieran aprobadas por él y como si un soldado otomano muerto en batalla tuviera que ser protegido por él; los jenízaros otomanos gritaban «¡Alá! ¡Alá!», mientras que su pintoresca banda de marcha, la *mehter,* proveía una excitante música de fondo.

Según el historiador Lewis (2000), la propaganda política en su sentido moderno no comenzó hasta después de la Revolución francesa (1789-1799). Anteriormente, no había esencialmente un contacto significativo entre los gobernantes y el pueblo ordinario. Las personas que ostentaban el poder no tenían necesidad alguna de comunicarse con el pueblo o de manipularlo; simplemente lo gobernaban.

Cuando Franz Anton Mesmer, un médico vienés, apareció en la escena de Europa a principios del siglo XIX con su nueva «ciencia» llamada hipnotismo, se encontró una nueva explicación para la propaganda política. En 1895, Gustave Le Bon, un psicólogo social francés que nació dos décadas después de la muerte de Mesmer, publicó *Psicología de las masas* y recogió la dinámica del hipnotismo (Le Bon, 1895). Le Bon sostiene que, entre la masa, el individuo pierde buena parte de su vivencia de ser distinto y actúa en consonancia con las necesidades consensuadas del grupo. Los efectos se constatan fácilmente. Sin diferenciar atentamente los grupos pequeños —en los que los miembros se ven unos a otros y llegan a conocerse mutuamente— de los grupos grandes, Le Bon subrayó que las masas ansían ilusiones. El líder puede proporcionar esas ilusiones a la manera del hipnotizador.

Las ideas psicoanalíticas de Freud sobre el grupo grande recibieron una fuerte influencia del estudio de Le Bon sobre las masas (1921c). Sin embargo, la influencia de Le Bon en el desarrollo de la moderna propaganda maligna no es muy conocida por los psicoanalistas. Tras visitar la India, desarrolló la idea de que la raza blanca podía estar en peligro; con su libro *La psicología política y la defensa social* (Le Bon, 1910), creó una especie de anteproyecto del fascismo.

El descubrimiento de la propaganda, «tanto para el hombre que está en la calle como para el que está en el estudio», tuvo lugar durante la Primera Guerra Mundial (1914-1918) [Lasswell, 1938, p. v]. Cuando empezó la guerra, no había nadie que protestara por la opresión de los grupos grandes; tampoco había interés por la diplomacia secreta; la guerra se combatía mediante soldados profesionales que requerían de poco conocimiento acerca de las razones por las que luchaban. Pero como la guerra se alargaba y comenzaba a afectar a la vida de la gente de forma mucho más íntima, apareció la doble necesidad de estimular a los soldados para que desearan luchar y de explicar la necesidad de pasar privaciones a la gente que estaba en sus casas. Para justificar el coste de las operaciones fue necesario inflar los frutos de la victoria mediante nociones vagas y grandilocuentes, como la «autodeterminación» y «la guerra que acabe con todas las guerras» (Brown, 1963, p. 91).

En consecuencia, argumentó Lasswell (1938, p. v), se «inventó» la propaganda.

En la Primera Guerra Mundial, junto al material impreso, se emplearon de forma rutinaria los telegramas y los mensajes a través de las ondas para influir en las masas. Y aunque el empleo de imágenes en movimiento todavía era una tecnología relativamente nueva en la segunda década del siglo XIX, su uso para los propósitos propagandísticos comenzó realmente durante esta guerra. Alemania tardó en recurrir a las películas como medio de propaganda; la propaganda germánica fue inefectiva durante la Primera Guerra Mundial. Sin embargo, durante la Segunda Guerra Mundial el desarrollo de un plan elaborado de películas de propaganda alcanzó su apoteosis con el buen trabajo realizado por Leni Riefenstahl y otros.

Adolf Hitler dedicó dos capítulos del *Mi lucha* al diseño adecuado y a la ejecución de la propaganda política. Esta debe ser dirigida «solo hasta cierto límite a lo que se conoce como el intelecto [...]. El arte de la propaganda radica en la comprensión de las ideas emocionales de las grandes masas y a la búsqueda, mediante una forma psicológicamente correcta de llamar la atención y de ahí llegar al corazón de las grandes masas» (Hitler, 1925-1926, p. 180). Hitler encontró a un aliado de especial talento en Joseph Goebbels, quien, en último término, fue el responsable de crear la imagen de Hitler y la mayoría de sus gestos distintivos. Tras la experiencia de humillación económica y política vivida por el pueblo alemán, la propaganda nazi creó una realidad psíquica compartida en la que se construyó la identidad «aria» de los alemanes, mientras que millones de judíos, muchos rumanos y otros pueblos fueron deshumanizados y asesinados.

La principal característica de la propaganda nazi consistió en desarrollar la omnipotencia tanto del *Führer* como de las autoridades nazis y en dar satisfacción a los alemanes en su creencia de que eran seguidores de un líder poderoso que elevaría su autoestima y haría de ellos una especie de seres superiores. El genocidio sucedió para evitar que los seres superiores se contaminasen de aquellos a los que la propaganda nazi convertía en infrahumanos, como un germen maligno (purificación maligna). Los daños y las humillaciones históricas y económicas, personales y compartidas, en la sociedad alemana pudieron así ser negados con efectividad. La propaganda nazi utilizó como instrumento la ideología política, en lugar de la religión. Pero esto requiere un análisis más profundo. Como Hitler fue presentado como si fuese Dios mismo, en la propaganda nazi no podemos diferenciar claramente los instrumentos ideológicos de los religiosos (para un análisis más extenso de la propaganda nazi, véase Volkan, Ast y Greer, 2002).

Al contrario que la propaganda de los nazis, la propaganda de los aliados durante la Segunda Guerra Mundial permitió la crítica, aun cuando realzaba la gallardía de las fuerzas militares y distraía la atención de la derrota. Tras la Segunda Guerra Mundial, las leyes internacionales intentaron especificar las excepciones legales con respecto a la libertad de expresión. Los discursos del odio que incitan al racismo fueron prohibidos, por ejemplo. Estados Unidos no se unió a otros países en la aceptación de las leyes internacionales en relación con dichos discursos, dado que eso interfiere con la Primera Enmienda de su Constitución. En Estados Unidos el odio expresado en los discursos no está regulado, a menos que quede probado que conduce a un peligro claro y actual. Por otro lado, en la Alemania de hoy en día incluso el discurso de odio que dañe la dignidad humana puede ser perseguido. En Israel, algunas leyes se remontan al período otomano y a los tiempos coloniales; la definición de provocación se asocia allí a actos de rebeldía; todo ello crea una cierta confusión legal. En resumen, frecuentemente la propaganda y la libertad de expresión en los discursos causan, incluso en las sociedades democráticas, acalorados debates legales.

En todo el mundo podemos encontrar sociedades sujetas, de una forma u otra, a lo que muchos consideran un tipo de propaganda «maligna», un «lavado de cerebro» o una «reforma del pensamiento» que viene desde arriba —tal como sucedió durante el desarrollo del comunismo chino entre 1921 y 1948, así como en la República Democrática Alemana (véase, por ejemplo, Lifton, 1989; Bytwerk, 2004)—. A medida que avanzaba, la comunicación tecnológica acabó convirtiéndose en el principal instrumento para la propaganda política. Por ejemplo, el ayatolá Jomeini de Irán dependió bastante de las llamadas telefónicas de larga distancia y de las cintas de magnetofón para difundir su revolución fundamentalista religiosa. En los tiempos actuales, internet está a la disposición de divulgar propaganda; en nuestras vidas cotidianas estamos constantemente expuestos a ello.

Dado que la propaganda y la manipulación existen en toda sociedad políticamente organizada, uno puede pensar que las diferencias entre los diversos tipos de propaganda utilizados por el líder y sus seguidores de un grupo grande y los de otro grupo grande pueden ser solo un tema de grados o matices. Sin embargo, tal comparación no siempre es justa y acaba siendo problemática cuando tomamos en consideración las crisis sociales, la ideología, los tipos de gobierno, las leyes que existen en cada lugar, las condiciones económicas y los objetivos políticos y militares.

Por lo general, los psicoanalistas no hemos escrito mucho sobre la propaganda política a lo largo de las recientes décadas. Sin embargo, este tema fue estudiado por Kris (1943-1944), Money-Kirle (1941) y Glower (1947) durante la Segunda Guerra Mundial y en los años inmediatamente posteriores a su finalización. Kris nos recuerda la influencia que tuvo Gustave Le Bon en el fascismo y en la propaganda nazi. Cuando Benito Mussolini llegó al poder en Italia, comentó que el pensamiento de Le Bon le había influido mucho. A su vez, Le Bon, a sus casi noventa años de edad, se mostró admirador del «nuevo orden» instaurado en Italia. Kris escribió: «El estudioso de la historia de las ideas encontrará en Le Bon un paralelismo con Nietzsche, así como una reacción con respecto a Marx, pero también será capaz de citarlo al dedillo para probar hasta dónde sus frases reaparecen en los conceptos de la propaganda desarrollada por Hitler y Goebbels» (Kris, 1943, p. 388). En el pensamiento de Le Bon, la función de la propaganda política es clara: el líder es un orador, un hipnotizador que conduce a la masa a la sumisión y promueve su estado regresivo.

Kris también describió a otras figuras que contribuyen a la difusión de la propaganda política: el «líder de opinión» —el doctor, el vicario, el maestro, el peluquero, el organizador sindical, tanto dentro como fuera del marco de un grupo político o de una institución— y el «agitador malvado» —la persona que polariza sus actitudes positivas o negativas y las proyecta hacia objetivos específicos, al tiempo que ansía los aplausos— (Kris, 1943). En el mundo actual podemos decir que hay «agitadores malvados» que, utilizando la radio, la televisión u otros medios sofisticados de comunicación, esparcen propaganda apacible o maligna. Cuando, hace décadas, Kris expresó su opinión sobre la propaganda política, no podía imaginar la tecnología existente hoy en día y la modernización de la diseminación de la información.

La propaganda política maligna está estrechamente aso-ciada con la expansión de las actividades terroristas a las que nos enfrentamos hoy en día. El término terrorismo deriva del Reino del Terror (1785-1794) del estadista revolucionario francés Maximilien de Robespierre, durante la primera época de la Revolución francesa. Hace referencia al terror que proviene de arriba. En el presente libro he mostrado algunos ejemplos de este tipo de terror, el cual, históricamente, ha superado am-pliamente el número de sus víctimas de cualquier otro tipo de terror. No obstante, hoy en día, especialmente con la emergencia de los extremistas fundamentalistas —entre ellos, los terroris-tas suicidas musulmanes—, somos más conscientes del terror que proviene de abajo. No examinaré en este capítulo los diversos tipos de terrorismo a lo largo de los siglos, sino que me centraré en los hombres bomba musulmanes de las décadas recientes, así como en otros terroristas que provocan la muerte y la destrucción, bajo la influencia de una maligna propaganda religiosa.

A principios de la década de 1990, estudié la formación de los hombres bomba musulmanes en Medio Oriente (Volkan, 1997, 2013). Mis hallazgos ilustraron que los futuros terroristas suicidas estaban expuestos a un tipo especial de propaganda política diseñada *a medida* para ellos (véase también Hafez, 2006). La técnica típica para crear un hombre bomba en el Medio Oriente musulmán incluía dos pasos básicos: en primer lugar, los «maestros» encontraban jóvenes con una identidad personal ya trastornada, que estuvieran buscando un «elemento» externo para internalizarlo y de esta forma poder estabilizar su mundo interno. En segundo lugar, desarrollaron un «método de enseñanza» capaz de «introducir por la fuerza» la identidad del grupo grande, religioso y/o étnico, en las «fisuras» de la identidad individual dañada o subyugada de la persona en cuestión. Una vez que las personas se convertían en candidatos a hombres bomba, las normas y directrices rutinarias, por expresarlo de algún modo, o la psicología individual ya no se ajustaban del todo a sus patrones de pensamiento y conducta. El futuro terrorista suicida se convertía en un agente de la identidad del grupo grande, a la que intentaba reparar para él mismo y para las demás personas del grupo. El hecho de matarse (y de matar su identidad) y de matar a Otros (enemigos) no tenía importancia, no conllevaba ningún tipo de prohibición superyoica personalizada. Lo que importaba en esas situaciones era que el hecho de explosionar (terrorismo) atrajera la atención hacia la identidad del grupo grande, la protegiera y la mantuviera. El hombre bomba suicida estaba, primeramente, bajo los dictados de la psicología del grupo grande, y no bajo la influencia de su propia psicología individual. El apoyo directo o indirecto de esta actividad procedía del hecho de que muchas otras personas del grupo grande traumatizado veían a este individuo como el portador de la identidad de su grupo. Y aunque el islam prohíbe el suicidio, la aprobación consciente o inconsciente de los terroristas musulmanes suicidas no faltaba por parte de otros miembros de sus comunidades.

No tuve grandes dificultades para encontrar a jóvenes interesados en convertirse en terroristas suicidas en Gaza y en la Ribera occidental. Hechos repetitivos, reales y esperados, humillaban a los más jóvenes e interferían en sus identificaciones adaptativas con sus padres porque estos también habían sido humillados. Las representaciones mentales de los sucesos externos, la sensación de impotencia y el sentimiento de que recibían un trato infrahumano crearon «fisuras» en sus identidades individuales. Los informes señalaban que quienes seleccionaban a los candidatos a inmolarse habían desarrollado la habilidad para percibir qué individuos con «grietas» en su identidad personal tenían mejor disposición para ser colmados con los elementos de la identidad del grupo grande. Por ejemplo, aquellos jóvenes que habían sufrido un trauma concreto eran candidatos más adecuados que los que habían vivido un trauma más generalizado (un trauma concreto consiste en un trauma causado por un hecho humillante y *real,* vivido en primera persona y perpetrado por el enemigo, ya sea una paliza, la tortura o la pérdida de uno de los progenitores).

La mayoría de los hombres bomba en Medio Oriente eran escogidos en la adolescencia, expuestos a una propaganda política especial, «educados» y luego enviados a cumplir con sus obligaciones cuando llegaban al final de la adolescencia o contaban entre veinte y veinticinco años. La «educación» resultaba más efectiva cuando se les proporcionaba elementos religiosos de la identidad de su grupo grande como solución a su sentimiento personal de impotencia, vergüenza y humillación. Recolocar elementos prestados sancionados por Dios para su propio mundo interno hacía de esta persona un ser omnipotente y respaldaba su narcisismo individual, que estaba entrelazado con el del grupo grande. Hafez (2006) también describió mensajes poderosos, mayormente religiosos, procedentes de los propagandistas de la sociedad palestina, mensajes destinados a reclutar y a preparar a sus hombres bomba. La misión de los candidatos seleccionados no era presentada como «suicida», sino como un martirio. Asimismo, se sugería enérgicamente que Dios recompensaría a los mártires religiosos.

En general, la «educación» de los jóvenes palestinos que eran candidatos a convertirse en terroristas suicidas solía desarrollarse en grupos pequeños. Esos grupos pequeños leían colectivamente el Corán, escrito en árabe, y cantaban ciertas escrituras religiosas una y otra vez. A diferencia de la mayoría de los «estudiantes» paquistaníes y afganos en las madrazas paquistaníes, que se formaban para ser muyahidines en Afganistán y, posteriormente, se preparaban para ser líderes de los talibanes o servirles de ayuda, y que no hablaban árabe, los «estudiantes» palestinos eran capaces de entender lo que estaban leyendo en el Corán árabe, por lo que sus lecturas eran seleccionadas cuidadosamente. Los «maestros» también suministraban sonidos sagrados, aunque carentes de sentido, frases para ser repetidas una y otra vez de forma cantada, como, por ejemplo: «Voy a ser paciente hasta que la paciencia acabe con la paciencia». Este tipo de dichos místicos, combinados con versículos seleccionados del Corán, contribuían a crear en los «estudiantes» un «mundo interno diferente».

Mientras tanto, los «maestros» interferían también en los aspectos del «mundo real» de los estudiantes, fundamentalmente apartándolos de las comunicaciones significativas y de otros vínculos con sus familias, así como prohibiéndoles cosas como la música y la televisión, basándose en que ello podría ser sexualmente estimulante. El sexo y las mujeres solo se podían alcanzar tras haber pasado la adolescencia. Sin embargo, en el caso de los candidatos a ser hombres bomba, el «pasaje» era la inmolación, no una castración simbólica que un joven «normal» puede realizar para identificarse con el agresor (padre) y convertirse él mismo en un «hombre». El triunfo edípico solo estaba permitido tras la muerte. Alá, que estaba representado como un superyó primitivo y estricto, en contra de los derivados de los impulsos libidinales, una fuerza a la que se debía obedecer mientras el joven viviera, daba pie a la satisfacción de los deseos libidinales por medio de las huríes (ángeles) en el paraíso. Los «maestros» hacían referencia a las instrucciones que el profeta Mahoma daba a sus seguidores durante la batalla de Badr (624 d.C.) —instrucciones que algunos consideran uno de los más tempranos ejemplos de la «propaganda de guerra»—, al tiempo que ofrecían la inmortalidad a sus estudiantes y reclutas. Mahoma dijo a sus seguidores que «vivirían» en el paraíso si morían en la batalla. Los jóvenes fueron instruidos para creer que la vida sigue en el paraíso; la muerte de un hombre bomba era celebrada como una «ceremonia de matrimonio», en la que los amigos y la familia se reunían para celebrar su creencia de que el terrorista muerto estaba en las manos amorosas de los ángeles en el cielo.

Los candidatos a terroristas suicidas recibían la instrucción de no informar a sus familiares sobre sus misiones. Sin duda, en aquella época, los padres de esa parte del mundo podían suponer las misiones que se les encomendaban a sus hijos, pero, en cualquier caso, mantener a la familia ajena a los secretos ayudaba a los jóvenes a tener una sensación de poder. Los secretos inducían a una falsa sensación de mayor «separación-individualización» (Mahler y Furer, 1968), tal como sucede también en el desarrollo normal durante la transición adolescente, lo que simbolizaba una forma de cortar los lazos de la dependencia. En el caso de los hombres bomba, los lazos de la dependencia eran reemplazados a medida que el joven se convertía en un portador o en una «bandera» para el grupo grande.

Con el paso del tiempo, la formación de los «candidatos a hombres bomba» en pequeños grupos ya no fue necesaria, dado que los actos terroristas se habían convertido en algo «endémico» en la cultura palestina de aquellos momentos. Por lo tanto, algunos hombres bomba habían pasado por un período de entrenamiento muy corto y menos organizado. Es más, cuanta más presión se ejercía sobre el grupo grande, más se aferraban las personas a la identidad de ese grupo. Cuando la lona de la carpa metafórica del grupo grande se sacude —en este caso, debido a la propaganda maligna que procede del interior de la tienda y que se sostiene por las amenazas y las humillaciones de los que están fuera de ella—, mucha más gente bajo ella se aferra a la identidad de su grupo grande. Por consiguiente, incluso las personas «normales» pueden sentirse empujadas a convertirse en candidatas para el terrorismo.

Las escuelas islámicas para niños y jóvenes no son un fenómeno nuevo en el mundo islámico. Por ejemplo, antes de los otomanos, los turcos selyúcidas habían establecido un imperio en Anatolia. Eran buenos constructores y su principal innovación fue la madraza. La madraza era un establecimiento para enseñar las ciencias religioso-judiciales. Las comunidades urbanas, con escuelas, bibliotecas, fuentes, baños y hospitales, se establecieron alrededor de las madrazas. Hoy en día asociamos las madrazas de Afganistán, Paquistán y otros lugares con centros en los que se lava el cerebro y se prepara a los futuros terroristas islamistas fundamentalistas.

Lo que era diferente en las madrazas paquistaníes era que estas incluían la formación al servicio de la futura violencia. Estas madrazas existían en Paquistán antes de que Osama bin Laden llegara al cercano Afganistán y antes de que los talibanes adquirieran el control de diversas partes de ese país. En estas madrazas, la enseñanza estaba influida por las versiones de las «ideologías» religiosas extremas del Deobandi y el wahabismo (Rashid, 2000). En aquel momento, el entrenamiento de la mayor parte de los niños pobres que asistían a estas madrazas era similar al que recibían los terroristas suicidas islamistas del Medio Oriente. Los niños leían el Corán en árabe durante años, pero, como no sabían árabe, debían aceptar la «interpretación» que les daban sus maestros. Cuando leían en urdu, se les explicaba que «jeem» significaba *jihad* (obligación); «*kaaf*», *kalashnikov* (fusil) y «*khy*», *khoon* (sangre) [Ali, 2001]. Estas fueron las madrazas subvencionadas por Estados Unidos y Gran Bretaña para crear muyahidines que combatieran a los soviéticos. Los saudíes aportaron más dinero para la expansión del wahabismo. Los «graduados» de estas madrazas crearon posteriormente una fundación en la que se pudieron erigir los talibanes y Al Qaeda.

Los sucesos del 11 de septiembre del año 2001 hicieron que los medios de comunicación y los políticos, así como los ciudadanos estadounidenses y los de muchas otras partes del mundo, comenzaran a informar de la existencia de una *nueva generación* de terroristas suicidas islamistas fundamentalistas. En primer lugar, estos terroristas no eran «directamente» palestinos humillados; en su mayoría provenían de Egipto y de Arabia Saudita. Los informes también señalaban que los «perfiles» de los que estaban en este nuevo grupo de terroristas no se ajustaban a los «estándares» de los hombres bomba: generalmente eran adultos, con una buena formación, y provenían de familias acaudaladas, cultas, mientras que el palestino suicida estándar era joven, con poca formación, descontento de la vida y, normalmente, procedente de una familia pobre y traumatizada. En muchos sentidos, los secuestradores de los aviones del 11 de septiembre (como Mohammed Atta), todos procedentes de Medio Oriente, parecían pertenecer a una nueva generación. Sin embargo, sigo creyendo que los mecanismos para crear un tipo estándar de terrorista suicida islamista también son útiles para este nuevo tipo de terroristas. Sujetos a una propaganda política maligna generalizada, se despojaron de sus ropas personales y se arroparon con la carpa de su grupo grande y la hicieron suya para acabar convirtiéndose en asesinos según las normas y reglas de la psicología del grupo grande. El psicoanalista israelí Erlich (2013), en su estudio de la mente del terrorista, ve también una necesidad de «re-encontrar» el *self* mediante su pérdida, al permitirle borrar sus límites y fusionarse con una entidad mayor mediante la internalización de una ideología.

En estos momentos no tengo suficientes datos sobre las vidas de Atta y otros secuestradores del 11 de septiembre, muchos de los cuales sabemos que no tenían ni idea de que estaban ante una misión fatal hasta el último minuto. Los fragmentos de una traducción aproximada de un documento de cuatro páginas que dejó alguno de los secuestradores permiten conocer un poco las prácticas de Al Qaeda en relación con la propaganda maligna, la formación y las prácticas de mando. Más allá de los aspectos operativos sobre cómo ocultar sus identidades, el documento contiene también referencias seleccionadas del Corán que parecen autorizarlos a la inmolación y al asesinato de los enemigos en nombre de Dios. Entre líneas podemos ver cómo estas instrucciones generan un *ritual* que mezcla «las palabras de Dios» con instrucciones prácticas y muy simples para la perpetración de asesinatos colectivos. «Atarse los zapatos», «lavarse» y «controlar las propias armas» son, más allá de sus aspectos funcionales para prepararse para ejecutar una acción, tareas fáciles que no generan mucho conflicto interno. Las instrucciones de «limpiar» y eliminar la porquería, la suciedad, el lodo y las manchas, además de hacer de los alumnos unos «buenos» musulmanes (que solo pueden «conocer» al poder divino cuando están «limpios»), son el contrapeso de las instrucciones para el «trabajo sucio» real, consistente en matarse a sí mismos, a los pasajeros y a la tripulación de un avión, así como a la gente que está en el edificio señalado como objetivo. Por lo tanto, los pasos que hay que dar para dejar el apartamento en el que uno vive, y secuestrar y luego estrellar un avión se han ritualizado y hacen que la misión sea psicológicamente fácil. Por supuesto que no sé hasta qué punto los entrenadores de estos secuestradores han organizado conscientemente la estrategia de instruir a sus subordinados, pero en mi opinión estas instrucciones por sí mismas demuestran un cierto dominio de los rituales psicológicamente eficaces.

El día 13 de abril de 2013, mientras escribo este libro, dos bombas han explotado en Boston durante la maratón organizada en esta ciudad. Las bombas han matado a tres personas, entre ellas un niño de ocho años, y han dejado 264 heridos. Las autoridades se esfuerzan por descubrir qué llevó a dos hermanos, Dzhokhar y Tamerlan Tsarnaev, a cometer un crimen tan horrible. Es posible que se vaya obteniendo más información al respecto. Sin embargo, en general, vamos a encontrar similitudes entre lo que los condujo a convertirse en asesinos y lo que motivó a Gavrilo Princip para asesinar al archiduque Francisco Fernando y a su mujer, que estaba embarazada, el día de san Vito de 1914, en Sarajevo, tal como describí en el capítulo 9. Lo que esto me indica de forma clara es que tendremos que estudiar más profundamente la psicología del grupo grande en sí misma y la influencia de la propaganda política maligna que acaba convirtiendo a algunas personas en «instrumentos» para llevar a cabo crímenes contra la humanidad.

12. La diplomacia «extraoficial» y la psicología psicoanalítica del grupo grande

A continuación de la Revolución francesa y de la estadounidense, la gente prefirió la noción de autodeterminación y la idea del nacionalismo, en vez del gobierno monárquico. Así pues, la «era del nacionalismo» nació a fines del siglo XVIII; en el XIX se convirtió en un concepto establecido. El modelo de Estado nación se expandió para incluir a otros grupos grandes liberados del gobierno del Otro, lo que hemos conocido como colonialismo. Entre tanto, la diplomacia moderna quedó firmemente establecida como herramienta de protocolo entre los Estados nación. Dicho protocolo incluye una amplia variedad de elementos, desde el suministro de representación formal y el servicio como puesto de escucha hasta la reducción de fricciones en casos de conflicto (cuando eso resulta aconsejable), la gestión de cambios y la creación, la redacción y las enmiendas de normas internacionales (Barston, 1988).

La psicoanalista Janine Chasseguet-Smirgel (1996) señalaba que, aunque el apego a la tierra natal se basa en la historia, la gente está conectada entre sí por ciertos sentimientos y creencias conscientes; cuando aparecen nuevos ideales nacionalistas, estos sustituyen las creencias y los sentimientos religiosos. Chasseguet-Smirgel nos recordaba que, aunque el nacionalismo está asociado con la libertad y los ideales universales, también puede ser utilizado en aras del racismo, el totalitarismo y la destrucción. En su opinión, cuanto más reemplazaba el nacionalismo a la religión y sustituía a los sentimientos místicos y religiosos —en otras palabras, cuanto más desempeñaba la función que la religión ya no era capaz de llevar a cabo—, mayor era su tendencia a convertirse en una fuerza letal. Eso sucedió en Alemania cuando dominaba el Partido nacional-socialista. Tras la caída de la Unión Soviética, cuando muchos grupos grandes se preguntaron «¿Quiénes somos ahora?», el historiador Norman Itzkowitz (en una comunicación personal con el autor en 2004; véase también Volkan, 2013) sugirió que el mundo había entrado en una «era de etnicidad». Poco después esa «nueva» era llegaría a complicarse, con la expansión del terrorismo en nombre de la religión, que simbólicamente alcanzó su cumbre el 11 de septiembre de 2001. Estos acontecimientos nos obligan a examinar cómo ha cambiado la práctica de la diplomacia oficial.

Incluso antes de que el terrorismo quedara asociado con la religión musulmana extremadamente fundamentalista y antes de que la «guerra» en su contra llegara a formar habitualmente parte de los acontecimientos mundiales, Abba Eban, orador y Ministro de Asuntos Exteriores de Israel (de 1966 a 1974), observó en 1983 una declinación en el papel de los embajadores y de los organismos de política exterior. Eban se refirió a «la era de las conferencias cumbre» para subrayar los encuentros cara a cara entre líderes de naciones contrarias, lo que por tanto alteraba la función de determinados organismos, como los Departamentos de Estado, en las decisiones de política exterior. En 1990, Harold Saunders, ex subsecretario de Estado de Estados Unidos, que se convertiría en un miembro activo del Center for the Study of Mind and Human Interaction (CSMHI), señaló tras su retiro que, en el siglo XX, dos guerras mundiales y armas nucleares nos llevaron a cuestionar la legitimidad del uso unilateral del poder por parte de los Estados nación con el fin de alcanzar sus propios intereses. Como nos recordaba Saunders, no podemos ignorar el hecho de que los Estados nación y otros grupos grandes alrededor del mundo siguen recurriendo a la fuerza y a la manipulación para alcanzar sus objetivos; tampoco podemos hacer caso omiso de la existencia de líderes malignos, así como de líderes insensibles, ignorantes y arrogantes. No obstante, escribió lo siguiente: «Mientras que la mayoría de la gente no ve aún el desvanecimiento de los Estados soberanos, un número creciente de personas observa que las soberanías nacionales están cada vez más limitadas en cuanto a lo que pueden conseguir por sí mismas; dichas personas sostienen que la influencia genuina procede cada vez menos del mero uso del poder puro y duro: la naturaleza del poder y la influencia ha cambiado» (Saunders, 1990, p. 3). En muchos lugares del mundo de hoy en día, se ha producido algo inverso a lo descrito por Chasseguet-Smirgel (1996): las creencias y los sentimientos religiosos comunes que trascienden los límites de los Estados nación están sustituyendo a las creencias y a los sentimientos nacionalistas. La continuación de al-Qaeda después de la muerte de Osama bin Laden es un ejemplo de eso. Desde luego, esto ejerce influencia en la práctica de la diplomacia moderna.

Actualmente varios factores han reorganizado nuestro pensamiento sobre la naturaleza de las relaciones internacionales: la coexistencia de conflictos religiosos y conflictos étnicos, el terrorismo mundial (Volkan y Kayatekin, 2006; Volkan, 2013), los increíbles desarrollos en la tecnología de las comunicaciones (Arnett, 2002), el dominio de medios informativos intrusivos (Seib, 1996), el gran aumento de los viajes internacionales (Held, 1998), la influencia de formas modernas de globalización que intentan promover la prosperidad y el bienestar de las sociedades pero también incluir el prejuicio y el racismo (Çevik, 2003; Stiglitz, 2003; Kinnvall, 2004; Ratliff, 2004; Morton, 2005; Liu y Mills, 2006). Evidentemente, la diplomacia aún comprende negociaciones entre Estados nación soberanos; no obstante, también incluye conversaciones y tratos con líderes religiosos, étnicos o ideológicos, tanto de forma oficial como extraoficial. Ya no podemos seguir reduciendo la diplomacia a protocolos «correctos» y ritualistas. Muchos de los problemas internacionales de hoy en día han creado brechas inmensas en los límites físicos y psicológicos de los Estados nación; no es posible abordarlos como asuntos confinados solamente a los límites de Estados nación contrarios. Esta es una de las razones para el increíble aumento de las organizaciones no gubernamentales (ONG) dedicadas a «resolver conflictos» y a llevar la paz a áreas conflictivas, ¡a veces aferrándose al deseo mágico de que eso podría hacerse realidad en el mundo entero! La «resolución de conflictos» se ha convertido en la denominación de una profesión «nueva», de una «nueva» inversión empresarial. Los conflictos de los grupos grandes (al igual que los personales) han llegado para quedarse.

Obviamente hay tantas ONG útiles y consideradas como ONG sumamente molestas e irritantes para los profesionales, ONG que generan dificultades innecesarias en las relaciones internacionales —tal como me comentó uno de mis amigos, un diplomático de alto nivel—. Con muy pocas excepciones, de acuerdo con mis observaciones, las actividades de estas ONG no tienen en consideración los procesos psicodinámicos (como los descritos en este volumen) cuando estructuran sus actividades. Sin embargo, esto no significa que lo que hacen está destinado al fracaso; para obtener buenos resultados en la creación de una atmósfera propicia para interacciones más humanas y civilizadas entre grupos grandes contrarios, los facilitadores no necesitan forzosamente poseer y utilizar profundos *insights* psicológicos. No obstante, creo que los *insights* informados desde un punto de vista psicoanalítico son sumamente útiles, y hasta imperiosos, cuando existe la necesidad tanto de eliminar las resistencias psicológicas a la coexistencia pacífica como de separar los peligros fantasiosos de los reales.

Como en la palestra internacional actual hay una inmensa cantidad de tragedias teñidas de religión, no resulta sorprendente observar la proliferación de intentos de «resolverlas», también ellos teñidos de religión. Es como si la religión «buena» se propusiera borrar la influencia de la religión «mala». Son muchos los esfuerzos destinados a convertir el perdón y la disculpa en virtudes políticas, mayormente en función de ideas religiosas del cristianismo. Worthington (2001) afirmaba lo siguiente: «El perdón echa sus raíces en la práctica de sustituir las emociones negativas asociadas a la ira, el miedo y la inclemencia por emociones positivas asociadas a la empatía y, quizá, a la simpatía, el amor, la compasión o incluso el amor romántico» (p. 37) [véase, asimismo, Worthington, 2005]. Narváez y Díaz (2010) escribieron: «Los dominios del perdón incluyen el perdón a uno mismo, así como el perdón divino» (p. 215). Durante la última década me invitaron a tres encuentros internacionales sobre el «perdón»; observé que el «pensamiento mágico» dominaba ese tipo de reuniones. Desde la perspectiva del psicoanalista, puedo señalar que es imposible que el «perdón» se dé en un grupo grande mediante gestos mágicos. El dominio de los sentimientos con respecto al Otro —si cabe llamar a esto «perdón»— es posible tras un duelo común concerniente a las pérdidas, acompañado por experiencias compartidas que sostienen el narcisismo del grupo grande; en otras palabras, solo cuando se consuman ciertos procesos psicológicos compartidos y difíciles.

Entre tanto, los escritos teóricos y científicos sobre política seguían, asimismo, ignorando el psicoanálisis. En 2005, Ascher y Hirschfelder–Ascher observaron que durante el cuarto de siglo anterior la psicología política hizo caso omiso de «las funciones del afecto, las necesidades psicológicas y los mecanismos psicodinámicos fundamentales para la comprensión de la complejidad del comportamiento político en su totalidad» (p. ix). Ambos autores señalaron lo siguiente: «Con notables excepciones, la psicología política se ha centrado predominantemente en la explicación del comportamiento político colectivo o individual, más que en el intento de guiar decisiones políticas que se verían muy beneficiadas con los *insights* sobre cómo reacciona la gente ante los símbolos, cómo las necesidades psicológicas modelan sus perspectivas y predisposiciones y cómo las crisis pueden socavar las defensas frente a conductas destructivas»

(p. ix). Examinaron con gran éxito el trabajo pionero de Harold D. Lasswell, de mediados del siglo xx, y trataron de ampliar sus ideas al aplicar a la política las teorías psicodinámicas. En el primer capítulo enumeré algunas ideas que ilustran las dificultades de colaboración entre psicoanalistas y diplomáticos o politólogos. Ascher y Hirschfelder-Ascher sugirieron que la dificultad para medir «científicamente» los hallazgos psicoanalíticos podría ser otra razón para eso. Resulta difícil o imposible medir «científicamente» fantasías y procesos inconscientes.

Antes de dar fin a este libro, describiré brevemente un método informado desde el punto de vista psicoanalítico, concerniente a la coexistencia de grupos grandes contrarios. Mis colegas interdisciplinarios del Center for the Study of Mind and Human Interaction (CSMHI) y yo desarrollamos un proceso de varios años para aplicar nuestros descubrimientos sobre los grupos grandes y las relaciones internacionales —ya explorados en el presente volumen— a algunas partes del mundo que se encuentran en conflicto. Llamado el «Modelo del árbol», para reflejar la lentitud del árbol en lo concerniente a su crecimiento y a su ramificación, este método cuenta con tres fases o componentes básicos: (1) el diagnóstico psicopolítico de una situación; (2) los diálogos psicopolíticos entre los delegados influyentes de los grupos grandes en oposición, y (3) las instituciones y las acciones colaborativas surgidas del proceso de diálogo. Como ya he examinado minuciosamente el Modelo del árbol en otra parte, con ilustraciones de sus diversos aspectos (Volkan, 1988, 2006a, 2011, 2013), aquí solo proporcionaré un breve resumen.

La primera fase incluye entrevistas exhaustivas, informadas desde el punto de vista psicoanalítico, con una amplia variedad de miembros del grupo grande, desde políticos de alto nivel hasta niños en edad escolar; dichas entrevistas son conducidas por un equipo facilitador e interdisciplinario, compuesto por psicoanalistas, ex diplomáticos, politólogos, historiadores y otros profesionales de distintas disciplinas. Juntos empiezan a entender los principales aspectos conscientes, así como los *inconscientes*, de la relación entre los dos grupos grandes contrarios y la situación circundante que es necesario abordar.

Durante los diálogos psicopolíticos desarrollados bajo la dirección del equipo facilitador informado psicoanalíticamente —consistentes en una serie de encuentros de varios días a lo largo de varios años—, los participantes traen a la superficie, articulan y entienden los obstáculos psicológicos opuestos al cambio de los modos «patológicos» en que los grupos grandes contrarios protegen su identidad. Se interpretan las amenazas fantaseadas a la identidad del grupo grande, en general debidas a reactivaciones de traumas designados, a fin de que pueda darse una comunicación realista.

Los diálogos psicopolíticos constituyen una serie de talleres intensivos durante los cuales el equipo facilitador pone sobre el tapete pensamientos y sentimientos no reconocidos anteriormente y ayuda a los participantes a elaborarlos. El objetivo consiste en impedir que esos pensamientos y sentimientos perturbadores queden en las sombras e interfieran tanto en una evaluación realista del «enemigo» como en una relación con él. En ese sentido, los talleres son terapéuticos, si bien *no* en lo que respecta al ámbito de los problemas personales. Como abordan tanto conflictos relativos a la identidad del grupo grande de los participantes como imágenes del grupo enemigo y agravios históricos, los talleres se encuentran principalmente al servicio de la eliminación de los obstáculos psicopolíticos experimentados por los participantes de los grupos grandes en oposición.

Durante los diálogos, los participantes de los grupos grandes contrarios pueden, repentinamente, experimentar un acercamiento. A dicho acercamiento sigue entonces un súbito apartamiento —por lo general, después de haber hecho hincapié en las diferencias menores entre los grupos grandes contrarios, puesto que tales diferencias son percibidas como la última protección del límite psicológico que los separa—. Luego vuelven a experimentar el acercamiento, seguido de un nuevo apartamiento: se juntan y se alejan como un acordeón. Subyacen a este comportamiento la negación y la aceptación de los derivados de la agresión de los participantes con respecto al grupo grande «enemigo», incluso cuando permanecen ocultos, así como los intentos por proteger las identidades de los grupos grandes. La discusión eficaz de los asuntos del mundo real no puede darse a menos que se permita que el «movimiento del acordeón» continúe durante un tiempo, a fin de que el vaivén de los sentimientos pueda ser reemplazado por sentimientos más seguros con respecto a las identidades del grupo grande de los participantes.

Los diálogos psicopolíticos se convierten en un proceso cuando quedan expuestos los agravios históricos, especialmente los traumas designados; se articulan las percepciones, los miedos y las actitudes, y salen a la superficie los obstáculos psicológicos —antes ocultos— opuestos a la reconciliación o al cambio. Su objetivo no consiste en borrar las imágenes de los acontecimientos históricos, sino más bien en desintoxicar la relación para que las diferencias no conduzcan a una reanudación de la violencia. Cuando dos grupos grandes se encuentran en conflicto, el enemigo es, evidentemente, real, pero también fantaseado. Si los participantes logran distinguir los peligros fantaseados de los asuntos actuales, entonces es posible que las negociaciones y los pasos hacia la paz se vuelvan más realistas.

Para conseguir una eficacia a largo plazo, la serie de talleres psicopolíticos exige que los mismos participantes, de treinta a cuarenta personas influyentes (legisladores, embajadores, funcionarios gubernamentales, eruditos célebres y otras figuras públicas), se reúnan dos o tres veces al año durante tres o cuatro días. Si bien en esos talleres se desarrollan sesiones plenarias, la mayor parte del trabajo se realiza en grupos pequeños dirigidos por miembros del equipo facilitador e interdisciplinario. Los participantes de los grupos grandes en oposición se vuelven portavoces de sus grupos nacionales o étnicos; el equipo facilitador procura que los *insights* alcanzados se difundan entre la población en general mediante programas concretos que promueven las estrategias pacíficas y la coexistencia.

Para que los *insights* adquiridos recientemente tengan un impacto en las medidas políticas y sociales, así como en el pueblo en general, la fase final exige el desarrollo colaborativo de acciones, instituciones y programas concretos. Se pone en funcionamiento lo aprendido a fin de que resulte posible tanto alcanzar una coexistencia más pacífica entre los grupos grandes como dominar las amenazas del Otro —especialmente las fantaseadas— a la identidad del grupo grande. La aplicación del Modelo del árbol ilustra cómo pueden trabajar juntos los psicoanalistas y los (ex) diplomáticos, así como los historiadores y las personas dedicadas a otras disciplinas.

Bibliografía

ABRAHAM, K. (1921). *Selected Papers of Karl Abraham*. Londres: Hogarth. [trad. cast.: *Obras escogidas*, Barcelona, RBA, 2006].

ACHEN, C. H. y SNIDAL, D. (1989). Rational deterrence theory and comparative case studies. *World Politics* 41:143-169.

ADAMS, M.V. (1996). *The Multicultural Imagination: «Race», Color, and the Unconscious*. Londres: Routledge.

AINSLIE, R. C. y SOLYOM, A. E. (1986). The replacement of the fantastied oedipal child: A disruptive effect of sibling loss on the mother-infant relationship. *Psychoanalytic Psychology* 3: 257-268.

AKHTAR, S. (1999). *Immigration and Identity: Turmoil, Treatment, Transformation*. Northvale: Jason Aronson.

ALDERDICE, J. (2007). The individual, the group and the psychology of terrorism. *International Review of Psychiatry* 19:201-209.

ALDERDICE, J. (2010). Off the couch and round the conference table, En: A. Lemma y M. Patrick (eds.). Contemporary Psychoanalytic Applications, pp. 15-32. Londres: Routledge.

ALI, T. (2001). Former USA policies allowed the Taliban to thrive. *Turkish Daily News*, 25 de septiembre, p.16.

ALLEN, B. (1996). *Rape Warfare: The Hidden Genocide in Bosnia-Herzegovina and Croatia*. Minneapolis: University of Minnesota Press.

ALLISON, G. T. (1971). *Essence of Decision: Explaining the Cuban Missile Crisis.* Boston: Little Brown.

AMBROSE, S. E. (1989) *Nixon,* vol. 2: *The Triumph of a Politician 1962-1972.* Nueva York: Simon y Schuster.

ANZIEU, D. (1971). L'illusion groupale. *Nouvelle Revue de Psychoanalyse* 4: 73-93.

ANZIEU, D. (1975). *Le groupe et l'inconscient. L'imaginaire groupal.* París: Dunod. [trad. cast.: *El grupo y el inconsciente: lo imaginario,* Madrid, Biblioteca Nueva, 1993]

ANZULOVIC, B. (1999). *Heavenly Serbia: From Myth to Genocide.* Nueva York: New York University Press.

APPREY, M. (1993). The African-American experience: Transgenerational trauma and forced immigration. *Mind and Human Interaction* 9: 30-37.

APPREY, M. (1998). Reinventing the self in the face of received transgenerational hatred in the African American community. *Mind and Human Interaction* 9:30–37.

ARLOW, J. (1973). Motivations for peace. En: H. Z. Winnik, R. Moses, & Ostow, M. (eds.). *Psychological Basis of War,* pp. 193-204. Jerusalem: Jerusalem Academic Press.

ARNETT, J. J. (2002). The psychology of globalization. *American Psychologist* 57: 774-783.

ASCHER, W. y HIRSCHFELDER-ASCHER, B. (2005). *Revitalizing Political Psychology: The Legacy of Harold D. Lasswell.* Mahwah: Lawrence Erlbaum.

BARNER-BARRY, C. y ROSENWEIN, R. (1985). *Psychological Perspectives on Politics.* Englewood Cliffs: Prentice-Hall.

BARSTON, R. P. (1988). *Modern Diplomacy.* Londres: Longman.

BERKES, N. (1975). *Türk Düşününde Batı Sorunu.* Ankara: Bilgi Yayınevi.

BERNARD, V., OTTENBERG, P. y REDL, F. (1973). Dehumanisation: A composite psychological defense in relation to modern war. En: N. Sanford y C. Comstock (eds.). *Sanctions for Evil: Sources of Social Destructiveness,* pp. 102-124. San Francisco: Jossey-Bass.

BION, W. R. (1961). *Experiences in Groups*. Londres: Tavistock.

BLOOM, P. (2010). *How Pleasure Works: The New Science of Why We Like What We Like*. Nueva York: W. W. Norton. [trad. cast.: *La esencia del placer*, Barcelona, Ediciones B, 2010].

BLOS, P. (1979). *The Adolescent Passage: Developmental Issues*. Nueva York: International Universities Press [trad. cast.: *La transición adolescente*, Buenos Aires, Amorrortu, 1981].

BÖHM, T. y KAPLAN, S. (2011). *Revenge: On the Dynamics of a Frightening Urge and its Taming*. Londres: Karnac.

BOYER, L. B. (1986). One man's need to have enemies: A psychoanalytic perspective. *Journal of Psychoanalytic Anthropology*, 9:101-120.

BRENNER, C. (1983). *The Mind in Conflict*. Nueva York: International Universities Press.

BRENNER, I. (1999). Returning to the fire: Surviving the Holocaust and «going back». *Journal of Applied Psychoanalytic Studies*, 1: 145-162.

BRENNER, I. (2001). *Dissociation of Trauma: Theory, Phenomenology, and Technique*. Madison: International Universities Press.

BRENNER, I. (2004). *Psychic Trauma: Dynamics, Symptoms, and Treatment*. Nueva York: Jason Aronson.

BROWN, J. A. C. (1963). *Techniques of Persuasion: From Propaganda to Brainwashing*. Middlesex: Penguin Books. [trad. cast: *Técnicas de persuasión: de la propaganda al lavado de cerebro*, Madrid, Alianza Editorial, 2004].

BURNS, J. M. (1984). *The Power to Lead: The Crisis of the American Presidency*. Nueva York: Simon and Schuster.

BUTLER, T. (1993). Yugoslavia mon amour. *Mind and Human Interaction*, 4: 120-128.

BYTWERK, R. L. (2004). *Bending Spines: The Propagandas of Nazi Germany and the German Democratic Republic*. East Lansing: Michigan State University Press.

CAIN, A. C. y CAIN, B. S. (1964). On replacing a child. *Journal of the American Academy of Child Psychiatry*, 3:443-456.

CAMPBELL, R. (1983). An emotive place apart. *Art in America*, mayo, pp. 150-151.

ÇEVIK, A. (2003). Globalization and identity. En: S. Varvin y V. D. Volkan (eds.), *Violence or Dialogue: Psychoanalytic Insights to Terror and Terrorism*, pp. 91-98. Londres: International Psychoanalysis Library.

CHAKOTIN, S. (1939). *The Rape of Masses: The Psychology from Propaganda to Brainwashing*. Middlesex: Penguin Books.

CHASSEGUET-SMIRGEL, J. (1984). *The Ego Ideal*. Nueva York: W. W. Norton. [trad. cast: *El ideal del yo: ensayo psicoanalítico sobre la enfermedad de idealidad*, Buenos Aires, Amorrortu, 2003].

CHASSEGUET-SMIRGEL, J. (1996). Blood and nation. *Mind and Human Interaction*, 7:31-36.

CHINARD, G. (1979). *The Letters of Lafayette and Jefferson*. Nueva York: Arno Press.

COOPER, A. M. (1989). Narcissism and masochism: The narcissistic-masochistic character. *Psychiatric Clinics of North America*, 12: 541-552.

DAVIDSON, W. D. y MONTVILLE, J. V. (1981-1982). Foreign policy according to Freud. *Foreign Policy*, 45: 145-157.

DAVIS, D. (2000). The Pope who kidnapped a Jewish boy. *The Jerusalem Post*, marzo, p. 24 :B4.

EBAN, A. (1983). *The New Diplomacy: International Affairs in the Modern Age*. Nueva York: Random House.

ELLIOTT, M., BISHOP, K. y STOKES, P. (2004). Societal PTSD? Historic shock in Northern Ireland. *Psychotherapy and Politics International*, 2:1-16.

EMDE, R. (1991). Positive emotions for psychoanalytic theory: Surprises from infancy research and new directions. *Journal of the American Psychoanalytic Association* (suplemento), 39: 5-44.

EMMERT, T. A. (1990). *Serbian Golgotha: Kosovo, 1389*. Nueva York: Columbia University Press.

ERIKSON, E. H. (1956). The problem of ego identity. *Journal of the American Psychoanalytic Association*, 4:56-121.

ERIKSON, E. H. (1959) *Identity and the Life Cycle*. Nueva York: International Universities Press.

ERIKSON, E. H. (1966). Ontogeny of ritualization. En: R. M. Lowenstein, L. M. Newman, M. Schur y A. J. Solnit (eds.), *Psychoanalysis: A general Psychology*, pp. 601-621. Nueva York: International Universities Press.

ERIKSON, K. T. (1975). Loss of communality at Buffalo Creek. *American Journal of Psychiatry*, 133: 302-325.

ERLICH, H. S. (1998). Adolescents' reactions to Rabin's assassination: A case of patricide? En: A. Esman (Ed). *Adolescent Psychiatry: Developmental and Clinical Studies*, 22:189-205. Londres: The Analytic Press.

ERLICH, H. S. (2010). A beam of darkness: Understanding the terrorist mind. En: H. Brunning y M. Perini (eds.), *Psychoanalytic Perspectives on a Turbulent World*, pp. 3-15. Londres: Karnac.

ERLICH, H. S. (2013). *The Couch in the Marketplace: Psychoanalysis and Social Reality*. Londres: Karnac.

ETZIONI, A. (1967). Mixed scanning: A «third» approach to decision-making. *Public Administration Review*, 27:385-392.

FAIMBERG, H. (2005). *The Telescoping of Generations. Listening to the Narcissistic Links Between Generations*. Londres: Routledge. [trad. cast: *El Telescopaje de generaciones: a la escucha de los lazos narcisistas entre generaciones*, Buenos Aires, Amorrortu, 2006].

FENICHEL, O. (1945): *The Psychoanalytic Theory of Neurosis*. Nueva York: Norton. [trad. cast: *Obras escogidas*, Barcelona, RBA , 2006].

FORNARI, F. (1966). *The Psychoanalysis of War*. Nueva York: Anchor. [trad. cast: *Psicoanálisis de la guerra*, Madrid, Siglo XXI, 1972].

FREUD, A. (1936). *Das Ich und die Abwehrmechanismen*. [trad. cast: *El yo y los mecanismos de defensa*, Buenos Aires, Paidós, 1989].

FREUD, A. y BURLINGHAM, D. (1942). *War and Children*. Nueva York: International Universities Press. [trad. cast: *La guerra y los niños*, Buenos Aires, Editorial Hormé, 1965].

FREUD, S. (1905d). *Drei Abhandlungen zur Sexualtheorie. Standard Edition*, 7: 130-243. Londres: Hogarth Press.

FREUD, S. (1905e [1901]). *Bruchstück einer Hysterie-Analyse.* *Standard Edition*, 7:3-122. Londres: Hogarth.

FREUD, S. (1917e). Mourning and melancholia. *Standard Edition*, 14: 237-260. Londres: Hogarth.

FREUD, S. (1918a). The taboo of virginity. *Standard Edition*, 11: 191-208. Londres: Hogarth.

FREUD, S. (1921c). *Group psychology and the Analysis of the Ego.* *Standard Edition*, 18: 67-143. Londres: Hogarth.

FREUD, S. (1926d). Inhibitions, symptoms and anxiety. *Standard Edition*, 20: 77-175. Londres: Hogarth.

FREUD, S. (1930a). *Civilization and its discontents.* *Standard Edition*, 21:57-145. Londres: Hogarth [trad. cast.: *El malestar en la cultura*, en *Obras completas*, t. 21, Buenos Aires, Amorrortu, 1992].

FREUD, S. (1933b). Why War? *Standard Edition*, 22: 197-215. Londres: Hogarth.

FROMM, M. G. (ed.) (2012) *Lost in Transmission: Studies of Trauma Across Generations.* Londres: Karnac.

FURMAN, E. (1974). *A Child's Parent Dies: Studies in Childhood Bereavement.* New Haven: Yale University Press.

GEORGE, A. L. (1969). The «operational code»: A neglected approach to the study of political leaders and decision-making. *International Studies Quarterly*, 23:190-222.

GLOWER, E. (1947). *War, Sadism, and Pacifism: Further Essays on Group Psychology and War.* Londres: Allen and Unwin.

GOENJIAN, A. K., STEINBERG, A. M., NAJARIAN, L. M., FAIRBANKS, L. A., TASHJIAN, M. y PYNOOS, R. S. (2000). Prospective study of posttraumatic stress, anxiety, and depressive reactions after earthquake and political violence. *American Journal of Psychiatry*, 157: 911-916.

GOODALL, J. (1986). *The Chimpanzees of Gombe: Patterns of Behavior.* Cambridge: Harvard University Press.

GREENACRE, P. (1969). The fetish and the transitional object. En: *Emotional Growth, Vol. 1*, pp. 315-334. Nueva York: International Universities Press

GRUBRICH-SIMITIS, I. (1979). Extremtraumatisierung als kumulatives trauma: Psychoanalytische studien über seelische nachwirkungen der konzentrationslagerhaft bei überlebenden und ihren kindern (Extreme traumatisation as a cumulative trauma: Psychoanalytic studies on the mental effects of imprisonment in concentration camps on survivors and their children). *Psyche*, 33: 991–1023.

GUTMAN, R. A. (1993). *A Witness to Genocide: The 1993 Pulitzer Prize-Winning Dispatches on the «Ethnic Cleansing» of Bosnia*. Nueva York: Maxwell Macmillan International.

HAFEZ, M. M. (2006). *Manufacturing Human Bombs: The Making of Palestinian Suicide Bombers*. Washington, DC: United States Institute of Peace.

HALMAN, T. S. (1992). Istanbul. En: *The Last Lullaby*, pp. 8-9. Merrick: Cross Cultural Communications.

HARRIS, M. (1992). Hidden transcripts in public places. *Mind and Human Interaction*, 3: 63-69.

HELD, D. (1998). Democratization and globalization. En: A. Archibugi, D. Held, y M. Köhler (eds.) *Re-imagining Political Community*, pp. 11–27. Stanford: Stanford University Press.

HENRY, M. (2000). Just an irritant. *The Jerusalem Post*, 24 de marzo, p. B4.

HERSH, S. M. (1983). *The Price of Power: Kissinger in the Nixon White House*. Ontario: Summit Books.

HERZFELD, M. (1986). *Ours Once More: Folklore, Ideology, and the Making of Modern Greece*. Nueva York: Pella.

HITLER, A. (1925–1926). *Mein Kampf*. Alemania: Franz Eher Nachfolger. [trad. cast.: *Mi lucha*, Barcelona, Ojeda, 2008].

HOLLANDER, N. (1997). *Love in a Time of Hate: Liberation Psychology in Latin America*. New Brunswick: Rutgers University Press. [trad. cast.: *Amor en tiempos del odio: psicología de la liberación en América latina*, Rosario, Homo Sapiens Ediciones, 2000].

HOLLANDER, N. (2010). *Uprooted Minds: Surviving the Political Terror in the Americas*. Nueva York: Routledge.

HOPPER, E. (2003) *Traumatic Experience in the Unconscious Life of Groups: The Fourth Basic Assumption: Incohesion: Aggregation/Massification or (ba) I: A/M.* Londres: Jessica Kingsley.

HOROWITZ, D. L. (1985). *Ethnic Groups in Conflict.* Berkeley: University of California Press.

HOWELL, W. N. (1993). Tragedy, trauma and triumph: Reclaiming integrity and initiative from victimization. *Mind and Human Interaction,* 4:111–119.

HOWELL, W. N. (1995). «The evil that men do…»: Societal effects of the Iraqi occupation of Kuwait. *Mind and Human Interaction,* 6: 150–169.

ITZKOWITZ, N. (1972). *Ottoman Empire and Islamic Tradition.* Nueva York: Alfred A. Knopf.

JACOBSON, E. (1964). *The Self and the Object World.* Nueva York: International Universities Press.

JANIS, I. L. y MANN, L. (1977). *Decision-making: A Psychological Analysis of Conflict, Choice, and Commitment.* Nueva York: Free Press.

JERVIS, R., LEBOW, N. y STEIN, J. G. (1985). *Psychology and Deterrence.* Baltimore: John Hopkins.

JOWETT, G. S. y DONNELL, V. O. (1986). *Propaganda and Persuasion.* Newbury Park: Sage.

KAKAR, S. (1996). *The Colors of Violence: Cultural Identities, Religion, and Conflict.* Chicago: University of Chicago Press.

KAPLAN, R. D. (1993). *Balkan Ghosts: A Journey Through History.* Nueva York: Vintage. [trad. cast.: *Fantasmas balcánicos,* Barcelona, Ediciones B, 2005].

KEINON, H. (2000). Ring around the Rabbi. *The Jerusalem Post,* 31 de marzo, p. B4.

KERNBERG, O. F. (1970). A psychoanalytic classification of character pathology. *Journal of the American Psychoanalytic Association,* 18:800– 822.

KERNBERG, O. F. (1975). *Borderline Conditions and Pathological Narcissism.* Nueva York: Jason Aronson. [trad. cast.: *Desór-*

denes fronterizos y *narcisismo patológico*, Barcelona, Paidós Ibérica, 2001]

KERNBERG, O. F. (1976). *Object Relations Theory and Clinical Psychoanalysis*. Nueva York: Jason Aronson. [trad. cast.: *La teoría de las relaciones objetales* y *el psicoanálisis clínico*, Barcelona, Paidós Ibérica, 2005]

KERNBERG, O. F. (1980). *Internal World and External Reality: Object Relations Theory Applied*. Nueva York: Jason Aronson.

KERNBERG, O. F. (1989). Mass psychology through the analytic lens. Paper presented at *Through the Looking Glass: Freud's Impact on Contemporary Culture meeting*, Philadelphia, 23 de septiembre (sin publicar).

KERNBERG, O. F. (2010). Some observations on the process of mourning. *International Journal of Psychoanalysis*, 91: 601-619.

KERTZER, D. (1997). *The Kidnapping of Edgardo Mortara*. Nueva York: Knopf. [trad. cast.: *El secuestro de Edgardo Mortara*, Barcelona, Plaza & Janés, 2000]

KESTENBERG, J. S. (1982). A psychological assessment based on analysis of a survivor's child. En: M. S. Bergman y M. E. Jucovy (eds.), *Generations of the Holocaust*, pp. 158-177. Nueva York: Columbia University Press.

KESTENBERG, J. S. y BRENNER, I. (1996). *The Last Witness: The Child Survivor of the Holocaust*. Washington: American Psychiatric Press.

KHRUSHCHEV, N. S. (1970). *Khrushchev Remembers*. Boston: Little, Brown. [trad. cast.: *Kruschef recuerda*, Madrid, Santillana, 1970].

KINNVALL, C. (2004). Globalization and religious nationalism: Self, identity, and the search for ontological security. *Political Psychology*, 25: 741-767.

KINROSS, LORD (1965). *Atatürk: A Biography of Mustafa Kemal, Father of modern Turkey*. Nueva York: William Morrow. [trad. cast.: *Atatürk, el resurgir de una nación*, Barcelona, Grijalbo, 1974].

KISSINGER, H. A. (1979). *White House Years*. Boston: Little, Brown.

KITROMILIDES, P. M. (1990). «Imagined communities» and the origins of the national question in the Balkans. En: M. Blickhorn y T. Veremis (eds.), *Modern Greek Nationalism and Nationality*, pp. 23-65. Atenas: Sage-Eliamep

KLEIN, D. (1985). Deductive economic methodology in the French Enlightenment: Cadillac and Desutt de Tracy. *History of Political Economy*, 17: 51-71.

KLEIN, M. (1946). Notes on some schizoid mechanisms. *International Journal of Psychoanalysis*, 27: 99-110.

KOGAN, I. (1995). *The Cry of Mute Children: A Psychoanalytic Perspective of the Second Generation of the Holocaust*. Londres: Free Association.

KOHUT, H. (1966). Forms and transformations of narcissism. *Journal of the American Psychoanalytic Association*, 14: 243-272.

KOHUT, H. (1971). *The Analysis of the Self: A Systematic Approach to the Psychoanalytic Treatment of Narcissistic Personality Disorder*. Nueva York: International Universities Press.

KOHUT, H. (1977). *The Restoration of the Self*. Nueva York: International Universities Press. [trad. cast.: *La restauración del sí-mismo*, Barcelona, Paidós Ibérica, 2001]

KRIEGMAN, G. (1988). Entitlement attitudes: Psychological and therapeutic implications. En: V. D. Volkan y T. C. Rodgers (eds.), *Attitudes of Entitlement: Theoretical and Clinical Issues*, pp. 1-21. Charlottesville: University Press of Virginia.

KRIS, E. (1943). Some problems of war propaganda: A note on propaganda new and old. *Psychoanalytic Quarterly*, 12:381-399.

KRIS, E. (1944). *German Radio Propaganda: Report on Home Broadcasts during the War*. Nueva York: Oxford University Press.

KRIS, E. (1952). *Psychoanalytic Explorations in Art*. Nueva York: International Universities Press.

KRIS, E. (1975). *Selected Papers of Ernst Kris*. New Haven: Yale University Press.

KRYSTAL, H. (Ed.). (1968). *Massive Psychic Trauma*. Nueva York: International Universities Press.

LASSWELL, H. D. (1932). The triple-appeal principle: A contribution of psychoanalysis to political and social science. *American Journal of Sociology*, 37: 523-538.

LASSWELL, H. D. (1936). *Politics: Who Gets What, When, How.* Nueva York: Meridian.

LASSWELL, H. D. (1938). Foreword. En: G. G. Bruntz (Ed.), *Allied Propaganda and the Collapse of the German Empire in 1918*, pp. v-viii. Stanford: Stanford University Press.

LASSWELL, H. D. (1948). *The Analysis of Political Behavior: An Empirical Approach.* Londres: Routledge y Kegan Paul.

LASSWELL, H. D. (1963). *The Future of Political Science.* Nueva York: Atherton. [trad. cast.: *El futuro de la ciencia política*, Madrid, Tecnos, 1971].

LAUB, D. y AUERHAHN, N. C. (1993). Knowing and not knowing massive psychic trauma: Forms of traumatic memory. *International Journal of Psychoanalysis*, 74: 287-302.

LAUB, D. y PODELL, D. (1997). Psychoanalytic listening to historical trauma: The conflict of knowing and the imperative act. *Mind and Human Interaction*, 8: 245-260.

LE BON, G. (1895). *Psychologie des foules.* París: PUF, 2013. [trad. cast.: *Psicología de las masas*, Madrid, Morata, 2014]

LE BON, G. (1910). *La psychologie politique et la défense sociale.* Paris: Flammarion. [trad. cast.: *La psicología política y la defensa social*, Madrid, Libería Gutenberg de José Ruiz, 1912]

LEHTONEN, J. (2003). The dream between neuroscience and psychoanalysis: Has feeding an infant impact on brain function and the capacity to create dream images in infants? *Psychoanalysis in Europe Bulletin*, 57: 175-182.

LEMMA, A. y PATRICK, M. (eds.). *Contemporary Psychoanalytic Applications*, pp. 15-32. Londres: Routledge.

LEVIN, S. (1970). On psychoanalysis of attitudes of entitlement. *Bulletín of the Philadelphia Association of Psychoanalysis*, 20: 1-10.

LEWIS, B. (2000). Propaganda in the Middle East. Paper presented at the International Conference in Commemoration of the 78th Birthday of Yitzhak Rabin: *«Patterns of Political Discourse: Propaganda, Incitement and Freedom of Speech»* 29 de febrero, (sin publicar).

LIFTON, R. J. (1968). *Death in Life: Survivors of Hiroshima.* Nueva York: Random House.

LIFTON, R. J. (1989). *Thought Reform and the Psychology of Totalism: A Study of «Brainwashing» in China.* Chapel Hill: University of North Carolina Press.

LIFTON, R. J. y OLSON, E. (1976). The human meaning of total disaster: The Buffalo Creek experience. *Psychiatry,* 39: 1-18.

LIU, J. H. y MILLS, D. (2006). Modern racism and neo-liberal globalization: The discourses of plausible deniability and their multiple functions. *Journal of Community and Applied Social Psychology,* 16: 83–99.

LOEWENBERG, P. (1991). Uses of anxiety. *Partisan Review,* 3: 514-525.

LOEWENBERG, P. (1995). *Fantasy and Reality in History.* Nueva York: Oxford University Press.

MAHLER, M. S. y FURER, M. (1968). *On Human Symbiosis and the Vicissitudes of Individuation.* Nueva York: International Universities Press.

MARKIDES, K. C. (1977). *The Rise and Fall of the Cyprus Republic.* New Haven: Yale University Press.

MARKOVIC, M. S. (1983). The secret of Kosovo. En: V.D. Mihailovich (ed.), *Landmarks in Serbian Culture and History,* pp. 111-131. Pittsburgh, PA: Serb National Foundation.

MAZO, E. y HESS, E. (1967). *Nixon: Political Potrait.* Nueva York: Popular Library. [trad. cast.: *Richard Nixon. Una semblanza política y personal,* Barcelona, Plaza & Janés, 1960].

MITANI, J. C., WATTS, D. P. y AMSLER, S. J. (2010). Lethal intergroup aggression leads to territorial expansion in wild chimpanzees. *Current Biology,* 20: R507-R508.

MITSCHERLICH, A. (1971). Psychoanalysis and the aggression of large groups. *International Journal of Psychoanalysis,* 52:161-167.

MITSCHERLICH, A. y MITSCHERLICH, M. (1967). *Grundlagen kollektiven Verhaltens.* Múnich: Piper. [trad. cast.: *Fundamentos del comportamiento colectivo. La incapacidad de sentir duelo,* Madrid, Alianza Editorial, 1973].

MONEY-KYRLE, R. E. (1941). The psychology of propaganda. *British Journal of Medical Psychology,* 19: 82-94.

MORTON, T. L. (2005). Prejudice in an era of economic globalization and international interdependence. En: J. L. Chin (ed.), *The Psychology of Prejudice and Discrimination: Disability, Religion, Physique, and Other Traits,* Volume 4, pp. 135-160. Westport, CT: Praeger.

MOSES, R. (1982). The group-self and the Arab-Israeli Conflict. *International Review of Psychoanalysis,* 9: 55-65.

MOSES-HRUSHOVSKI, R. (2000). *Grief and Grievance: The Assassination of Yitzhak Rabin.* Londres: Minerva.

MOTOLINIA, T. (1953). *Historia de los indios de la Nueva España.* Barcelona: Linkgua, 2017.

MURPHY, R. F. (1957). Intergroup hostility and social cohesion. *American Anthropologist,* 59: 1018-1035.

NARVÁEZ, L. y DÍAZ, J. (2010). The general principles of forgiveness and reconciliation. En: L. Narváez, L. E Soares, D. Hicks, S. Abadian, R. Peterson, J. Diaz, y P. Monroy (eds.), *Political Culture of Forgiveness and Reconciliation,* pp. 171-220. Bogotá, Colombia: Fundación para la Reconcilación.

NEWMAN, L. M., SCHUR, M. y SOLNIT, A. J. (eds.), *Psychoanalysis: A General Psychology,* pp. 601-621. Nueva York: International Universities Press.

NIEDERLAND, W. G. (1961). The problem of the survivor. *Journal of the Hillside Hospital,* 10: 233-247.

NIEDERLAND, W. G. (1968). Clinical observations on the «survivor syndrome». *International Journal of Psychoanalysis,* 49: 313-315.

NIXON, R. (1978). *RN: The Memoirs of Richard Nixon.* Nueva York: Grosset and Dunlap.

OCHSNER, J. K. (1997). A space of loss: the Vietnam Veterans Memorial. *Journal of Architectural Education,* 50: 156-171.

PINSON, M. (ed.) (1994). *The Muslims of Bosnia-Herzegovina* Cambridge: Harvard University Press.

POLITIS, N. G. (1872). Khelidhonisma (Swallow song). *Neoelinika Analekta,* 1: 354-368.

POLITIS, N. G. (1882). *Introductory Lecture for the Class in Hellenic Mythology* (original en griego). Athenas: Aion.

POLLOCK, G. H. (1989). *The Mourning-Liberation Process,* 2 vols. Madison: International Universities Press.

RANGELL, L. (1980) *The Mind of Watergate.* Nueva York: Norton.

RASHID, A. (2000). *Taliban: Islam, Oil and the New Great Game in Central Asia.* Londres: I.B. Tauris. [trad. cast.: *Los talibán: Islam, petróleo y fundamentalismo en el Asia Central,* Barcelona, Península, 2014].

RATLIFF, J. M. (2004). The persistence of national differences in a globalizing world: The Japanese struggle for competitiveness in advanced information technologies. *Journal of Socio-Economics,* 33: 71-88.

RAVIV, A., SADEH, A., RAVIV, A., SILBERSTEIN, O. y DIVER, O. (2000). Young Israelis' reactions to national trauma: The Rabin assassination and terror attacks. *Political Psychology,* 21: 299-322.

ROLAND, A. (2011). *Asians and Asian Americans in a Global Era.* Nueva York: Oxford University Press.

SAATHOFF, G. (1995). In the hall of mirrors: One Kuwaiti's captive memories. *Mind and Human Interaction,* 6: 170-178.

SAATHOFF, G. (1996) Kuwait's children: Identity in the shadow of the storm. *Mind and Human Interaction,* 7: 181-91.

SAUNDERS, H. (1990). An historic challenge to rethink how nation states relate. En: V. D. Volkan, D. A. Julius, y J. V. Montville (eds.), *The Psychodynamics of International Rela-*

tionships, vol. 1: *Concepts and Theories*, pp. 1-30. Lexington: Lexington Books.

SCHWOEBEL, R. (1967). *The Shadows of the Crescent: The Renaissance Image of the Turk* (1453–1517). Nueva York: St. Martin's Press.

SCRUTON, R. (1982). *A Dictionary of Political Thought*. Nueva York: Harper and Row.

ŠEBEK, M. (1992). Anality in the totalitarian system and the psychology of post-totalitarian society. *Mind and Human Interaction*, 4:52-59.

ŠEBEK, M. (1994). Psychopathology of everyday life in the post-totalitarian society. *Mind and Human Interaction*, 5:104-109.

SEIB, P. M. (1996). *Headline Diplomacy: How News Coverage Affects Foreign Policy*. Nueva York: Praeger/Greenwood.

SELLS, M. A. (2002). The construction of Islam in Serbian religious mythology and its consequences. En: M. Shatzmiller (ed.), *Islam and Bosnia*, pp. 56-85. Montreal: McGill-Queen's University Press.

SMITH, D. L. (2011). *Less Than Human: Why We Demean, Enslave and Exterminate Others*. Nueva York: St. Martin's Press.

SMITH, J. (2000). The father, the son and the Holy See. *The Washington Post*, 23 de junio, pp. A1, A27.

SMITH, J. H. (1975). On the work of mourning. En: B. Schoenberg, I. Gerber, A. Wiener, A. H. Kutscher, D. Peretz, y A. C. Carr (eds.), *Bereavement: Its Psychological Aspects*, pp. 18-25. Nueva York: Columbia University Press.

STEIN, H. F. (1990). The international and group milieu of ethnicity: Identifying generic group dynamic issues. *Canadian Review of Studies in Nationalism*, 17: 107-130.

STEINBERG, B. (1996). *Shame and Humiliation: Presidential Decision-making on Vietnam: A Psychoanalytic Interpretation*. Montreal: McGill-Queen's University Press.

STIGLITZ, J. E. (2003). *Globalisation and its Discontents*. Nueva York: W. W. Norton. [trad. cast.: *El malestar en la globalización*, Barcelona, Debolsillo, 2015].

SPITZ, R. (1965). *The First Year of Life*. Nueva York: International Universities Press. [trad. cast.: *El primer año de vida del niño*, Madrid, Aguilar, 1972].

STERN, D. N. (1985). *The Interpersonal World of the Infant: A View from Psychoanalysis and Developmental Psychology*. Nueva York: Basic.

STERN, J. (2001). Deviance in the Nazi society. *Mind and Human Interaction*, 12: 218-237.

SWIFT, E. M. (1995). Book to the future. *Sports Illustrated*, 3 de julio, p. 32.

TÄHKÄ, V. (1984). Dealing with object loss. *Scandinavian Psychoanalytic Review*, 7: 13-33.

TATE, C. (1996). Freud and his «Negro»: Psychoanalysis as ally and enemy of African Americans. *Journal for the Psychoanalysis of Culture and Society*, 1: 53-62.

THOMPSON, K. W. (1980). *Masters of International Thought*. Baton Rouge: Louisiana State University Press.

TUCKER, R. C. (1973). *Stalin as Revolutionary*. Nueva York: Norton.

VARVIN, S. y VOLKAN, V. D. (eds.). (2003). *Violence or Dialogue: Psychoanalytic Insights on Terror and Terrorism*. Londres: International Psychoanalytical Association.

VASQUEZ, J. A. (1986). Morality and politics. En: J. A. Vasquez (ed.) *Classics of International Relations*, pp. 1-8. Englewood Cliffs, NJ: Prentice-Hall.

VOLKAN, K. (1992). The Vietnam War Memorial. *Mind and Human Interaction*, 3: 73-77.

VOLKAN, V. D. (1972). The linking objects of pathological mourners. *Archives of General Psychiatry*, 27: 215-221.

VOLKAN, V. D. (1976). *Primitive Internalized Object Relations: A Clinical Study of Schizophrenic, Borderline and Narcissistic Patients*. Nueva York: International Universities Press.

VOLKAN, V. D. (1979a). *Cyprus - War and Adaptation: A Psychoanalytic History of Two Ethnic Groups in Conflict*. Charlottesville: University Press of Virginia.

VOLKAN, V. D. (1979b). The glass bubble of a narcissistic patient. En: J. LeBoit y A. Capponi (eds.), *Advances in Psychothera-py of the Borderline Patient*, pp. 405-431. Nueva York: Jason Aronson.

VOLKAN, V. D. (1981). *Linking Objects and Linking Phenomena: A Study of the Forms, Symptoms, Metapsychology, and Therapy of Complicated Mourning.* Nueva York: International Universities Press.

VOLKAN, V. D. (1988). *The Need to Have Enemies and Allies: From Clinical Practice to International Relationships.* Northvale: Jason Aronson.

VOLKAN, V. D. (1997). *Bloodlines: From Ethnic Pride to Ethnic Terrorism.* Nueva York: Farrar, Straus and Giroux.

VOLKAN, V. D. (2004). *Blind Trust: Large Groups and Their Leaders in Times of Crisis and Terror.* Charlottesville: Pitchstone.

VOLKAN, V. D. (2006a). *Killing in the Name of Identity: A Study of Bloody Conflicts.* Charlottesville: Pitchstone.

VOLKAN, V. D. (2006b). What some monuments tell us about mourning and forgiveness. En: E. Barkin y A. Karn (eds.) *Taking Wrongs Seriously: Apologies and Reconciliation*, pp. 115-131. Stanford, CA: Stanford University Press.

VOLKAN, V. D. (2007a). Individuals and societies as «perennial mourners»: Their linking objects and public memorials. En: B. Wilcock, L. C. Bohm y R. Curtis (eds.), *On Death and Dying: Psychoanalysts' Reflections on Finality, Transformations and New Beginnings*, pp. 42-59. Philadelphia: Routledge.

VOLKAN, V. D. (2007b). Not letting go: From individual perennial mourners to societies with entitlement ideologies. En: Fiorini, L. G., Lewkowicz, S. y T. Bokanowsi, T. (eds.), *On Freud's «Mourning and Melancholia»*, pp. 90-109. Londres: International Psychoanalytic Association.

VOLKAN, V. D. (2010). *Psychoanalytic Technique Expanded: A Textbook on Psychoanalytic Treatment.* Istanbul: Oa.

VOLKAN, V. D. (2011). Play and tract two diplomacy. En: M. C. Akhtar y M. Nayer (eds.), *Play and Playfulness: Developmen-*

tal, Clinical, and Socio-Cultural Aspects, pp. 150-171. Nueva York: Jason Aronson.

VOLKAN, V. D. (2013). *Enemies on the Couch: A Psychopolitical Journey Through War and Peace*. Durham: Pitchstone.

VOLKAN, V. D. (2014). *Animal Killer: Transmission of War Trauma from One Generation to the Next*. Londres: Karnac.

VOLKAN, V. D. y AST, G. (1997). *Siblings in the Unconscious and Psychopathology*. Madison: International Universities Press.

VOLKAN, V. D. y FOWLER, J. C. (2009). Large-group narcissism and political leaders with narcissistic personality organization. *Psychiatric Annals*, 39: 214-222.

VOLKAN, V. D. e ITZKOWITZ, N. (1984). *The Immortal Atatürk: A Psychobiography*. Chicago: Chicago University Press.

VOLKAN, V. D. e ITZKOWITZ, N. (1993). «Istanbul, not Constantinople»: The Western world's view of «the Turk». *Mind and Human Interaction*, 4: 129-140.

VOLKAN, V. D. e ITZKOWITZ, N. (1994). *Turks and Greeks: Neighbours in Conflict*. Cambridgeshire, Inglaterra: Eothen Press.

VOLKAN, V. D. y KAYATEKIN, S. (2006). Extreme religious fundamentalism and violence: Some psychoanalytic and psychopolitical thoughts. *Psyche & Geloof*, 17: 71–91

VOLKAN, V. D. y ZINTL, E. (1993). *Life After Loss: The Lessons of Grief*. Nueva York: Charles Scribner's Sons.

VOLKAN, V. D., AST, G. y GREER, W. (2002). *The Third Reich in the Unconscious: Transgenerational Transmission and its Consequences*. Nueva York: Brunner-Routledge.

VOLKAN, V. D., ITZKOWITZ, N. y DOD, A. (1997). *Richard Nixon: A Psychobiography*. Nueva York: Columbia University Press.

VON ROCHAU, A. L. (1853). *Grundsätze der Realpolitik*. Fráncfort: Ullstein, 1972.

VULLIAMY, E. (1994). *Seasons in Hell: Understanding Bosnia's War*. Nueva York: St. Martin's Press.

WAELDER, R. (1930). The principle of multiple function: Observations on over-determination. *Psychoanalytic Quarterly*, 5:45-62, 1936.

WAELDER, R. (1971). Psychoanalysis and history. En: B.B. Wolman (ed.), *The Psychoanalytic Interpretation of History*, pp. 3-22. Nueva York: Basic.

WEBER, M. (1923). *Wirtschaft und Gessellschaft*, 2 vols. Tubinga: J.C.B. Mohr.

WEIGERT, E. (1967). Narcissism: Benign and malignant forms. En: R. W. Gibson (Ed.), *Crosscurrents in Psychiatry and Psychoanalysis*, pp. 222-238. Philadelphia: Lippincott.

WILLIAMS, R.M. y PARKES, C. M. (1975). Psychosocial effects of disaster: Birth rate in Aberfan. *British Medical Journal*, 2: 303-304.

WILLS, G. (2000). *Papal Sin: Structures of Deceit*. New York: Doubleday. [trad. cast.: *Pecado papal: las deshonestidades morales de la Iglesia Católica*, Barcelona, Ediciones B, 2001].

WINNICOTT, D. W. (1953). Transitional objects and transitional phenomena. *International Journal of Psychoanalysis*, 34: 89-97.

WOLFENSTEIN, M. (1966). How is mourning possible? *Psychoanalytic Study of the Child*, 21: 93-123.

WOLFENSTEIN, M. y KLIMAN, G. (eds.) (1965). *Children and the Death of a President: Multi-disciplinary Studies*. Garden City: Doubleday.

WORTHINGTON, E. (2001). *Five Steps to Forgiveness*. Nueva York: Crown.

WORTHINGTON, E. (2005). *Handbook of Forgiveness*. Nueva York: Taylor y Francis.

YOUNG, K. (1969). *The Greek Passion: A Study in People and Politics*. Londres: J. M. Dent.

ZAMBLIOS, S. (1856). Some philosophical researches on the modern Greek language (en griego). *Pandora*: 7: 369-380, 484-489.

ZAMBLIOS, S. (1859). *Whence the Vulgar Word Traghoudho? Thoughts Concerning Hellenic Poetry* (original en griego). Atenas: P. Soutsas y A. Ktenas.